MARABOUT *SAVOIRS*

Michel DANSEL

12 poèmes de Verlaine

analysés et commentés

MARABOUT

INTRODUCTION

Douze poèmes expliqués constituent le corps principal de ce livre. Les textes choisis sont extraits des recueils suivants : *Poèmes saturniens, Fêtes galantes, La Bonne Chanson, Romances sans paroles, Sagesse, Jadis et Naguère.* Ainsi pourrons-nous suivre l'évolution d'une œuvre en travaillant sur la période la plus créative de Verlaine, c'est-à-dire sur celle qui va de 1866 à 1885.

Chacun des recueils desquels les poèmes sont extraits fait l'objet d'une présentation liminaire, ce qui permet de mieux comprendre le contexte dans lequel le ou les textes étudiés, à l'intérieur d'un chapitre donné, ont été composés.

Chaque poème traité comprend des informations sur son éventuel passé éditorial, une première vision du texte et une approche de sa structure. Ensuite vient l'étude de la pièce choisie à proprement parler. D'un poème à l'autre, elle peut varier afin de proposer des directions de travail non répétitives. En effet, il peut s'agir d'une étude suivie, d'une étude thématique, d'un recensement d'éléments dans la perspective d'un commentaire composé ou d'une étude comparée.

Ce livre est avant tout un outil dans la mesure où, en partant d'exemples précis, il propose une méthodologie, des explications et des pistes pour aller plus loin. Il s'adresse donc aussi bien à ceux qui étudient Verlaine au lycée comme à l'université qu'à ceux qui apprécient l'œuvre de ce poète et souhaitent s'ouvrir à d'autres approches.

Les douze poèmes choisis comptent parmi les textes de Verlaine les plus célèbres. Ils sont, pour nombre d'entre eux, très souvent étudiés, le plus souvent au programme des examens et des concours. On les rencontre également très fréquemment dans des anthologies.

L'ouvrage se termine par un choix de poèmes du Pauvre Lélian qui permettront de lire Verlaine après l'avoir étudié.

SOMMAIRE

FÊTES GALANTES

LA BONNE CHANSON

ROMANCES SANS PAROLES

SAGESSE

JADIS ET NAGUÈRE

Troisième partie
CHOIX DE POÈMES

Dans ce sommaire, nous mettons un titre entre guillemets quand il s'agit d'un poème sans titre chez Verlaine et que, de ce fait, nous désignons par son incipit. A l'intérieur du livre, tous les titres sont entre guillemets.

PREMIÈRE PARTIE

L'ŒUVRE ET LA VIE

1. **Chronologie**
2. **Approche d'un poète**
3. **Cadre historique**

1

CHRONOLOGIE

1844

- Naissance à Metz, le 30 mars.

A sept ans

- Son père, capitaine, donne sa démission d'officier. La famille s'installe à Paris. Verlaine est mis dans une institution de la rue Hélène.

A neuf ans

PREMIÈRE FUGUE

- Interne de l'institution Landry, rue Chaptal. Le premier soir, il s'enfuit.

A onze ans

- Entre en 7e au lycée Bonaparte (Condorcet) mais reste interne de l'institution Landry.

A quatorze ans

PREMIÈRE ENTRÉE EN POÉSIE

- Il est élève de 4e. Depuis sa 5e, il écrit des vers, parfois orduriers, et lit de la poésie mais aussi des livres obscènes. Il n'hésite pas à envoyer ses premiers vers, « La Mort », à Victor Hugo. Il s'agit d'une pièce en alexandrins composée de cinq quatrains.

A seize ans

- Fait la connaissance d'Edmond Lepelletier qui restera son ami jusqu'à sa mort et deviendra son biographe.

A dix-huit ans

- Est reçu bachelier ès lettres. S'inscrit à la Faculté de droit dans la perspective de se présenter à l'examen du ministère des Finances.

A dix-neuf ans

PREMIER POÈME PUBLIÉ

- Fréquente le salon de la marquise de Ricard. Il y rencontre nombre de poètes et d'écrivains, notamment de Banville, Heredia, Coppée, Villiers de l'Isle-Adam.
- Sous le titre « Satirettes », il publie son premier poème dans *La Revue du Progrès*. Il le signe « Pablo ». Dans la section intitulée « Caprices » des *Poèmes saturniens*, ce sonnet figurera sous le titre « Monsieur Prudhomme ».

A vingt ans

- Renonce à ses études de droit. Son insouciance inquiète son père qui le fait entrer à la compagnie d'assurances « L'Aigle et le Soleil réunis ». Il devient expéditionnaire, d'abord à la mairie du IXe arrondissement puis à l'Hôtel de Ville. Il sera nommé commis-rédacteur.

A vingt et un ans

- Publie dans *L'Art*, périodique qui a remplacé *La Revue du Progrès*, un article critique sur les conceptions romantiques qu'a Barbey d'Aurevilly de la poésie ainsi qu'une importante étude sur Baudelaire.
- Toujours dans *L'Art*, publie « J'ai peur dans les bois », un poème qui sera repris dans les *Poèmes saturniens* (la trei-

zième pièce de la section intitulée « Caprices ») sous le titre « Dans les bois ».

- Fréquente la librairie d'Alphonse Lemerre, passage Choiseul, où se retrouvent les parnassiens.

Mort de son père.

1866

UNE PREMIÈRE ŒUVRE : *LES POÈMES SATURNIENS*

- Verlaine publie sept poèmes dans le neuvième fascicule du *Parnasse contemporain.*
- Alphonse Lemerre lui édite à compte d'auteur son premier recueil, les *Poèmes saturniens.* C'est le début d'une œuvre importante.

1867

- Mort de sa cousine Élisa Moncomble, devenue Madame Dujardin depuis 1861, date de son mariage avec le propriétaire d'une sucrerie à Lécluse. Le poète très affecté noie son chagrin dans l'alcool.
- Il assiste aux obsèques de Baudelaire.
- Poulet-Malassis, l'éditeur de Baudelaire, celui que l'auteur des *Fleurs du mal* appelait « coco mal perché », édite à Bruxelles, sous le manteau, *Les Amies*, scènes d'amour saphique de Verlaine. Elles sont signées Pablo de Herlanes.

1869

PUBLICATION DES *FÊTES GALANTES*

- Alphonse Lemerre édite les *Fêtes galantes.* Avec son ami Lepelletier, Verlaine avait été souvent au Louvre pour voir les tableaux du XVIIIe siècle, notamment Watteau, Fragonard, Chardin, Boucher…

- Verlaine fait la connaissance de Mathilde Mauté, sa future femme.
- Scènes d'ivrognerie et de violence. Il tente de tuer sa mère.

1870

LA GUERRE ET LE MARIAGE

- Lemerre publie *La Bonne Chanson* mais ne commercialisera le recueil qu'en 1872, après les hostilités.
- Verlaine se marie avec Mathilde Mauté. Le jeune couple s'installe 2, rue du Cardinal-Lemoine à Paris.
- Au moment de la proclamation de la République (4 septembre), il s'engage dans la Garde Nationale ; il est affecté au 160e bataillon de La Rappée-Bercy. Il monte la garde entre les forts de Vanves et de Montrouge.
- Il s'adonne à la boisson et commence à brutaliser Mathilde.

1871

RENCONTRE AVEC RIMBAUD

- Verlaine adhère à la Commune. Il conserve ses fonctions à l'Hôtel de Ville, est nommé au service de la presse. A l'arrivée des Versaillais, il se réfugie à la campagne, à Fampoux, avec sa jeune femme âgée de dix-sept ans et enceinte de quatre mois.
- De retour à Paris, Verlaine reçoit coup sur coup deux lettres de Rimbaud. Le jeune homme joint à son courrier quelques poèmes, lui demande de l'aide et lui fait part de son désir de venir à Paris. Verlaine lui répond *« Venez chère grande âme, on vous appelle, on vous attend... »* Les poètes du groupe des Vilains Bonshommes (des poètes qui se retrouvaient à dîner une fois par mois) se cotisent pour payer les frais de voyage du jeune poète.
- Le 10 septembre, Rimbaud arrive à Paris. Il est reçu chez les Mauté. Avec Verlaine, il participe au dîner des Vilains Bons-

1874

- Publication de *Romances sans paroles.*
- Verlaine apprend en prison le jugement (prononcé par le tribunal civil de la Seine) de séparation de corps et de biens obtenu par sa femme. A l'annonce de cette nouvelle, il fait appeler l'aumônier et reçoit de lui le *Catéchisme des persévérances.*
- En juin, Verlaine annonce à l'aumônier de la prison sa conversion. Le 15 août, il se confesse et communie.

1875

- Verlaine sort de prison. Il tente de se réconcilier avec Mathilde, mais elle ne veut rien entendre. Il écrit à Rimbaud, qui est précepteur à Stuttgart : *« Aimons-nous en Jésus. »*
- Verlaine part pour Stuttgart et passe deux jours et demi avec Rimbaud qui résume la rencontre ainsi : *« Verlaine est arrivé ici l'autre jour, un chapelet aux pinces [...]. Trois heures après on avait renié son Dieu et fait saigner les 98 plaies de Notre Seigneur. Il est resté deux jours et demi, fort raisonnable »* (lettre à Ernest Delahaye, un ami d'enfance de Rimbaud, datée du 5 mars 1875).
- Verlaine part pour l'Angleterre et s'installe à Stickney.
- Les vers qu'il a envoyés pour figurer dans le troisième volume du *Parnasse contemporain* sont refusés. Le jugement porté par Anatole France est sans appel : *« Non : l'auteur est indigne, et les vers sont les plus mauvais qu'on ait vus. »*
- Le 12 décembre : dernière lettre de Verlaine à Rimbaud.

1880

PUBLICATION DE *SAGESSE*

- Le recueil *Sagesse* est bien daté de 1881 mais il paraît à la fin de l'année 1880, à compte d'auteur, à la Société générale de librairie catholique, ancienne maison Palmé. On imagine la surprise de la critique et des lecteurs du poète en découvrant le label de l'éditeur et le contenu de cette œuvre de la conversion.

1884

LES POÈTES MAUDITS

- Sous le titre *Les Poètes maudits*, l'éditeur Vanier publie une série d'articles parus dans *Lutèce* l'année précédente sur trois poètes méconnus : Corbière, Rimbaud, Mallarmé. Il s'agit d'une première version. Dans l'édition de 1888, trois autres auteurs figurent : Marceline Desbordes-Valmore, Villiers de l'Isle-Adam et Pauvre Lélian (qui est l'anagramme de Paul Verlaine).
- On peut dire que Verlaine a été un grand découvreur. Il a révélé nombre de poètes, parmi lesquels Tristan Corbière (1845-1875), auteur d'un seul mais important recueil *Les Amours jaunes* (1873).
- Depuis la sortie de *Sagesse*, Verlaine mène une existence vagabonde.

1885

- *Jadis et Naguère* paraît chez Vanier.
- Verlaine manque d'étrangler sa mère. Condamné par le tribunal de Vouziers, il va en prison. A sa sortie, complètement démuni, il poursuit une longue période de vagabondage.
- Immobilisé, il souffre d'une hydarthrose du genou.

1886-1896

LE DÉCLIN ET LA CHUTE

- En 1886 survient la mort de la mère du poète. Verlaine, malade, ne peut pas assister aux obsèques.

RIMBAUD, POÈTE MAUDIT VU PAR VERLAINE

Dans son étude sur Rimbaud, Verlaine écrit: *« Ce n'était ni le Diable ni le bon Dieu, c'était Arthur Rimbaud, c'est-à-dire un très grand poète, absolument original, d'une saveur unique, prodigieux linguiste — un garçon pas comme tout le monde, non certes! mais net, carré sans la moindre malice et avec toute la subtilité, de qui la vie, à lui qu'on a voulu travestir en loup-garou, est toute en avant dans la lumière et dans la force, belle de logique et d'unité comme son œuvre, et semble tenir entre ces deux divins poèmes en prose détachés de ce pur chef-d'œuvre, flamme de cristal, fleuves et fleurs et grandes voix de bronze et d'or: les* Illuminations. »

• Sans ressources, dans la solitude affective, il ira, jusqu'à la fin, d'un hôpital à l'autre : Tenon, Broussais, Cochin, Saint-Antoine, Saint-Louis, Bichat, asile de Vincennes... C'est à Broussais qu'il est hospitalisé le plus souvent (dix fois dont une qui dura six mois).

Dans son livre intitulé *Mes Hôpitaux* (1891), Verlaine écrit: *« L'intensité de la situation à la fois désespérée et à essayer de sauver par la patience quand tout pousse à des violences superbes qui perdraient affreusement les choses, met un bandeau sur les yeux et de la cire dans les oreilles. Des laideurs non intéressantes sans nul doute et des sottises que de la banalité rend plus horribles encore, échappent. »*

1888

• *Amour*, chez Vanier.

1889

• *Parallèlement*, chez Vanier.

1890

• *Dédicaces*, à la Bibliothèque artistique et littéraire.

1891

- *Bonheur* et *Les Uns et les Autres*, chez Vanier.
- 10 novembre : Rimbaud meurt à l'hôpital de la Conception, à Marseille.
- *Chanson pour elle*, chez Vanier.
- Verlaine jouit d'une certaine notoriété mais il vit dans un grand dénuement. *Choix de poésies*, qui paraît chez Fasquelle, dans la Bibliothèque-Charpentier, contribue à le faire connaître.
- Il vit avec Eugénie Krantz : *« une personne qui est digne de toute confiance, que j'aime beaucoup, qui m'empêche de faire des sottises... »* (lettre à Vanier, 24 septembre 1891).

1893

- *Élégies, Odes sans honneur, Mes Prisons*, chez Vanier.
- Ses ulcères aux jambes s'aggravent.
- Verlaine est candidat à l'Académie française (fauteuil de Taine).

1894

- Verlaine succède à Leconte de Lisle comme « Prince des poètes ».
- *Dans les Limbes*, chez Vanier.

1895

- *Les Confessions*, Librairie Fin de Siècle.

1896

- Le 8 janvier, mort de Verlaine à Paris, 39, rue Descartes.

2

APPROCHE D'UN POÈTE

L'œuvre de Paul Verlaine est imprégnée d'un génie poétique tout particulier qui se caractérise par la fusion d'une atmosphère de nostalgie et d'une écriture nouvelle sans être révolutionnaire.

Une atmosphère

Pour bien appréhender l'édifice de la poésie verlainienne, il importe de préciser le climat dans lequel se joue l'œuvre.

Tout dénote, même sans avoir recours à des indices biographiques, que nous nous trouvons en présence d'une sensibilité typiquement nordique. Nous voulons dire d'une sensibilité qui puise sa sève dans des atmosphères de brume, de pâleur de ciel, de clairs-obscurs, d'interminables automnes et d'hivers plaqués sur l'ennui.

> « Dans l'interminable
> Ennui de la plaine
> La neige incertaine
> Luit comme du sable.
>
> Le ciel est de cuivre
> Sans lueur aucune.
> On croirait voir vivre
> Et mourir la lune. »

Romances sans paroles; « Ariettes oubliées », VIII

Cette poésie d'au-dessus de la Loire explique peut-être que l'œuvre de Verlaine figure une vaste palette sur laquelle toutes les nuances de tristesse, de mélancolie, de nostalgie, de noirceur de l'âme, de soleil doux, de lumière fragile se côtoient dans la tendresse.

L'hypersensibilité, l'insatisfaction d'être, la quête d'absolu, l'absence de volonté, l'instabilité, le sens de la fuite, le tempérament dépressif, mais aussi l'univers fantasmatique, l'idéalisation douloureuse et les prodigieuses facultés créatrices de Verlaine ont pu se développer et croître dans l'atmosphère des paysages tristes. En effet, dans cette poésie, il n'y a rien de brutal, de clinquant, de pleinement rassurant ou d'outrageusement ensoleillé.

L'œuvre poétique de Verlaine, dans sa grandeur comme dans ses inégalités, demeure prétexte à la nuance, à la rêverie, au monde des impressions.

Une écriture nouvelle sans être révolutionnaire

La poésie de Verlaine est novatrice par les assonances et la rime mais elle n'a rien de révolutionnaire pour autant. C'est-à-dire qu'elle n'a pas une prétention émancipatoire, qu'elle n'entend pas bousculer l'ordre des choses pour imposer une voix nouvelle. Au contraire. Elle se fond dans un moule aux apparences classiques mais elle s'en démarque par la nature de son chant.

Elle est fluide, harmonieuse et, de ce fait, elle rassure. En effet, elle n'a rien d'hermétique, de grinçant, de précieux ou de trop bien léché. Elle jaillit des abîmes sonores et s'affûte aux meules d'une sensibilité raffinée qui épouse les aléas d'un quotidien que le poète remet sans cesse en cause par ses foucades et par ses transhumances affectives porteuses d'incommensurables brutalités.

En fait, chacun se retrouve dans la poésie de Verlaine parce qu'elle sait parler aux cœurs les plus humbles comme aux esprits les plus délicats. Elle émeut sans ébranler. Elle se répercute par le cliquetis des impressions subtiles sans aucune inconvenance. Elle n'a rien non plus d'agressif ou de vexatoire.

Si la vie de Verlaine, poète de toutes les audiences, fut un immense et douloureux chahut, sa poésie, par contre, appartient au patrimoine d'une rêverie qui flirte dans les brumes automnales avec une tristesse dont on perçoit les échos dans l'ensemble de l'œuvre.

3

CADRE HISTORIQUE

1844	NAISSANCE DE VERLAINE
Louis-Philippe Ier (dit le « Roi-bourgeois »)	LA MONARCHIE DE JUILLET (1830-1848)
1848	RÉVOLUTION DE 1848 (février)
22-24 février :	insurrection des ouvriers parisiens, ce qui entraîne la chute du régime. Départ de Louis-Philippe.
25 février :	proclamation de la République.
10 décembre :	Louis-Napoléon élu à la présidence de la République
1848 } 1851	Louis-Napoléon Bonaparte IIe RÉPUBLIQUE
1851	COUP D'ÉTAT (2 décembre)
	Louis-Napoléon Bonaparte impose son pouvoir par un coup d'État.

1852	RESTAURATION DE L'EMPIRE (2 décembre)
Napoléon III (1852-1870)	SECOND EMPIRE
1870	LA FRANCE DÉCLARE LA GUERRE A LA PRUSSE (19 juillet)
4 septembre : effondrement de l'Empire. Gouvernement de la Défense nationale.	
1871	LA COMMUNE (mars-mai)

Le Gouvernement de la Défense nationale négocie avec l'ennemi. Bismarck accepte la capitulation de Paris (24 janvier). Aux élections du 8 février, on constate que les listes monarchistes, qui proposent la paix en même temps que le retour à la monarchie, l'emportent, notamment dans les campagnes, sur les listes républicaines. Le 12 février, le Gouvernement de la Défense nationale remet ses pouvoirs à l'Assemblée nationale de Bordeaux. Thiers est désigné comme le chef du pouvoir exécutif de la République française. Le 18 mars éclate la Révolution. Paris refuse de voir le régime républicain remis en cause. Privé de ravitaillement, le peuple de Paris se soulève. Thiers quitte Bordeaux, gagne Versailles, et lance son offensive sur la capitale. La répression est terrible (semaine sanglante du 22 au 28 mai).

Les différents Présidents de la IIIe République du vivant de Paul Verlaine :

- Adolphe Thiers (de 1871 à 1873).
- Mac-Mahon (de 1873 à 1879).
- Jules Grévy (de 1879 à 1887).
- Sadi Carnot (de 1887 à 1894).
- Casimir Périer (de 1894 à 1895).
- Félix Faure (de 1895 à 1899).

LA IIIe RÉPUBLIQUE (1871-1940)

1881 : loi sur la liberté de la presse.

1890 : première manifestation du Ier mai.

1894 : assassinat de Sadi Carnot. Arrestation et déportation de l'officier français d'origine juive, Alfred Dreyfus (1859-1935). Accusé, sur simple ressemblance d'écriture, d'avoir transmis aux Allemands des renseignements militaires, il fut condamné. Gracié à la faveur de la révision du procès, Dreyfus eut notamment comme défenseur Émile Zola qui publia sa très célèbre lettre ouverte « J'accuse ». Plus qu'une erreur judiciaire, ce que l'on a appelé « l'affaire Dreyfus » demeure avant tout le symbole d'une très grave crise politique que traversa la IIIe République.

1896 **MORT DE VERLAINE**

DEUXIÈME PARTIE

12 EXPLICATIONS

Poèmes saturniens

1. Mon rêve familier.
2. Soleils couchants.
3. Chanson d'Automne.

Parutions en revue

Des quarante pièces qui forment les *Poèmes saturniens*, douze d'entre elles ont connu une prépublication en revue. Les revues concernées étaient *La Revue du Progrès*, *Le Parnasse contemporain*, *Revue du XIX*e *siècle*.

Publications des *Poèmes saturniens* du vivant de l'auteur

— 1866, chez Alphonse Lemerre, à compte d'auteur en 505 exemplaires. Ce recueil a été enregistré au *Journal de la Librairie* le 17 novembre.
— 1890, réimpression chez Vanier.
— 1891, *Choix de poésies* ; les sections du recueil intitulées « Melancholia » et « Paysages tristes » ont été reprises dans ce choix.
— 1894, réédition des *Poèmes saturniens* chez Vanier.

Le recueil tel qu'en lui-même

• L'édition des *Poèmes saturniens* a été financée par la cousine bien-aimée du poète, Élisa Moncomble, devenue Madame Dujardin en 1861, la femme du propriétaire d'une sucrerie à Lécluse, dans le Nord.

• Le recueil se compose de 40 pièces.

— Une dédicace où n'apparaît le nom du peintre Eugène Carrière (1849-1906) qu'à partir de 1891, dans l'édition des *Choix de poésies*.
— « Prologue »
— « Melancholia » (8 pièces)
« Eaux-fortes » (5 pièces)
« Paysages tristes » (7 pièces)
« Caprices » (17 pièces)
« Épilogue »

Climat psychologique

Paul Verlaine a vingt-deux ans quand paraît son premier recueil, les *Poèmes saturniens*. Il a perdu son père quelques mois auparavant, le 30 décembre 1865. Sa cousine Élisa, à laquelle il voue une affection amoureuse particulièrement vive, est mariée et se trouve éloignée. Il va investir dans son recueil toute son âme, sa vie affective orpheline, sa solitude, en même temps que le cauchemar qui l'angoisse. Il s'adonne à la boisson et se met à vivre la mélancolie et le souvenir triste sous l'œil de Saturne. Pour le psychologue André Genest, *« Verlaine est un infantile psychique qui traîne une affectivité immature fort nuisible à son adaptation sociale. D'où son inclination à la rêverie, dans laquelle il se réfugie. Son univers mental est peuplé de fantasmes et de regrets, mais parfois des rayons éblouissants d'amour et de piété viennent calciner le paysage triste. »* (*Verlaine, choix de poésies* ; classiques Larousse, 1973).

Le ton du recueil

Le texte liminaire des *Poèmes saturniens* passe pour donner le ton du recueil alors, qu'en fait, il n'est pas très représentatif du chant verlainien habité par l'angoisse, la mélancolie et la tristesse. De plus, ce texte n'a rien de mélodique ou d'audacieux. Il s'inscrit dans la plus pure tradition parnassienne, c'est-à-dire dans celle d'une poésie plus impersonnelle, plus intellectuelle, plus exotique, plus éloignée des sentiments que ne peuvent l'être les *Poèmes saturniens* dans leur ensemble, à l'exception, toutefois, de quelques pièces telles que le « Prologue », l'« Épilogue », « Çavitri » ou encore « La mort de Philippe II ».

> Les Sages d'autrefois, qui valaient bien ceux-ci,
> Crurent, et c'est un point encor mal éclairci,
> Lire au ciel les bonheurs ainsi que les désastres,
> Et que chaque âme était liée à l'un des astres.
> (On a beaucoup raillé, sans penser que souvent
> Le rire est ridicule autant que décevant,

Cette explication du mystère nocturne.)
Or ceux-là qui sont nés sous le signe SATURNE,
Fauve planète, chère aux nécromanciens,
Ont entre tous, d'après les grimoires anciens,
Bonne part de malheurs et bonne part de bile.
L'Imagination, inquiète et débile,
Vient rendre nul en eux l'effort de la Raison.
Dans leurs veines le sang, subtil comme un poison,
Brûlant comme une lave, et rare, coule et roule
En grésillant leur triste Idéal qui s'écoule.
Tels les Saturniens doivent souffrir et tels
Mourir, — en admettant que nous soyons mortels, —
Leur plan de vie étant dessiné ligne à ligne
Par la logique d'une Influence maligne.

P.V.

Cette pièce, à la manière de Leconte de Lisle, poète que Verlaine considérait comme l'un de ses maîtres, au même titre que Baudelaire et Théodore de Banville, situe plutôt le recueil comme une œuvre dont l'auteur subit l'influence maléfique de Saturne. Dans *Verlaine aux mains des dieux* (éd. J. Renard, 1944), Dom Néroman nous rappelle que *« Verlaine était hanté par l'idée que la planète Saturne le tenait tout entier sous sa mystérieuse influence »*.

En dépit des critiques les plus contradictoires dont il fut l'objet, on peut avancer que ce recueil des *Poèmes saturniens* recèle toute l'âme verlainienne. Mais la pluie, la mélancolie et le souvenir triste ne suffisent pas à faire de cet ensemble une œuvre de la pleine et foncière modernité. En effet, dans ce recueil le poète hésite, se cherche, commet certaines audaces et, comme pour se dédouaner, use de divers procédés. Il lui arrive même, dans quelques pièces, de rimer par habitude alors que son chant a la dimension d'une immense vocation et traduit un don particulièrement affiné pour ressentir la subtilité des climats de sensibilité qui l'entourent. Autrement dit, Verlaine se révèle, dans cette première œuvre, comme un artiste avant tout, ensuite comme un poète à la recherche de sa mesure tant sur le plan technique que sur celui d'une esthétique propre. Avec l'archet de l'angoisse, Verlaine joue du violon saturnien, mais sa symphonie pathétique est encore trop marquée par une retenue qui prend en compte la démarche de ses pairs.

L'accueil fait aux *Poèmes saturniens*

Il y eut d'abord la lettre qu'adressa Leconte de Lisle à Verlaine, le 5 novembre 1866 :

> « Vos *Poèmes saturniens* vous attireront, indubitablement, mon cher ami, la haine et les injures des imbéciles qui ne louent que leurs semblables, non de parti pris, ce qui supposerait en eux une réflexion quelconque, mais grâce au flair purement animal dont ils sont affligés. Vos *Poèmes* sont d'un vrai poète, d'un artiste très habile déjà et bientôt maître de l'expression. »

Leconte de Lisle avait vu juste et on peut penser qu'il a eu raison de mettre en garde Verlaine. Ainsi, dans *Le Mousquetaire* du 27 novembre, Charles Bataille écrit que

> « les *Poèmes saturniens* sont une consécration irréfutable de la vieille mythologie. Il demeure démontré sans contestation dorénavant possible que Saturne dévorait ses enfants. Pauvre jeunesse ! Ils ont vingt ans de la veille — les ont-ils ? — et leur principale inquiétude consiste à ne point se laisser aller aux expansions que leur âge comporte. Ils n'ont qu'un souci : rimer à cinq lettres et trouver l'emphase. Les cinq lettres sont comptées ; les niaiseries et les puérilités, point ! »

Parmi les éreintements les plus célèbres, il y a celui de Barbey d'Aurevilly paru dans *Le Nain jaune* (novembre 1866) sous le titre « Les trente-sept Médaillonnets du Parnasse contemporain » :

> « ... un Baudelaire puritain sans le talent net de M. Baudelaire, avec des reflets de M. Hugo et d'Alfred de Musset, ici et là. Tel est M. Paul Verlaine. Pas un zeste de plus. »

Dans le genre critique au vitriol, il y a aussi celle que fit Jules Janin, en 1868, dans l'*Almanach du Théâtre, de la Littérature et des Beaux-Arts* :

> « M. Paul Verlaine, auteur des *Poèmes saturniens*, nous met l'esprit à la torture. Il aura lu, en courant, les odes de Ronsard, il les copie, il les imite ; il ne serait pas fâché qu'on le prît pour un Indien en belle humeur. L'auteur des *Poèmes*

> *saturniens*, s'amuse et s'inquiète assez peu d'amuser son lecteur. »

Fort heureusement, Verlaine reçoit des éloges et des encouragements. Théodore de Banville lui écrit (11 novembre) :

> « ... j'ai relu dix fois de suite vos poèmes et mon impression est toujours bonne et toujours meilleure. J'ai été invinciblement empoigné et comme public et comme artiste... Aussi suis-je certain que vous êtes un poète et que votre originalité est réelle, car, heureusement, nous sommes tous assez blasés sur toutes les jongleries possibles pour ne pouvoir être pris que par la poésie vivante. »

Verlaine reçoit aussi une lettre de Sainte-Beuve qui loue ses qualités de paysagiste et une autre dans laquelle Anatole France écrit :

> « L'impression que produit les *Poèmes saturniens* est à peu près celle qu'on ressent à feuilleter une danse macabre du XVe siècle. C'est foudroyant, vertigineux, fou et grave. »

D'autres auteurs saluèrent le recueil, notamment Jules de Goncourt, Mallarmé et Victor Hugo qui, drapé dans sa grandiloquence, écrit à Verlaine, le 22 avril 1867 :

> « Une des joies de ma solitude, c'est, Monsieur, de voir se lever en France, dans ce grand dix-neuvième siècle, une jeune aube de vraies poésies. »

On peut donc constater que les *Poèmes saturniens* ont été accueillis avec un bonheur inégal.

Ce recueil, réédité nombre de fois, se trouve souvent jumelé avec les *Fêtes galantes* et figure, bien entendu, dans le cadre des œuvres poétiques complètes.

Quant à la critique contemporaine, elle se limite aux noms des spécialistes de Verlaine ou à ceux qui conduisent des travaux universitaires très précis, sur l'œuvre de Verlaine en général et sur les *Poèmes saturniens* en particulier.

Critique des *Poèmes saturniens* par son auteur

Le texte de Verlaine qui suit ne manque pas d'intérêt parce qu'il apporte un éclairage supplémentaire, par le poète lui-même, sur son premier recueil avec vingt-trois ans de recul.

Verlaine donne 1867 comme date de parution des *Poèmes saturniens* mais nous savons que ce recueil (achevé d'imprimer le 20 octobre 1866) a été enregistré au *Journal de la Librairie* le 17 novembre de cette même année.

PRÉFACE DE 1890

J'avais bien résolu, lorsque je me décidai, il y a neuf ans et plus, à publier *Sagesse* chez l'éditeur des Bollandistes, et de laisser pour toujours de côté mes livres de jeunesse, dont les Poèmes Saturniens sont le tout premier. Des raisons autres que littéraires me guidaient alors. Ces raisons existent toujours, mais me paraissent moins pressantes aujourd'hui.

Et puis, je dus compter avec des sollicitations si bienveillantes, si flatteuses, vraiment ! On n'est pas de bronze non plus que de bois. Quoi qu'il en soit, succédant par l'ordre de réimpression aux *Fêtes Galantes* et aux *Romances sans Paroles*, voici, après vingt-deux ans de quelque oubli, mon œuvre de début dans toute sa naïveté parfois écolière, non sans, je crois, quelque touche par-ci par-là du définitif écrivain qu'il se peut que je sois de nos jours.

On change, n'est-ce pas ? Quotidiennement, dit-on. Mais moins qu'on ne se le figure peut-être. En relisant mes primes lignes, je revis ma vie contemporaine d'elles, sans trop ni trop peu de transitions en arrière, je vous en donne ma parole d'honneur et vous pouvez m'en croire ; surtout ma vie intellectuelle, et c'est celle-là qui a le moins varié en moi, malgré des apparences. On mûrit et on vieillit avec et selon le temps, voilà tout. Mais le bonhomme, le monsieur, est toujours le même au fond.

J'avais donc, dès cette lointaine époque de bien avant 1867, car quoique les *Poèmes Saturniens* n'aient paru qu'à cette dernière date, les trois quarts des pièces qui les composent furent écrites en rhétorique et en seconde, plusieurs même en troisième (pardon !), j'avais, dis-je, déjà des tendances bien décidées vers cette forme et ce fond d'idées, parfois contradictoires, de rêve et de précision, que la critique, sévère ou bienveillante, a signalés, surtout à l'occasion de mes derniers ouvrages.

De très grands changements d'objectif en bien ou en mal, en mieux, je pense, plutôt, on pu, correspondant aux événements d'une existence passablement bizarre, avoir eu lieu dans le cours de ma production. Mes idées en philosophie et en art se sont certainement modifiées, s'accentuant de préférence dans le sens du concret, jusque dans la rêverie éventuelle. J'ai dit :

Rien de plus cher que la chanson grise
Où l'indécis au précis se joint.

Mais il serait des plus faciles, à quelqu'un qui croirait que cela en valût la peine, de retracer les pentes d'habitude devenues le lit, profond ou non, clair ou bourbeux, où s'écoulent mon style et ma manière actuels, notamment l'un peu déjà libre versification, enjambement et rejets dépendant plus généralement des deux césures avoisinantes fréquentes allitérations, quelque chose comme de l'assonance souvent dans le corps du vers, rimes plutôt rares que riches, le mot propre écarté des fois à dessein ou presque. En même temps la pensée triste et voulue telle ou crue voulue telle. En quoi j'ai changé partiellement. La sincérité, et, à ses fins, l'impression du moment, suivie à la lettre, sont ma règle préférée aujourd'hui. Je dis préférée, car rien d'absolu : tout, vraiment, est, doit être nuance.

J'ai aussi abandonné, momentanément, je suppose, ne connaissant pas l'avenir et surtout n'en répondant pas, certains choix de sujets : les historiques et les héroïques, par exemple. Et par conséquent le ton épique ou didactique pris forcément à Victor Hugo, un Homère de seconde main après tout, et plus directement encore à Monsieur Leconte de Lisle, qui ne saurait prétendre à la fraîcheur de source d'un Orphée ou d'un Hésiode, n'est-il pas vrai ? Quelles que fussent, pour demeurer toujours telles, mon admiration du premier et mon estime esthétique de l'autre, il ne m'a bientôt plus convenu de faire du Victor Hugo ou du Monsieur Leconte de Lisle, aussi bien peut-être et mieux (ça s'est vu chez d'autres, ou du moins il s'est dit que ça s'y est vu), et j'ajoute que pour cela il m'eût fallu comme à d'autres l'éternelle jeunesse de *certains* Parnassiens qui ne peut reproduire que ce qu'elle a lu et dans la forme où elle l'a lu.

Ce n'est pas que je répudie les Parnassiens, bons camarades quasiment tous et poètes incontestables pour la plupart, au nombre de qui je m'honore d'avoir compté pour quelque peu. Toutefois je m'honore non moins, sinon plus, d'avoir, avec mon ami Stéphane Mallarmé et notre grand Villiers, particulièrement plu à la nouvelle génération et à celle qui s'élève : précieuse récompense, aussi, d'efforts en vérité bien désintéressés.

Mais, plus on me lira, plus on se convaincra qu'une sorte d'unité relie mes choses premières à celles de mon âge mûr : par exemple les *Paysages tristes* ne sont-ils pas en quelque sorte l'œuf de toute une volée de vers chanteurs vagues ensemble et définis, dont je reste peut-être le premier en date oiselier ? On l'a imprimé du moins. Une certaine lourdeur, poids et mesure, qu'on retrouvera dans mon volume en train, *Bonheur*, ne vous arrête-t-elle pas, sans trop vous choquer, j'espère, ès les très jeunes « Prologue » et « Épilogue » du livre qu'on vous offre à nouveau ce jourd'hui ? Plusieurs de mes poèmes postérieurs sont frappés à ce coin qui, s'il n'est pas le bon, du moins, me semble idoine à ces lieu et place. L'alexandrin à ceci de merveilleux qu'il peut être très solide, à preuve Corneille, ou trop fluide, avec ou sans mollesse, témoin Racine. C'est pourquoi sentant ma faiblesse et tout l'imparfait de mon art, j'ai réservé pour les occasions harmoniques ou mélodiques ou analogues ou pour telles ratiocinations compliquées, des rythmes inusités, impairs pour la plupart, où la fantaisie fût mieux à l'aise, n'osant employer le mètre sacro-saint qu'aux limpides spéculations, qu'aux énonciations claires, qu'à l'exposition rationnelle des objets, invectives ou paysages.

Plusieurs, parmi les très aimables poètes nouveaux qui m'accordent quelque attention, regrettent que j'aie aussi renoncé à des sujets « gracieux », comédie italienne et bergerades contournées, oubliant que je n'ai plus vingt ans et que je ne jouis pas, moi, de l'éternelle jeunesse dont je parlais plus haut, sans trop de jalousie pourtant. La chute des cheveux et celle de certaines illusions, même si sceptiques, défigurent bien une tête qui a vécu, et intellectuellement aussi, parfois même la dénatureraient. L'amour physique par exemple, mais c'est d'ordinaire tout pomponné, tout frais, satin et rubans et mandoline, rose au « printemps de la vie ». Plus tard, on revient des femmes, et vivent alors, quand pas la Femme, épouse ou maîtresse, rara avis ! les filles, pures et simples, brutales et vicieuses, bonnes ou mauvaises, plus volontiers bonnes. Et puis, il va si loin parfois, l'amour physique dans nos têtes d'âge mûr, quand nos âges mûrs ne sont pas résignés, y ayant ou non des raisons.

Mais quoi donc ! l'âge mûr a, peut avoir ses revanches, et l'art aussi sur les enfantillages de la jeunesse, ses nobles revanches, traiter des objets plus et mieux en rapport, religion, patrie, et la science, et soi-même bien considéré sous toutes formes, ce que j'appellerai de l'élégie sérieuse en haine de ce mot, psychologie. Je m'y suis efforcé quant à moi, et j'aurai laissé mon œuvre personnelle en quatre parties bien définies, *Sagesse*, *Amour*, *Parallèlement*, et *Bonheur*, qui est sous presse, ou tout comme.

Et je vais repartir pour des travaux plus en dehors, roman, théâtre, ou l'histoire et la théologie, sans oublier les vers. Je suis à la fourche, j'hésite encore.

Et maintenant je puis, je dois peut-être, puisque c'est une responsabilité que j'assume en assumant de réimprimer mes premiers vers, m'expliquer très court, tout doucement, sur des matières toutes de métier avec de jeunes confrères qui ne seraient pas loin de me reprocher un certain illogisme, une certaine timidité dans la conquête du « vers libre », qu'ils ont, croient-ils, poussée, eux, jusqu'à la dernière limite.

En un mot comme en cent, j'aurais le tort de garder un mètre, et dans ce mètre quelque mesure encore et au bout de mes vers des rimes. Mon Dieu, j'ai cru avoir assez brisé le vers, l'avoir assez affranchi, si vous préférez, en déplaçant la césure le plus possible, et, quant à la rime, m'en être servi avec quelque judiciaire pourtant, en ne m'astreignant pas trop, soit à de pures assonances, soit à des formes de l'écho indiscrètement excessives.

Puis n'allez pas prendre au pied de la lettre l'« Art poétique » de *Jadis et Naguère* qui n'est qu'une chanson, après tout, JE N'AURAI PAS FAIT DE THÉORIE.

C'est peut-être naïf, ce que je dis là, mais la naïveté me paraît être un des plus chers attributs du poète, dont il doit se prévaloir à défaut d'autres.

Et jusqu'à nouvel ordre je m'en tiendrai là. Libre à d'autres d'essayer plus. Je les vois faire et, s'il faut, j'applaudirai.

Voici toujours, avec deux ou trois corrections de pure nécessité, les *Poèmes Saturniens* de 1867, que je ne regrette pas trop d'avoir écrits alors. A très prochainement la *Bonne Chanson* (1870), et c'en sera fini de la réimpression de mes péchés d'antan.

Paris, janvier 1890.

1

MON RÊVE FAMILIER

Mon rêve familier

Je fais souvent ce rêve étrange et pénétrant
D'une femme inconnue, et que j'aime, et qui m'aime
Et qui n'est, chaque fois, ni tout à fait la même
Ni tout à fait une autre, et m'aime et me comprend.

Car elle me comprend, et mon cœur, transparent
Pour elle seule, hélas ! cesse d'être un problème
Pour elle seule, et les moiteurs de mon front blême,
Elle seule les sait rafraîchir, en pleurant.

Est-elle brune, blonde ou rousse ? — Je l'ignore.
Son nom ? Je me souviens qu'il est doux et sonore
Comme ceux des aimés que la Vie exila.

Son regard est pareil au regard des statues,
Et, pour sa voix, lointaine, et calme, et grave, elle a
L'inflexion des voix chères qui se sont tues.

CONDITIONS DE PUBLICATION

Le 28 avril 1866, la revue *Le Parnasse contemporain* publie six pièces de Verlaine que l'on retrouvera dans les *Poèmes saturniens*. « Mon rêve familier » se situe le dernier dans le périodique.

Les *Poèmes saturniens* sont édités cette même année chez Alphonse Lemerre. L'achevé d'imprimer porte la date du 20 octobre 1866, mais ce n'est que le 17 novembre que le *Journal de la Librairie* enregistre le recueil.

Dans l'ordonnancement définitif du texte, « Mon rêve familier » se situe dans la première section du recueil intitulée « Melancholia » et occupe la sixième place.

Du vivant de Verlaine, le recueil des *Poèmes saturniens* a été réédité en 1890 et en 1894 chez Vanier. Outre la présence de « Mon rêve familier » dans ces deux rééditions, comme dans toutes celles qui leur seront postérieures, ce poème figure dans *Choix de poésies*, ouvrage édité par la Bibliothèque Charpentier en 1891.

VARIANTES

Vers 11 : dans l'édition de 1891 on peut lire : « Comme ceux des *aimées*... ». Il s'agit très vraisemblablement d'une faute d'inattention encore que l'emploi d'un féminin ne soit pas incohérent.

PREMIER REGARD

« Mon rêve familier » est l'un des textes les plus célèbres de Verlaine. Même quand on demandait à l'auteur de réciter le poème de lui qu'il préférait, c'est celui-là que, spontanément, il se mettait à déclamer. Tout d'abord, sur le plan lexical (ou du vocabulaire), on constate une grande économie de moyens. La langue est simple, fluide, transparente et le jeu des répétitions confère à ce poème un rythme et une musique qui en facilitent la mémorisation. Il se retient facilement, un peu à la manière d'une rengaine.

Ce texte a quelque chose d'aussi familier que le rêve dans sa mise en scène. De lui se dégage d'emblée une convivialité qui conduit le lecteur à se trouver impliqué dans l'histoire, à s'identifier au « je » du narrateur. C'est en effet lui qui fait *« ce rêve étrange et pénétrant »*, qui *« aime »*, qui *« ignore »* et qui dit *« je me souviens »*.

Chacun peut donc, par le biais de ce *« rêve familier »*, imaginer la femme inconnue de son choix. La grande force de ce texte réside, en particulier, dans le fait qu'il est ouvert, qu'il n'impose rien, aucun morphotype féminin déjà taillé sur mesure dans sa réalité physique, pas même une silhouette ou encore un parfum spécifique. L'idée de la femme, la femme telle qu'en elle-même, l'emporte sur une vision singulière. C'est toute la différence qu'il y a entre une nature morte et une toile non figurative. Or, dans ce poème, Verlaine a fait œuvre de peintre du rêve. Et le rêve n'est-il pas un vaste territoire abstrait qui n'impose aucune règle et qui épouse toutes les exigences de l'imaginaire ?

Le poète tient à ce que le lecteur soit logé à la même enseigne que lui. En effet, il ignore tout de cette femme qui peut déambuler dans le rêve de chacun de nous. Il ne sait même pas si elle est *« brune, blonde ou rousse »* et il ignore jusqu'à *« son nom »*. Le lecteur, bercé par le rythme lancinant et répétitif du texte, devient rapidement le complice de Verlaine. S'il se lance sur la piste de l'*« inconnue »* à la recherche des premiers indices, il ne doit compter que sur les ressources de son imaginaire. Car le poète propose des repères qui n'en sont pas. Il convient donc, pour conduire l'enquête, de s'investir dans le rêve qu'il donne à partager.

LA STRUCTURE

Il s'agit d'un sonnet régulier strictement conforme à la disposition employée au XVIIe siècle, c'est-à-dire *abba*, *abba*, *ccd*, *ede*. Verlaine, peut-être pour se dédouaner de quelques libertés prises avec un rythme brisé, avec des coupes et des enjambements non coutumiers, a su appliquer dans son sonnet des règles strictes que Joachim du Bellay ou J.-M. de Heredia, les maîtres dans le genre parmi d'autres, ne respectaient pas toujours. Ainsi, chaque quatrain et chaque tercet (groupe de trois vers) se termine par un point et offre un sens complet au lieu, comme c'est souvent le cas, de s'enchaîner d'une façon harmonieuse par l'intermédiaire d'une virgule ou d'un point virgule.

Comme le lecteur se trouve entraîné dans le monde onirique de Verlaine, c'est-à-dire dans le monde du rêve, il importe de tenter d'identifier la nature du rêve dont il est question. En fait, rien ne nous permet d'affirmer qu'il s'agit d'un rêve éveillé, d'une rêverie provoquée par le poète lui-même ou d'un rêve nocturne qui réapparaît de façon obsédante dans le sommeil de Verlaine.

Ce que le poète nomme *« ce rêve »* (vers 1), et qui est *« familier »* (dans le titre) parce qu'il le fait *« souvent »* (vers 1), correspond à un profond besoin d'amour et de compréhension.

La femme constitue le sujet essentiel du rêve. Mais elle est immatérielle, évanescente, et n'existe que par les affirmations et les interrogations du poète. Thème constant du texte, elle passe du stade de *« femme inconnue »* (vers 2) à celui de sujet d'amour, *« que j'aime »* (vers 2), puis de sujet aimant, *« qui m'aime »* (vers 2). C'est-à-dire que, dans le même vers, on assiste à une progression en trois temps.

Dans le dernier tercet, la femme s'éloigne complètement. Elle se confirme en tant qu'apparition. Avec son regard de pierre *« pareil au regard des statues »* (vers 12), elle représente un symbole en même temps qu'un prétexte pour permettre à Verlaine de parler de lui-même.

Car, contrairement à une première impression après une lecture trop rapide, ce n'est pas la femme qui se situe au cœur du texte, mais le poète lui-même.

L'ÉNONCIATION

L'énonciation consiste à relever les traces que porte le texte de la communication ou, si l'on préfère, la situation de communication. Autrement dit, il convient de se poser six questions fondamentales qui régissent les lois élémentaires de la communication dès que l'on s'inscrit dans le schéma émetteur/récepteur, ou encore narrateur/destinataire.

— Qui parle à qui ?
— De quoi ?
— Où ?
— Quand ?
— Pourquoi ?
— Comment ?

Pour répondre à ces questions, il y a les indices que l'on appelle les déictiques (du grec : je montre). Les déictiques servent à désigner, à fixer l'attention sur un mot ou sur une idée en particulier. Ce sont :

1. — Les pronoms personnels :
— je/nous = celui qui parle, le narrateur ;
— tu/vous = celui à qui on s'adresse, le destinataire.
2. — Les adjectifs possessifs :
— mon/notre ;
— ton/votre...
3. — Les adjectifs démonstratifs :
— ce/cette/ces...
4. — Les indicateurs de lieux :
— ici, là-bas, à côté...
5. — Les indicateurs de temps :
— maintenant ;
— demain ;
— le lendemain...

La communication signale la présence et les intentions de l'émetteur par d'autres procédés que les déictiques. Parmi ceux-là, on compte :

• les indicateurs d'opinions, qui sont les modalisateurs, c'est-à-dire les adverbes qui modifient le sens du verbe sur lequel il porte. Il peut s'agir :

— d'une affirmation renforcée (certainement, sûrement...) ;

— d'une probabilité ou d'une incertitude (peut-être, sans doute, vraisemblablement...).

• Il y a un deuxième type d'indicateur d'opinions : les axiologiques, ou tout ce qui est relatif aux valeurs. Ils traduisent le jugement de l'auteur. Ce sont les termes valorisants, dévalorisants ou encore les images (comparaisons-métaphores).

• Les temps et les modes des verbes.

Objectif de l'étude d'énonciation

— Comprendre les conditions de production et de communication.
— Discerner les points de vue (qui parle et avec quelle opinion).
— Comprendre l'enjeu de l'acte de communication (s'agit-il d'un simple plaisir esthétique, de convaincre, de décrire, d'informer...).

L'étude de l'énonciation démontre qu'un texte n'est pas neutre mais qu'il est la manifestation d'un point de vue. De plus qu'il est porteur d'un ou de deux objectifs.

ÉTUDE DE L'ÉNONCIATION

Nous avons choisi d'axer l'analyse de « Mon rêve familier » sur l'étude de l'énonciation. Elle présente pour avantage de mettre en relief ce que nous avons avancé dans la structure. En effet, ce poème, en apparence consacré à la femme, n'est en fait qu'un prétexte pour Verlaine d'évoquer la dure condition de poète meurtri par son hypersensibilité et de parler de lui-même. Nous entendons par « condition » le mal-être du poète qui demeure un être incompris en quête d'amour et d'absolu.

L'étude du « je » de l'auteur confirme bien la thèse de la femme-prétexte.

Le « je » de l'auteur

Le texte se présente sous forme de discours direct. Le narrateur raconte son rêve.

— Le poème commence par le pronom personnel « Je ». Cette tournure du discours direct reste présente dans les trois premières strophes : *« Je fais »* (vers 1) ; *« j'aime »* (vers 2) ; *« Je l'ignore »* (vers 9) ; *« Je me souviens »* (vers 10).

— L'auteur s'adresse à un interlocuteur anonyme. On ne sait pas qui est le « Tu » de l'énonciation, d'autant qu'il est absent du texte. Il pourrait donc s'agir d'un « vous » singulier ou pluriel, ou de personne, ce qui correspondrait à un soliloque, c'est-à-dire à un discours à soi-même.

— On remarque que s'instaure dans le premier tercet une sorte de dialogue qui peut être perçu de deux manières.
1) Soit c'est l'auteur qui se parle à lui-même. Il s'agit alors d'une sorte de monologue intérieur.
2) Soit c'est le destinataire (l'interlocuteur) qui prend la parole dans les vers 9 et 10 :

> « Est-elle brune, blonde ou rousse ? — Je l'ignore.
> Son nom ? Je me souviens qu'il est doux et sonore »

Le dialogue intérieur est donc ambigu. Il a pour effet essentiel de renforcer l'image floue, incertaine de la femme ; idée que reprend notamment le terme *« Je l'ignore »* (vers 9).

Dans ce poème, il n'est pas question d'une femme en particulier mais de la femme en général parce qu'elle n'est pas nommée, parce qu'elle n'a pas d'identité vraie, parce qu'elle reste floue.

Le « je » de l'auteur apparaît également sous la forme de pronoms personnels compléments d'objet direct de la première personne du singulier : *« qui m'aime »* (vers 2) : *« et m'aime et me comprend »* (vers 4) ; *« elle me comprend »* (vers 5).

On s'aperçoit alors du paradoxe. Le poème est bien centré sur Verlaine. Le complément d'objet direct — le moi de l'auteur — centre sur lui l'ensemble du texte. La femme se consacre entièrement à lui, et l'intérêt du lecteur qui comprend la confidence du narrateur, son drame intérieur, se concentre sur le sort du poète.

Les verbes aimer et comprendre, conjugués au présent, qui suivent les pronoms personnels compléments d'objet direct *« me »*, mis pour Verlaine, dévoilent à quel point la condition du poète est difficile, combien il a besoin d'être aimé et d'être compris. Cette quête devient l'axe du poème. La compréhension qui apparaît de manière redondante dans les vers 4 et 5 est le lien qui unit le narrateur à la femme :

> **« .... et m'aime et me comprend.**
> **Car elle me comprend .... »**

La femme, dans cette évocation, devient un monument d'espoir sculpté dans l'imaginaire en même temps que la raison d'être du rêve. Mais dans la réalité ne représente-t-elle pas le miroir abstrait dont a besoin le poète pour que lui soit retournée l'image de sa souffrance qui donnera naissance à une souffrance amplifiée, source même du pouvoir incantatoire ou magique du poème ?

Cette anadiplose, ou reprise au début d'une phrase d'un terme qui se trouvait à la fin de la précédente, nous montre bien (vers 4 et 5) qu'il s'agit du cœur du *« problème »* (vers 6).

Cette répétition *« me comprend »* (vers 4 et vers 5) est une manière pour le poète de se persuader que la *« femme inconnue »* (vers 2) lui voue toute la compréhension que le cœur du poète réclame. De plus, le groupe des vers 5 et 6 comporte une ambiguïté du point de vue de la syntaxe. Il est en effet possible de comprendre de deux façons l'expression « pour elle seule ».

> **« ... et mon cœur *transparent***
> ***pour elle seule...* »**

« Pour elle seule » se rapporte à « transparent ».

« ... et mon cœur, transparent
Pour elle seule, hélas ! cesse d'être un problème »

« Pour elle seule » se rapporte à « cesse d'être un problème ».

Ce brouillage syntaxique n'était pas pour déplaire à Verlaine qui, ailleurs, a vanté les charmes de l'indécis et de l'imprécis.

Le poète, cet être incompris, a enfin trouvé quelqu'un qui arrive à suivre les méandres de son âme. Mais *« hélas ! »* (vers 6) il ne s'agit cruellement que d'un rêve ! Le repos de l'âme n'est donc que temporaire. Son *« cœur »* n'est *« transparent »* à l'autre, ou n'est *« compris »* par l'autre, que le temps d'un songe.

La présence du poète apparaît encore à travers les multiples adjectifs possessifs concentrés à la première personne : *« mon cœur »* (vers 5), *« mon front blême »* (vers 7). Ils renforcent l'idée que le poète est bien le principal personnage du texte. Tout en continuant de décrire son rêve, Verlaine parle de plus en plus de lui.

Déjà dans le premier quatrain cette idée apparaissait d'une façon plus suggérée avec *« m'aime »* (vers 2 et vers 4). Par ailleurs, si l'on regarde d'un peu plus près le champ lexical de l'amour (ou l'ensemble des mots qui, à l'intérieur d'un texte, expriment une même idée) on s'aperçoit qu'il est restreint sur le plan du vocabulaire : *« j'aime »* (vers 2), *« m'aime »* (vers 2), *« m'aime »* (vers 4), *« mon cœur »* (vers 5), *« aimés »* (vers 11). Mais la réapparition de ces termes tout au long du poème, et le fait qu'ils soient précédés tantôt d'un pronom personnel, tantôt d'un adjectif possessif à la première personne, donc remplaçant Verlaine, dénote que pour l'auteur ce sentiment d'amour reste prioritaire et se situe au cœur des relations.

L'auteur s'implique encore dans le texte derrière les sensations qui sont personnelles par définition. On passe du rafraîchissement, *« Elle seule les sait rafraîchir »* (vers 8), à la sensation que procure le souvenir du nom de la femme, *« il est doux et sonore »* (vers 10). Le rêve est donc avant tout impression physique. Il laisse des marques dans le cœur comme dans le corps.

Comme nous l'avons constaté, les termes de situation sont nombreux. Même le nom de l'*« inconnue »*

« ...est doux et sonore
« Comme ceux des aimés que la Vie exila. »

(Vers 10-11)

Quant au son de sa voix, il s'apparente à une vibration d'amour puisqu'il a

« L'inflexion des voix chères qui se sont tues. »

(Vers 14)

• Les marques d'opinion, c'est-à-dire des termes qui révèlent l'opinion de l'auteur, traduisent donc sa subjectivité : *« étrange »*, *« pénétrant »*, *« Je l'ignore »*, renforcent la présence de l'auteur dans son poème. En effet, les axiologiques, ou termes qui traduisent le jugement ou la subjectivité du narrateur, sont valorisants, exemple : *« doux »* (vers 10).

• Il ne s'agit pas de n'importe quel rêve mais bien d'un rêve *« étrange et pénétrant »*. Le mot *« étrange »* peut surprendre car, après tout, n'est-il pas relativement courant de rêver à une femme physiquement imprécise et répondant à un besoin d'amour ? N'est-ce pas le cas chez Verlaine ? Mais la fin du texte introduit des éléments *« étranges »*. Notre besoin d'amour (celui du poète en l'occurrence) rejoint un besoin de vie plus intense ; or cette femme rêvée apparaît dans les vers 11 et 14 sous le signe de la mort. *« ... étrange et pénétrant »* : ce mystère envahit tout l'être. Il n'est pas comme un spectacle distinct auquel on assiste. Il s'incorpore à l'être. Ainsi est-il *« pénétrant »*. En effet, ce rêve ne se déroule pas d'une façon superficielle sur l'écran des nuits de Verlaine, un peu à la manière d'un film que l'on oublie tout de suite après être sorti de la salle. Ce rêve poursuit le poète au-delà du rêve et s'installe en lui au point de l'envahir.

• Les termes *« doux et sonores »* sont encore valorisants. A la fois frisson *(« doux »)* et musique *(« sonore »)*, le souvenir du nom de cette femme procure au poète une sensation agréable.

• La comparaison *« Comme ceux des aimés »* (vers 11) est encore une manière laudative pour Verlaine de décrire ce nom, qu'il ne donne pas, qu'il a oublié, qu'il n'a peut-être jamais connu, d'autant qu'il précise bien qu'elle n'est jamais *« tout à fait la même »* (vers 3).

• La comparaison de la voix de la femme à celle *« des voix chères qui se sont tues »* (vers 14) est encore une marque de subjectivité de l'auteur qui peut être considérée comme valorisante. En effet, cette voix n'est pas neutre. Elle a un accent, une *« inflexion »* (vers 14) qui, par delà le silence, confère à cette femme un caractère immortel.

On constate donc que dans ce poème la femme est connotée d'une façon très positive. Seule note négative dans cette harmonie : *« Son regard est pareil au regard des statues »* (vers 12). Ce vers marque une rupture, une immobilité. Le rêve s'achève, la femme disparaît. Toutefois, même si la connivence s'estompe en même temps que la présence dans ce *« rêve familier »* de l'être aimé, le dernier vers, comme nous l'avons vu plus haut, peut être considéré comme une sacralisation de cette *« femme inconnue »* (vers 2). Une telle idée se trouve renforcée par le regard qui est *« pareil au regard des statues »* (vers 12).

La majuscule au mot *« Vie »* (vers 11) montre à quel point Verlaine prend la vie en considération. Il la personnalise, elle a presque valeur de prénom. Elle devient ici allégorie, sujet agissant qui *« exila »* (vers 11).

Le « elle » de la femme

Le « Je » de l'auteur s'adresse à un « Tu » inconnu qui pourrait tout aussi bien être lui-même. Il s'oppose au « elle », troisième personne du singulier qui introduit le récit du rêve.

Si le « Je » est fortement impliqué, on note, à l'inverse, des marques de distanciation pour la femme. Ceci va bien dans le sens de notre thèse.

Il s'agit *« D'une femme inconnue »* (vers 2). L'article indéfini place d'emblée le personnage dans une atmosphère de flou. Il y a un paradoxe qui se crée avec la familiarité du rêve. Son image reste vague et Verlaine n'est même pas certain de la reconnaître.

La femme est élevée au rang de femme idéale par le terme *« inconnue »*. En effet, elle ne fait pas partie des êtres de chair et de sang que Verlaine fréquente. Il n'a pas trouvé dans la vie la femme qu'il cherchait, seul le rêve la lui procure.

La femme est immatérielle, évanescente, on ignore tout de son physique. Verlaine lui-même ne s'en souvient pas :

> **« Est-elle brune, blonde ou rousse ? — Je l'ignore. »**
>
> (vers 9)

Si, au fil de la progression, on observe la femme en tant que thème constant dans ce poème, nous passons d'une *« inconnue »* qui est ensuite évoquée par les pronoms relatifs *« **que** j'aime et **qui** m'aime »* (vers 2), objet d'amour et sujet aimant *« Et **qui** n'est »*, puis par le pronom personnel « elle » qui est présent tout au long du deuxième quatrain : *« Car **elle** me comprend »* (vers 5), *« Pour **elle** seule »* (vers 6), *« Pour **elle** seule »* (vers 7), *« **Elle** seule le sait »* (vers 8).

La répétition de la formule *« elle seule »* connote à la fois le soulagement et le regret :

— *Le soulagement*

Verlaine a enfin trouvé, même si ce n'est qu'en rêve, l'harmonie faite d'amour, de douceur et de compréhension. Il s'agit là d'un cliché, d'un stéréotype de la femme mère et de la femme-femme, les deux totalisant la compréhension, la tendresse, l'amour.

— *Le regret*

Verlaine déplore peut-être qu'une seule personne, et qui plus est appartenant au monde onirique, puisse l'aimer et le comprendre, mais rien dans le texte ne nous permet de l'affirmer.

Dans ce poème, le thème de la mort est très présent :

> « Son nom ? ...
> Comme ceux des aimés que la Vie exila. »

(vers 10-11)

> « Son regard est pareil au regard des statues, »

(vers 12)

Nous sommes en prise directe avec le thème de la mort. En effet, une statue ne vit pas. L'idées de mort est donc bien présente.

> « ... des voix chères qui se sont tues. »

(vers 14)

Il serait évidemment tentant de juxtaposer sur ces vers des explications biographiques. Le sentiment prémonitoire qu'aurait pu éprouver le poète de la mort prématurée de sa cousine Élisa (16 février 1867), par exemple. Élisa pour laquelle il manifestait un attachement très fort mais qui, déjà, était morte psychologiquement pour lui depuis 1861, date de son mariage avec Monsieur Dujardin.

En fait, la femme dont Verlaine parle donne l'impression d'appartenir à un autre monde, d'être dans le royaume des morts. Il s'agit bien d'une créature de rêve, un peu à la manière d'un ange. D'où ce sentiment qu'il ne s'agit pas du rêve d'une rencontre possible mais, au contraire, de celui d'une rencontre impossible.

Dans les deux tercets, la femme n'est plus envisagée dans son ensemble, d'une façon globale et abstraite. Il est question de son nom *« doux et sonore »* (vers 10), puis de son regard *« pareil au regard des statues »* (vers 12), et enfin de sa voix qui a *« L'inflexion des voix chères qui se sont tues »*. Cette progression nous montre que l'on change de plan. D'une vision globale de la femme, on passe à des détails puisés dans la réalité qui donne à cette femme un semblant d'identité.

Le Ici et Maintenant

Le lieu est absent du poème puisqu'il est l'évocation du monde onirique. En revanche, les indicateurs de temps existent.

— Sous forme d'adverbe : *« souvent »* (vers 1) signifie que le rêve se répète. Verlaine l'a fait plusieurs fois.

— Sous forme d'adjectif : *« familier »* (dans le titre) qui renvoie à *« souvent »*. L'adjectif *« familier »* peut en effet être compris dans le sens de « connu », ou « comme habituel ». Verlaine fait souvent ce même rêve, il le connaît bien. Le poète insiste sur la fréquence, sur l'aspect itératif (qui est réitéré), répétitif de ce rêve. Il cultive l'ambiguïté en jouant sur la polysémie du terme, c'est-à-dire sur différents contenus de ce terme.

Le poème est au présent de l'indicatif. Il s'agit ici d'un présent de narration. Mais il a également une valeur intemporelle. On ne sait pas depuis combien de temps Verlaine est habité par ce rêve, un mois ? Un an ? Dix ans ? Ce présent traduit le fait que ce rêve est toujours vivant, présent.

Parmi les indices d'énonciation qui jalonnent ce poème, on note la répétition de la conjonction de coordination *« et »* :

— *« et pénétrant »* (vers 1) ;
— *« et que j'aime, et qui m'aime »* (vers 2) ;
— *« et qui n'est »* (vers 3) ;
— *« et m'aime et me comprend »* (vers 4) ;
— *« et mon cœur »* (vers 5) ;
— *« et les moiteurs »* (vers 7) ;
— *« Et, pour sa voix, lointaine et calme, et grave »* (vers 13).

Si cette conjonction de coordination a valeur d'addition dans le premier quatrain, on peut la remplacer par « et puis » dans le deuxième quatrain. Elle introduit donc une notion de succession et de situations.

Enfin, le démonstratif *« ce »* (vers 1), qui figure parmi les indices d'énonciation, donne ici de l'importance au rêve désigné par l'auteur. En effet, ce rêve a quelque chose d'unique et de personnel. Le destinataire est incité à en écouter le récit.

CONCLUSION

Cette étude ne représente pas une analyse exhaustive du poème. Nous avons laissé volontairement de côté les sons, les rythmes et l'évocation de certaines images. Toutefois, elle a le mérite de révéler combien le « Je » du poète envahit le texte de manière diverse et dévoile que l'hymne à la féminité est une fausse piste. Verlaine s'est caché derrière la femme qui lui apparaît dans son « rêve familier » sûrement par pudeur.

PLAN DE COMMENTAIRE COMPOSÉ

En partant de notre choix d'une étude de l'énonciation, nous allons exploiter les différentes observations faites. Tout n'a pas été dit, certes ! Toutefois, nous pourrons enrichir la banque de données proposée en allant plus loin dans la recherche.

Nos trois centres d'intérêt seront :

I. L'IMPLICATION DE L'AUTEUR.
II. LA PLACE ET LE RÔLE DE LA FEMME.
III. L'IMPORTANCE DES SENTIMENTS.

Cette hypothèse de travail est subjective, mais elle suit un enchaînement et une progression logiques.

I. L'IMPLICATION DE L'AUTEUR
- emploi de la première personne du singulier ;
- emploi des adjectifs possessifs ;
- l'effet des répétitions ;
- valeur de l'exclamation et des interrogations.

II. LA PLACE ET LE RÔLE DE LA FEMME
- sa progression ;
- le flou de son portrait ;
- complice, indifférente ou sujet passif ?
- sa charge de mystère ;
- sa métamorphose ;
- le thème de la mort.

III. L'IMPORTANCE DES SENTIMENTS
- place de la réciprocité ;
- vocabulaire et expressions ;
- la place du temps.

2

SOLEILS COUCHANTS

À Catulle Mendès.

SOLEILS COUCHANTS

Une aube affaiblie
Verse par les champs
La mélancolie
Des soleils couchants.
La mélancolie
Berce de doux chants
Mon cœur qui s'oublie
Aux soleils couchants.
Et d'étranges rêves,
Comme des soleils
Couchants sur les grèves,
Fantômes vermeils,
Défilent sans trêves,
Défilent, pareils
À des grands soleils
Couchants sur les grèves.

CONDITIONS DE PUBLICATION

« Soleils couchants » n'a jamais connu de publication en revue avant la première édition des *Poèmes saturniens*, chez Alphonse Lemerre, en 1866.

Du vivant de Verlaine « Soleils couchants » figure dans les rééditions de 1890 et de 1894, chez Vanier, ainsi que dans *Choix de poésies* à la Bibliothèque Charpentier (1891).

« Soleils couchants » est le premier des sept poèmes regroupés sous le titre « Paysages tristes ».

VARIANTES

— Vers 10 : *« **Tels que** des soleils »*. « Comme » est placé en marge sur le manuscrit.
— Vers 13 : Ce vers avait été oublié à la copie ; il est ajouté en marge.
— Vers 16 : *« grève »*.

PREMIÈRE APPROCHE

On remarque en tout premier que cette pièce est dédiée à l'écrivain et poète Catulle Mendès (1841-1909), l'un des fondateurs de la revue *Le Parnasse contemporain*.

Comme les six autres pièces qui composent cette section des « Paysages tristes », ce poème évoque un paysage trouble, baigné par une lumière crépusculaire. Nous nous reporterons au texte II de ce chapitre intitulé « Crépuscule du soir mystique » :

> « Le Souvenir avec le Crépuscule
> Rougeoie et tremble de l'ardent horizon »
>
> (vers 1-2)

Dans « Promenade sentimentale », la pièce III de ce même chapitre, on trouve ce premier vers :

> « Le soleil dardait ses rayons suprêmes »

Poursuivons avec la pièce IV « Nuit de Walpurgis classique » :

> « ... où l'aube éteint l'un après l'autre
> Les cors, en sorte qu'il ne reste absolument
> Plus rien .... »
>
> (vers 41-43)

Dans « L'Heure du berger », la pièce VI,

> « La lune est rouge au brumeux horizon ; »
>
> (vers 1)

Et dans « Le Rossignol », la pièce VII de ces « Paysages tristes »

> « Tous mes souvenirs s'abattent sur moi,
> S'abattent parmi le feuillage jaune »
>
> (vers 2-3)

Ces extraits nous montrent l'importance, dans cette section, des ors qui se mêlent aux rouges et de l'ombre indécise qui se mêle aux ombres de la nuit

La tonalité mélancolique du poème, sa fonction d'ouverture, et la lumière brouillée dans laquelle il flotte — entre chien et loup — le placent donc dans une structure cohérente, où les jeux de lumière se mêlent à la rêverie pour ne plus former qu'un.

Dès lors, « Soleils couchants » se présente comme la partie d'un tout, une variation sur la mélancolie qui, assemblée aux six autres poèmes de la section, dépeint les méandres d'un paysage intérieur, reflet d'une conscience qui se cherche.

LE THÈME

Le spectacle du soleil couchant invite le poète à la rêverie. Un « classique » de la poésie que Verlaine a su renouveler en s'impliquant lui-même dans le paysage qu'il dépeint.

Rêverie mélancolique et paresseuse née de la lumière diffuse et apaisante du premier vers *« Une aube affaiblie »* (vers 1), alimentée par la douceur rassurante du rythme *« Berce de doux chants »* (vers 6), mais qui se peuple peu à peu de visions angoissantes *« Et d'étranges rêves »* (vers 9) *« Fantômes vermeils »* (vers 12) qui reviennent avec une régularité obsédante : reprise de l'expression *« soleils couchants »* aux vers 4, 8, 10-11, 15-16. Spirale infernale de la pensée entraînée malgré elle dans une introspection qui la dépasse *« Défilent sans trêves,/Défilent pareils… »* (vers 13-14) selon un processus irréversible que sous-tend la structure même du poème.

MOUVEMENT DU TEXTE

« Soleils couchants » s'articule autour d'une double thématique : thématique du rêve, thématique du cauchemar. Le poème reflète cette dualité au niveau de sa structure — équilibre parfait de deux séries de huit vers.

— Vers 1 à 8 : paysage harmonieux qui invite à la rêverie et à la mélancolie *(« aube », « verse », « mélancolie », « berce », « doux », « s'oublie »,).*

— Vers 9 à 16 : intrusion d'images obsédantes et discordantes, proches de l'hallucination *« étranges », « fantômes », « vermeils », « défilent sans trêves », « défilent »*.

Une structure en deux temps, qui décrit un processus mental en mouvement, et dont le catalyseur se situe au début du vers 9 : « *Et* d'étranges rêves ».

Le mouvement du texte se superpose donc à celui de l'âme par un phénomène d'élargissement : la première partie du poème se décompose en deux séries de 4 vers, marqués par une ponctuation forte, et par le retour à une rime identique.

« Une aube affaiblie… Des soleils couchants. »
« La mélancolie… Aux soleils couchants. »

Tandis que la deuxième partie lie les 8 derniers vers d'un seul mouvement, mais par le biais d'un rythme syncopé (apparition de la virgule) et d'un enjambement qui crée une cassure dans le vers. *(« soleils »/« Couchants » ; « pareils »/ « A » ; « soleils »/« Couchants »).*

Élargissement du rythme sur lequel se greffe un élargissement du paysage *« des **grands** soleils »* (vers 15).

Un poème qui s'organise donc autour de la cassure engendrée par le vers 10, cassure accrue par la modification de la rime :

— vers 1 à 8 : rimes en *lie/an*
— vers 9 à 16 : rimes en *èves/eils*

par la destruction de l'alternance féminines/masculines aux vers 14 et 15 *(« pareils »/« soleils »)*

par l'intériorisation progressive des impressions :
— Vers 1 à 4 : impression visuelle née d'un jeu de lumières *« aube affaiblie », « verse », « soleils couchants ».*
— Vers 5 à 8 : impression auditive *« berce » « doux chants ».*
— Vers 9 à 16 : impression cérébrale *« rêves » « fantômes vermeils » « défilent »* renforcée par le recours à la comparaison : *« comme »*, *« pareils à ».*

Au niveau structurel, « Soleils couchants » se singularise donc par sa construction en miroir — la deuxième partie du poème (vers 9 à 16) étant en quelque sorte le reflet négatif, inversé de la première — et pourrait de ce fait se définir comme le poème d'une métamorphose, ainsi que nous le verrons dans notre étude suivie.

ÉTUDE SUIVIE

Une précision relative au titre « Soleils couchants » s'impose. Le pluriel indique que le paysage évoqué n'est pas à prendre au pied de la lettre : il s'agit d'un paysage rêvé, reflet d'un état d'âme. On rapprochera ce titre de celui d'un poème beaucoup plus tardif « A la manière de Paul Verlaine » dans la section « Lunes » (*Parallèlement*, vers 1-4)

« C'est à cause du clair de la lune
Que j'assume ce masque nocturne
Et de Saturne penchant son urne
Et de *ces lunes l'une après l'une.* »

Paysage en mouvement, qui évolue en même temps que les impressions projetées par le réel imprègnent le subconscient du poète jusqu'à créer un réel fantasmagorique, qui n'est plus celui que l'on voit, mais celui que l'on *sent*. Juxtaposition de deux visions, l'une extérieure, l'autre intérieure, renforcée par l'absence d'article : (Les) soleils couchants.

Vers 1 : *« Une aube affaiblie »*

La subjectivité du paysage est soulignée dès le premier vers par la référence à l'aube, là où on attendait une description crépusculaire. Effet de surprise, né :

— du rapprochement de deux contraires : le point du jour/la fin du jour ;

— de deux lumières différentes : celle de l'aube (étymologiquement *alb (a) aube*, signifie « blanc ») et du soleil couchant (habituellement représenté dans des teintes rouges et or) ;

— du recours à l'article indéfini : *« **Une** aube »* qui détermine un moment bien particulier alors que le pluriel du titre laissait supposer une description plus générale, abstraite.

Confusion délibérée de deux moments distincts de la journée qui, tout en créant une impression de flou, propre à la rêverie, place d'entrée de jeu le paysage comme le porte-parole du narrateur, son double.

Technique de l'Indécis, de l'Impropriété suggestive où la Nuance prend le pas sur la Couleur, comme Verlaine le recommandera en 1874 dans son poème intitulé « Art poétique » *(Jadis et Naguère)* :

« Il faut aussi que tu n'ailles point
Choisir tes mots sans quelque méprise »

(vers 5-6)

Art de la méprise, donc, qui tend à rapprocher deux extrêmes en les superposant l'un à l'autre, à les mêler intimement de façon à créer un climat. Non plus un paysage, mais des paysages, réfléchis par le regard du poète.

Dès lors, l'aube n'est plus seulement un spectacle destiné à être contemplé, mais un paysage rêvé, recréé mentalement par le narrateur, ajusté à son état d'âme. Et si elle est *« affaiblie »*, c'est — outre la notion de douceur, de langueur qui s'attache à ce terme — parce que Verlaine y imprime les sentiments qui sont les siens à cet instant précis : mélange de faiblesse, de passivité complaisante et aspiration à une hypothétique convalescence.

Convalescence d'un cœur qui cherche l'apaisement à travers un rythme fluide et musical (allitération en « b », enjambement, élision : *« Un(e) aub(e) affaiblie »*) et qui d'instinct trouve refuge dans une métaphore qui — tout comme la rime : affaiblie — est féminine. L'aube devient une allégorie de la Femme, protectrice et maternelle, qui *« verse »* (vers 2) *« la mélancolie »* (vers 3) comme on verse l'oubli (vers 7) à la façon d'une magicienne.

Vers 2 : *« Verse par les champs »*

Le tableau prend forme peu à peu : le premier vers situait le poème dans un éclairage particulier, le deuxième introduit l'action *(« verse »)* et le lieu *(« les champs »)*. A la fluidité du premier vers s'ajoute l'amplitude du geste qui rappelle celui de la semeuse. Générosité d'une aube prodigue qui — maladresse *(« affaiblie »)* ou largesse — répand sans compter ses bienfaits sur la terre.

— Abondance contenue dans le verbe « verser » (proche ici de renverser) et que souligne l'emploi de la préposition *« par »* avec un effet de dispersion.

— Mélange subtil des éléments : le ciel *(« l'aube »)*/la terre *(« les champs »)* la lumière *(« affaiblie »)*/l'eau *(« verse »)* qui s'entremêlent pour créer une impression de flou. Un flou savamment entretenu, mais d'où émerge une figure de proue, de plus en plus précise : celle de la Femme/Aube qui console et guérit, à l'image des champs, symboles de fécondité et de plénitude.

Vers 3 : *« La mélancolie »*

Réduit à l'essentiel (article + nom), le complément d'objet direct *« la mélancolie »* remplit majestueusement tout le troisième vers. Les assonances en « l », tout autant que le déploiement du mot à l'intérieur du vers, créent une impression d'alanguissement, de lenteur. Chaque syllabe se détache et s'attarde, comme on savoure une présence familière et complice.

Une mélancolie qui imprègne toute l'œuvre de Verlaine au point d'être chez lui une seconde nature, qu'il la nomme « langueur » (cf. « Chanson d'automne », « Ariettes oubliées III »), qu'il l'évoque comme une blessure toujours vive : *« promenant ma plaie »* (« Promenade sentimentale ») ou qu'il s'identifie à elle *« Allons, mon pauvre cœur, allons,* ***mon vieux complice*** (« Nevermore »).

Compagne de chaque instant, omniprésente dans le regard de Verlaine, cette tristesse qu'il porte en lui déteint sur le paysage, le contamine : glissement imperceptible du concret *(« verse »)* à l'abstrait *(« mélancolie »)*, du registre de la description à celui des sentiments : le paysage devient le reflet de l'âme du poète, la réalité s'estompe peu à peu au profit de l'impression.

Vers 4 : *« Des soleils couchants. »*

Ce gommage du réel est renforcé par l'emploi de l'article indéfini *« **des** soleils couchants »* qui dilue la lumière singulière du premier vers *« **Une** aube »* dans une pluralité généralisante. Mouvement d'élargissement qui rapproche deux moments extrêmes de la journée (l'aube et le crépuscule) et les confond dans une sorte d'univers atemporel, voué à un éternel recommencement. Le point qui clôt le vers 4 referme la phrase sur elle-même, à la façon d'une boucle, tout comme l'évocation des soleils couchants renvoie au titre et par là même au véritable sujet du poème.

Vers 5 : *« La mélancolie »*

La reprise de *« la mélancolie »* qui glisse du vers 3 au vers 5 prolonge et amplifie le phénomène d'écho déjà présent dans les quatre premiers vers.

Écho des sonorités, d'abord :

— par le jeu des homophonies (prédominance du son an : *« champs », « mélancolie », « couchants », « chants », « étranges », « couchants », « sans », « grands », « couchants »*) ;

— par le retour fréquent à la rime, dû à l'utilisation du vers de cinq syllabes ;

— par la reprise des mêmes mots à la rime : *« mélancolie »/« mélancolie » ; « couchants »/« couchants » ; « soleils »/ « soleils » ; « grèves »/« grèves »)* ;

— par l'utilisation de termes musicalement très proches *(« Verse »/« Berce » ; « trêves »/« grèves »).*

Cet écho musical et harmonieux se double d'un phénomène plus inquiétant : celui d'une âme captive qui se heurte inlassablement aux même pensées. Schéma obsessionnel de la répétition, qui est l'une des caractéristiques de « Paysages tristes ».

> « Et le vent berçait les nénuphars blêmes ;
> Les grands nénuphars entre les roseaux (...)
> Moi j'errais tout seul, promenant ma plaie
> Au long de l'étang, parmi la saulaie (...)
> Parmi la saulaie où j'errais tout seul
> Promenant ma plaie ; (...)

> Et des nénuphars, parmi les roseaux,
> Des grands nénuphars sur les calmes eaux. »

« Promenade sentimentale »

> « Un rythmique sabbat, rythmique, extrêmement
> Rythmique. .... »

« Nuit du Walpurgis classique » (vers 2-3)

La mélancolie, qui prend possession du vers 5, a donc une triple fonction :

— fonction mélodique, née de la répétition ;

— fonction de transition entre les quatre premiers vers et les quatre suivants ;

— fonction de continuité, par la reprise de la métaphore déjà évoquée à travers l'aube.

Une continuité logique s'opère par glissements progressifs et les mêmes mots se renouvellent selon la place qu'ils occupent dans le vers et dans la syntaxe : de simple complément d'objet au vers 3, *« La mélancolie »* devient sujet à part entière au vers 5. Elle prend possession du vers, comme elle prend possession du cœur du poète.

Vers 6 : *« Berce de doux chants »*

La personnification de la mélancolie — qui apparaît sous les traits d'une femme maternelle *(« Berce »)* et tendre *(« doux chants »)* confère au poème une tonalité nouvelle. A la tristesse un peu lointaine des quatre premiers vers succède une impression de bien-être, de léthargie et d'apaisement. La douceur de l'allitération *« Berce de doux chants »*, la fluidité de l'enjambement (la phrase se déroule sans heurt de vers en vers) et l'apparition d'un terme musical (chant) développent une mélodie proche de la litanie — ou du charme (au sens fort du terme : « chant magique »).

Femme tendresse, Femme maternelle, dont l'image resurgit de poème en poème pour distiller l'apaisement :

> « Ô la femme à l'amour câlin et réchauffant »

« Melancholia » « Vœu » (Vers 12)

> « Car elle me comprend, et mon cœur, transparent
> Pour elle seule, hélas ! cesse d'être un problème »
>
> « Melancholia » « Mon rêve familier » (Vers 5-6)

Mais on note un apaisement ambigu, puisqu'il se nourrit de ses propres démons : en cédant au charme séducteur de la mélancolie (l'adjectif « doux » a une valeur positive et — en apparence — bénéfique), le poète s'enferme volontairement dans un univers de tristesse qui l'exclut du reste du monde.

Vers 7 et 8 : *« Mon cœur qui s'oublie*
Aux soleils couchants. »

Cette notion d'exclusion, de soumission passive, s'exprime clairement dans la tournure verbale *« qui s'oublie »*. A travers le thème de l'oubli, c'est celui de la Femme magicienne qui réapparaît : après avoir *« versé »* l'oubli (vers 2) et psalmodié une formule magique (vers 6), elle s'empare du cœur du poète et efface en lui toute mémoire au point de lui faire perdre la conscience même de son existence. L'envoûtement est consommé : passé et avenir se confondent dans un présent intemporel qui évacue définitivement l'image initiale de l'aube au profit de celle des soleils couchants (vers 8).

— On assiste à l'émiettement de la personnalité du poète qui, à peine évoquée *(« **Mon** cœur »)*, se disperse d'un vers à l'autre par le biais de l'enjambement *(« qui s'oublie »/« Aux soleils couchants »)*, et de la préposition *« aux »* qui renforce l'impression de flou.

— Le retour final *« Aux soleils couchants »* consacre l'aliénation du poète à ses émotions, à la façon d'un cercle magique dont il ne peut s'échapper.

Au terme de ces huit premiers vers, l'atmosphère bienfaisante qui régnait sur le poème s'est donc subtilement modifiée. Le philtre d'oubli qui dispensait généreusement l'aube au premier vers s'affirme en un philtre de mort. La douceur feutrée de la lumière porte les stigmates de la maladie *(« affaiblie »)*. Le rythme lui-même, fait de répétitions et d'homophonies, se déploie traîtreusement à la façon d'un filet qui se referme sur le poète impuissant.

Comme dans « Mon rêve familier », l'importance du « je » dépasse ce qui est attendu.

Le poème va d'un soleil couchant réel, qui prédispose à l'endormissement, à un soleil couchant rêvé, reflet plus ou moins déformé du premier (la seconde fois, *« de grands soleils »*).

La progression relative au « je » :
— *« Une aube affaiblie »* (l'affaiblissement peut déjà concerner le « je »).
— *« Berce de doux chants*
Mon cœur... » (prédisposition à l'affaiblissement, à l'endormissement).
— *« Mon cœur qui s'oublie »* (dissolution du « je » lié à l'endormissement).
— *« Et d'étranges rêves,*
....
Défilent sans trêve, » (dans le sommeil).

Plus que celui de la mort du jour, ce poème est celui de la mort d'une conscience et de sa relative renaissance dans le rêve en plus beau *(« vermeils », « grands »)* que le réel.

Les huit derniers vers se singularisent par le changement de rimes *(èves/eils)*, par l'élargissement de la phrase (une série ininterrompue de huit vers au lieu de deux séries de quatre), par l'apparition de la ponctuation et par la généralisation du phénomène de répétition.

Vers 9 : *« Et d'étranges rêves. »*

La conjonction de coordination *Et*, placée en début de vers, attire l'attention sur le changement de tonalité du poème. Jusqu'ici, l'auteur subissait des impressions venues de l'extérieur (lumière, musique). Dorénavant, ce sont ses émotions qui commandent à son esprit et qui déclenchent en lui une succession d'hallucinations que l'on peut estimer angoissantes si l'on considère le rythme heurté du vers (isolement de la rime par le truchement de la virgule), l'antéposition de l'adjectif *« étranges »* (normalement postposé) qui accentue la valeur sémantique du mot tout en le mettant en relief, et la généralisation du pluriel *(« d'étranges rêves »)* créatrice d'une sensation de confusion mentale, de visions superposées.

— Conséquence logique de la berceuse hypnotique du vers 6, les *« étranges rêves »* dont il est question au vers 9 s'emparent du cœur du poète — ce cœur sans mémoire, sans passé, qui s'est oublié au vers 7. Ce dédoublement de la personnalité symbolisé par l'adjectif *« étranges »* qui, en plus de son sens habituel (« bizarre ») retrouve son sens originel (*extraneus* : « étranger ») sans que Verlaine ne nous précise en quoi ces rêves sont *« étranges »*.

Vers 10 et 11 : *« Comme des soleils*
Couchants sur les grèves, »

Privé de son identité, « étranger » à lui-même, le poète tente de se raccrocher à une réalité qui lui échappe par le biais de la comparaison : *« Comme »* (vers 10), mais bute inlassablement sur la même vision obsessionnelle des *« soleils couchants »*.

Cette obsession de plus en plus présente revient à un rythme de plus en plus rapide (vers 4, 8, 10-11) et le retour, à la fois attendu et redouté, se singularise par :

— l'enjambement : *« Comme des soleils »/« Couchants »*

(séparation de deux termes linguistiquement indissociables : le nom et son adjectif) qui renouvelle l'expression ;

— ce retour à l'enjambement qui étire le vers au-delà de ses limites et crée une impression de déroulement permanent ;

— par la modification du complément circonstanciel : *« les grèves »* se substituant aux *« champs »* du vers 2. Angoisse d'un paysage en mutation qui perd brusquement sa fonction rassurante en cédant la place à un lieu-limite, frontière de l'incertain et de l'inconnu.

Vers 12 : *« Fantômes vermeils, »*

Le changement de rythme qui s'opère depuis le vers 9 s'aggrave d'un dérèglement syntaxique. Les deux premières phrases (vers 1 à 8) se déroulaient selon un schéma grammatical limpide : sujet-verbe-complément :

« Une aube [...] Verse [...] La mélancolie »
« La mélancolie [...] Berce [...] Mon cœur »

Il s'agit là d'un parallélisme de construction, destinées à créer un climat de confiance, propice au sommeil.

A partir du vers 9 — qui coïncide avec l'apparition des *« rêves »* —, le schéma logique de la phrase est perturbé par un phénomène d'isolement et de juxtaposition.

— Isolement du sujet (il faut attendre le vers 14 pour rencontrer le verbe *« défilent »*).

— Juxtaposition d'images qui se superposent par le biais de la comparaison : *« Comme des soleils »* (vers 10 et de l'apposition : *« Fantômes vermeils »* (vers 12).

— Afflux de visions qui se bousculent, se télescopent, reflets d'un trouble psychologique proche de l'hallucination. Un trouble psychologique qui se traduit concrètement par l'irruption des *« fantômes »* (forme évanescente, aux contours fuyants et indécis) et par l'intrusion d'une couleur éclatante dans un poème jusque-là en demi-teintes : *« vermeils »*.

La prédilection de Verlaine pour les couleurs froides, le blême, le blafard (Cf. *« un grand/Fantôme laiteux »*, « Promenade sentimentale ») accentue l'*étrangeté* de la métaphore *« Fantômes vermeils »* et introduit une thématique qui était jusqu'ici en filigrane : celle de la mort. La couleur rouge — couleur du sang et de la folie — s'associe chez Verlaine à l'univers du cauchemar (Cf. *« L'« étalon »/ « Rouge-flamme et noir d'ébène »* qui passe dans « Cauchemar » *(Poèmes saturniens)*.

Hallucination, hantise de la mort qui rôde, nous sommes loin de la rêverie paisible et mélancolique qui animait le début du poème. D'autant que dans ce paysage devenu hostile, la présence bénéfique des métaphores féminines *(« l'aube », « la mélancolie »)* s'efface devant la toute puissance de la métaphore masculine : *« Fantômes vermeils »*.

Vers 13 et 14 : *« Défilent sans trêves,*
Défilent, pareils »

Le spectre de la folie que laissait entrevoir le vers 12 se concrétise brusquement par l'irruption d'un verbe de mouvement *« Défilent »*. Procession inquiétante et obsédante dont le déroulement sans fin se traduit par la répétition : *« Défilent »* (vers 13 et 14), par la place du verbe en début de vers, par le relief que lui confère la virgule (vers 14) et par le pluriel *« sans trêves »* qui exclut le moindre petit arrêt. Défilé angoissant et envahissant, dont la cadence rythmique souligne la monotonie :

« Fantômes vermeils,
Défilent sans trêves,
Défilent, pareils »

et l'immobilisme du narrateur, en proie à une fascination morbide.

Vers 15 et 16 : *« A de grands soleils*
Couchants sur les grèves. »

Fascination d'une âme soumise au vertige d'une idée fixe (les soleils couchants) qui réapparaît au détour de la rime avec une obstination irritante *(« pareils/A »)* et qui par une sorte de métamorphose spontanée se renouvelle sans cesse au fil des vers :

« **Des soleils couchants** » (vers 4)
« **Aux soleils couchants** » (vers 8)
« **Comme des soleils/Couchants** » (vers 10-11)
« **des grands soleils/Couchants** » (vers 15-16)

Cet élargissement d'une vision en mouvement accapare peu à peu tout l'horizon (d'où le recours à l'adjectif *« grands »*) et dont le pluriel souligne à la fois la continuité et la pluralité. L'emploi de *« des »* (grands soleils) là où l'on attendait « de » prouve qu'il ne s'agit plus d'une vision globale mais d'une succession d'images dont chacune est isolée.

La construction en spirale, qui repasse une dernière fois par l'évocation sanglante des soleils couchants, se referme sur le poète englué dans la fascination morbide et impuissante de sa propre fatalité. Comme c'est souvent le cas dans la poésie de Verlaine, le rêve a cédé la place au cauchemar.

« **Le Bonheur a marché côte à côte avec moi ;**
Mais la FATALITÉ ne connaît point de trêve :
Le ver est dans le fruit, le réveil dans le rêve,
Et le remords est dans l'amour : telle est la loi. »

Poèmes saturniens ; « Nevermore » (vers 16-19)

VERS UN COMMENTAIRE COMPOSÉ :

En dépit d'une apparence trompeuse, due à la brièveté du mètre et à la limpidité du vocabulaire, « Soleils couchants » est un poème complexe, qui s'organise autour d'une structure duelle : apparition du bonheur d'une part, surgissement d'un fantastique onirique de l'autre.

L'étude thématique devra faire ressortir cette double

tendance, de même qu'elle devra analyser l'ambiguïté d'un « paysage triste » où la tentation est un piège.

I. LA TENTATION DU PARADIS PERDU
— Le rythme et les sonorités d'une berceuse :
• Une structure fluide et sans heurts (vers 1 à 8) ;
• Un vocabulaire et une syntaxe simples ;
• La musique rassurante des répétitions ;
— Un paysage harmonieux.
— L'image de la Femme maternelle.

II. LA TENTATION DE L'OUBLI
— L'image de la femme magicienne.
— Femme et payse : deux mirages qui disparaissent.
— Incantations et maléfices.
— Immobilisme du poète.
— Perte de l'identité.
— La technique du flou.
— Solitude du poète livré à lui-même.
— Le recours au rêve.

III. OBSESSION ET FOLIE
— Quand le rêve devient cauchemar :
• répétition angoissante des mêmes mots ;
• dislocation de la rime ;
• image du « défilé ».
— Pluralité inquiétante.
— Le spectre rouge de la mort.

CONCLUSION
— Richesse des suggestions : une poésie de l'angoisse.
— Lucidité de Verlaine : une poésie de l'exorcisme.

SUR LE MÊME THÈME

Il serait long et fastidieux de passer en revue les poètes qui ont pris le soleil couchant comme thème d'inspiration ou qui l'ont évoqué. Il est vrai que les poètes de tous les temps et dans toutes civilisations ont chanté le soleil couchant.

Nous nous contenterons, ici, de relever dans la pièce de Verlaine certains accents du très célèbre poème « L'Invitation au voyage » de Baudelaire.

« Les soleils couchants
Revêtent les champs,
Les canaux, la ville entière,
D'hyacinthe et d'or ;
Le monde s'endort
Dans une chaude lumière. »

(vers 35-40)

Par opposition au titre de cette section des *Poèmes saturniens* qui s'intitule « Paysages tristes », nous citerons le « Paysage mauvais » de Tristan Corbière (1845-1875).

PAYSAGE MAUVAIS

Sables de vieux os — Le flot râle
Des glas : crevant bruit sur bruit...
— Palud pâle, où la lune avale
De gros vers, pour passer la nuit.

— Calme de peste, où la fièvre
Cuit... Le follet damné languit.
— Herbe puante où le lièvre
Est un sorcier poltron qui fuit...

— La Lavandière blanche étale
Des trépassés le linge sale,
Au *soleil des loups*... — Les crapauds,

Petits chantres mélancoliques
Empoisonnent de leurs coliques,
Les champignons, leurs escabeaux.

Marais de Guérande — Avril.

Le contraste est saisissant. Le texte de Tristan Corbière tranche par sa force brutale, par ses cassures, ses ruptures et son réalisme d'une rare modernité pour l'époque. Chez Verlaine, la musique et une fluidité non conventionnelle sont mises au service de la tendresse des sentiments. A l'opposé, Tristan Corbière a toujours des images rugueuses, grinçantes et souvent inattendues.

3

CHANSON D'AUTOMNE

Chanson d'automne

Les sanglots longs
Des violons
De l'automne
Blessent mon cœur
D'une langueur
Monotone.

Tout suffocant
Et blême, quand
Sonne l'heure,
Je me souviens
Des jours anciens
Et je pleure ;

Et je m'en vais
Au vent mauvais
Qui m'emporte
Deçà, delà,
Pareil à la
Feuille morte.

CONDITIONS DE PUBLICATION

« Chanson d'Automne » n'a pas connu de prépublication. C'est donc dans l'édition originale des *Poèmes saturniens* de 1866, chez Alphonse Lemerre, que l'on trouve cette pièce pour la première fois. Elle est la cinquième de la section des « Paysages tristes ».

Du vivant de Verlaine, ce poème a suivi les différentes rééditions du recueil. En 1890 et en 1894, chez Vanier, ainsi que dans *Choix de Poésies* (1891) à la Bibliothèque Charpentier.

VARIANTES

Il n'y a pas de variantes, excepté une virgule à la fin de la troisième strophe.

PREMIERS CONSTATS

— « Chanson d'Automne » est l'un des poèmes de Verlaine les plus connus du grand public. Il figure dans nombre d'anthologies et de manuels scolaires. Il peut même apparaître comme une pièce emblématique, comme le symbole de l'écriture mais aussi de l'existence de Verlaine, tiraillé entre des pulsions opposées, balayé, comme une *« feuille morte »* par un *« vent mauvais »*.

— Ce poème de jeunesse annonce des recueils plus tardifs tels que *Romances sans paroles*,

« Pour un cœur qui s'ennuie
Ô le chant de la pluie ! »

III (vers 7-8)

ou *Sagesse*

« Suis-je né trop tôt ou trop tard ?
Qu'est-ce que je fais en ce monde ? »

Chapitre III, pièce IV (vers 13-14)

— Poids de la tradition qui « impose » en quelque sorte le thème : l'interrogation du poète face à l'incertitude de sa destinée, élan d'un créateur qui se cherche et se trouve : rythme syncopé, rime éclatée, originalité dans le choix des mètres.

— Au-delà d'un simple exercice de style, c'est donc l'empreinte d'un poète qui cherche à se démarquer de ses maîtres. Fidèle à lui-même et à sa conception de la poésie, telle qu'il l'exprimera dans son « Art poétique », poème de *Jadis et Naguère* que nous analyserons plus loin, compromis délicat, raffiné, tout en nuances, Verlaine en deviendra l'un des plus glorieux représentants : il s'agit de l'impressionnisme.

— « Chanson d'Automne », qui aurait pu s'intituler « Impression d'automne », est un poème de la sensation, du non-dit, de l'inexprimable. A mi-chemin entre la chanson et le croquis (il s'inscrit dans le chapitre « Paysages tristes »), il suggère le paysage plus qu'il ne le décrit, esquisse plus qu'il ne peint, murmure plus qu'il ne chante.

— Il s'agit d'un poème en demi-teintes, tel que les affectionnait Verlaine, où l'éphémère côtoie l'indéfini, où les contours se diluent dans la brume des larmes et où le paysage s'efface pour envoyer le reflet torturé d'une conscience tourmentée et indécise.

— Musique légère et lointaine, regrets, mélancolie, douceur naïve du petit mot simple qui s'ajuste comme par magie, « Chanson d'Automne » a cette suavité poignante des mélodies qui n'ont pas de fin et qui continuent à vous obséder d'une *« langueur monotone »* bien après que le livre se soit refermé.

MOUVEMENT DU TEXTE

La petite musique de Verlaine ou le côté répétitif d'une obsession.

L'une des caractéristiques de « Chanson d'Automne » tient, bien évidemment, au choix des mètres employés. Le rythme 4/4/3 qui sous-tend tout le poème fait sa spécificité et son originalité. Les vers courts (c'est-à-dire les vers de cinq syllabes et moins) sont rares en poésie. Pourquoi un tel choix ? Supposons un instant que Verlaine ait opté pour le vers de onze syllabes (hendécasyllabe), le poème se découperait alors ainsi :

> « **Les/san/glots/longs/des/vi/o/lons/de/l'au/tomne**
> **Ble/ssent/mon/cœur/d'u/ne/lan/gueur/mo/no/tone.** »

D'un point de vue strictement auditif, l'effet est le même. Le rythme est presque inchangé. Le vers glisse simplement un peu plus à l'oreille, sans rien pour le freiner. Or, toute la subtilité de « Chanson d'automne » réside dans cette différence.

En recourant au vers court, Verlaine fait non seulement resurgir un rythme familier que l'inconscient reconnaît intuitivement : celui de la chanson (« Au clair de la lun(e)/Mon ami Pierrot… » est écrit en rythme 5/5), mais il joue de plus sur le retour rapide de la rime et donne par là même une importance toute particulière aux sonorités répétitives. Une importance encore accentuée par le dialogue qui s'instaure entre les mètres pairs et impairs, produit un effet de mise en relief d'écho.

Comment ne pas rappeler le mot d'ordre qui sera le sien dans « Art Poétique » :

> « **De la musique avant toute chose,**
> **Et pour cela préfère l'impair**
> **Plus vague et plus soluble dans l'air,**
> **Sans rien en lui qui pèse ou qui pose.** »

Le rythme 4/4/3/ de « Chanson d'automne » en est l'illustration parfaite. La musique inhérente au vers de 4 syllabes

« Les sanglots longs » s'allie à l'impair *« De l'automne » « plus soluble dans l'air »* pour former un contrepoint.

Repoussée de vers en vers, de ligne en ligne, la rime trébuche doucement sur la page, hésite, repart et trébuche encore, comme dispersée par un vent mauvais. Les mots s'égrènent, s'éparpillent, comme des notes qui s'échappent d'une boîte à musique. Musique du rythme, des rimes rapprochées, mais aussi du silence imperceptible qui se faufile toutes les deux lignes juste avant le vers de 3 syllabes :

« Les sanglots longs 4
Des violons .... 4 (diérèse sur vi-iolon)
    De l'automne 3
Blessent mon cœur........................ 4
D'une langueur 4
    Monotone. » 3

et que souligne visuellement le blanc laissé par le poète, à la place de la syllabe « manquante ». Un poème, donc conçu autant pour l'oreille que pour les yeux, qui ne peuvent pas manquer de trébucher à chaque fois sur ce vide minuscule, porteur d'absence et de mélancolie.

Cette musique trébuchante, sans cesse répétée, tourne en rond de strophe en strophe et s'enferme dans une structure complexe, où la simplicité côtoie la difficulté, où la mélodie se heurte à des fausses notes, où la plainte se fait peu à peu silence.

Il s'agit de la complexité d'une structure où tout se ligue pour nous ramener perpétuellement à ce vers obsédant de 3 syllabes, ainsi que nous le montre une étude rapide de la rime.

LES RIMES

Disposition

Le poème se compose de trois strophes de six vers chacune (sizains) selon une combinaison de rimes assez rare appelée *rythmus tripertitus* : la même rime se répète tous les trois vers, après un distique, c'est-à-dire après un groupe de deux vers, selon le schéma aabccbddb…

« Les sanglots longs	a
Des violons	a
De l'automne	b
Blessent mon cœur	c
D'une langueur	c
Monotone. »	b

et ainsi de suite.

Qualité

Toutes les rimes sont suffisantes (c'est-à-dire qu'elles présentent au moins deux homophonies, ou identités de son), sauf les vers de 3 syllabes qui, eux, ont une rime riche (trois homophonies) :

« Tout suffocant
Et blême, quand
Sonne l'heure,
Je me souviens
Des jours anciens
Et je pleure ; »

Alternance

Elles sont toutes masculines, à l'exception des vers de 3 syllabes qui, eux, ont une rime féminine :

« Et je m'en vais	M
Au vent mauvais	M
Qui m'emporte	F
Deçà, delà,	M
Pareil à la	M
Feuille morte. »	F

On l'aura compris, toute la subtilité du poème réside dans le côté répétitif de ce vers de 3 syllabes dont l'isolement reflète l'incertitude du poète, son angoisse et sa solitude. La forme et le fond se rejoignent, pour traduire par delà cette mélancolie lancinante des vers, l'interrogation d'un homme face à sa destinée.

L'impossible échappée ou l'éternel recommencement

Le poème tout entier est placé sous le signe de la passivité. Verlaine subit tour à tour la mélancolie de l'automne (« *Des violons* »), l'amertume du regret et l'emprise du vent qui balaye définitivement tout espoir (« *Pareil à la/Feuille morte* »). Chaque strophe se compose d'une seule et unique phrase qui s'enroule autour du narrateur, le lâche, le reprend, lui imprimant son rythme et sa volonté. La ponctuation souligne à la fois l'impuissance du poète et sa soumission totale.

Première strophe : l'absence de ponctuation crée une structure d'enfermement qui décrit autour de Verlaine des cercles concentriques. La tristesse de l'automne s'impose à lui sans qu'il puisse y échapper. Le point qui marque la fin de la strophe (vers 6) verrouille la phrase sur le poète pris au piège et laisse supposer un éternel recommencement — comme dans ces chansons qui n'ont jamais de fin.

Deuxième strophe : l'apparition soudaine de la virgule (vers 8 et 9) casse la mélodie monocorde de la première strophe et suggère un sursaut du narrateur. Accélération du tempo qui devient fiévreux, convulsif, avant de décroître lentement jusqu'au point virgule (vers 12). La strophe reste entrebâillée : le « *vent mauvais* » de la troisième strophe peut s'y engouffrer.

Troisième strophe : l'absence de ponctuation dans les trois premiers vers (vers 13, 14, 15) rejette Verlaine de ligne en ligne. Les deux virgules (vers 16) le capturent à nouveau avant de le propulser vers le point final.

ÉTUDE SUIVIE

La brièveté des vers et l'émiettement des mots ne permettent pas une étude morcelée. Les termes se répondent les uns aux autres, selon un phénomène d'écho qui se répercute de vers en vers. Nous opterons donc pour une analyse souple du poème, tantôt en fonction du rythme, tantôt en fonction du sens.

Deux remarques concernant le titre :

— Verlaine emprunte presque son titre à Baudelaire («Chant d'Automne»). Le détail a son importance dans la mesure où ce poème se situe dans une tradition poétique : celle du poète incompris, confronté à un sort qui lui est contraire, ballotté dans un monde qui lui est hostile. Toute la subtilité du poème repose sur cette ambivalence : respect d'une tradition poétique par le choix du thème, mais refus de plier le vers aux règles de la rime traditionnelle.

— Il ne faudra jamais perdre de vue qu'il s'agit d'une chanson. Le rythme, les sonorités et la présence des violons sont là pour nous le rappeler tout au long du poème. Mais par-delà la musicalité des mots, ce qui importe vraiment, c'est que la chanson appartient à un genre populaire (d'où le recours à un vocabulaire simple, sans artifice) et qu'en dépit du climat de désolation dans lequel baigne le poème, «Chanson d'automne» reste avant tout une chanson, un air que l'on pourrait fredonner. N'oublions pas que Verlaine n'avait que vingt-deux ans lors de la publication des *Poèmes saturniens* (1866) et que selon l'auteur lui-même certains poèmes furent écrits bien avant cette date. Si l'angoisse qui imprègne «Chanson d'Automne» est réelle, si le tourment qui l'habite est sincère et préfigure des poèmes plus tardifs, cette pièce ne s'inspire pas d'une expérience vécue comme pourrait nous le laisser croire la deuxième strophe :

> « Je me souviens
> Des jours anciens
> Et je pleure ; »

mais reflète un état d'âme.

STROPHE I

L'influence de Baudelaire se fait sentir dès les premiers vers. Il est impossible de ne pas faire le rapprochement avec le thème développé dans « Harmonie du soir » :

> « Le violon frémit comme un cœur qu'on afflige
> Valse mélancolique et langoureux vertige... »

Verlaine se place donc, d'entrée de jeu, dans une lignée poétique imprégnée de réminiscences et de correspondances. L'automne sert de prétexte à la mélancolie du poète, et tout en développant un réseau de sensations auditives, il tisse un lien étroit entre le paysage et l'âme :

> « Votre âme est un paysage choisi »

« Clair de lune » (vers 1)

> « Il pleure dans mon cœur
> Comme il pleut sur la ville ; »

« Ariettes oubliées » III (vers 1-2)

Dès lors, l'automne n'apparaît plus comme une saison propice à la mélancolie, mais comme la représentation symbolique de l'âme du poète, son double. Le paysage extérieur (l'automne) et le paysage intérieur (l'âme de Verlaine) finiront d'ailleurs par se rejoindre pour ne faire plus qu'un à la fin du poème *« Pareil à la »/« Feuille morte. »* La fusion est consommée.

Vers 1 : « *Les sanglots longs* »

… qui prennent possession du premier vers créent une ligne mélodique, qui se répercutera tout au long de la première strophe, par le jeu.

— des assonances en [ã] [o] [ô] [œ] : s<u>an</u>gl<u>o</u>ts, l<u>ong</u>s, vi<u>o</u>l<u>on</u>s, <u>au</u>t<u>o</u>mne, m<u>on</u>, c<u>œu</u>r, l<u>an</u>g<u>ueu</u>r, m<u>o</u>n<u>o</u>t<u>o</u>ne.

— des allitérations en [r l] (liquides) ; [b m] (bilabiales) ; [d t n] (dentales) et [s] (fricatives) : « Les sanglots longs des violons de l'automne blessent mon cœur d'une langueur monotone ».

— Une ligne mélodique fluide et ciselée qui par la répétition rapprochée des mêmes sonorités crée cette impression de « langueur » et de « monotonie » que complète le rythme 4/4/3 : accord parfait et indissociable de la forme, du mot et de la musique interne des syllabes.

— Une mélodie obsédante et importune qu'on ne parvient pas à chasser de son esprit et qui revient de vers en vers avec une régularité lancinante. La postposition de l'adjectif « *longs* » (normalement antéposé) au vers 1 allonge imperceptiblement la syllabe et la leste d'un poids supplémentaire, créant une impression de lenteur et d'étirement. (La postposition des adjectifs tels que beau, grand, vieux, long, etc. est assez caractéristique des poètes symbolistes en général et de Verlaine en particulier (Cf. « *Ô bruit doux de la pluie* » dans « Ariette oubliée », III).

Vers 2-3 : « *Des violons*
De l'automne »

La diérèse, ou dissociation de deux voyelles, du vers 2 : « violons » (que l'on doit prononcer vi-olons) produit un effet similaire.

Même recherche aux vers 2 et 3 où deux compléments de nom se succèdent : « *Des violons* » « *De l'automne* ». Construction symétrique qui crée un effet d'écho et de ricochet : « *violons* » se rapporte à « *sanglots* » et « *automne* » à « *violons* ». Les mots se renvoient les uns aux autres de vers en vers. La phrase se déroule par à-coups, et prend peu à peu possession de la strophe (ainsi que de l'esprit du narrateur) par un phénomène de resserrement : rétrécissement des syllabes (4/4/3) et précision croissante dans les informations. Le poème débute par un terme assez vague : « *sanglots* » qui évoque un bruit confus et brouillé, puis on apprend qu'ils émanent d'un instrument : «*violons*» et enfin qu'ils caractérisent «*l'automne*» — autrement dit qu'il s'agit d'une métaphore. Informations distillées goutte à goutte, qui contribuent à créer une atmosphère d'attente et de lenteur, puisque ce n'est qu'au quatrième vers que l'on découvre l'unique verbe de la strophe :

Vers 4 : «*Blessent mon cœur*»

L'emploi du verbe «blesser» appelle plusieurs remarques :

— l'indicatif présent lui confère une valeur éternelle et répétitive, à la façon d'une blessure ouverte qui ne se refermerait pas ;

— la présence de la double sifflante au milieu du mot tranche avec la sourdine feutrée des sonorités qui précèdent ;

— sa place en début de vers et le recours à un terme qui appartient au registre de la souffrance là où on attendait un terme plus passif — «bercent», par exemple — causent un effet de surprise ;

— l'association qu'il forme avec le mot «*cœur*» mêle délibérément les registres : la blessure est tout autant physique que morale, le «*cœur*» étant par métaphore le siège des sensations et des émotions.

Vers 5 : «*D'une langueur*»

La langueur est une vieille complice de Verlaine.

> « Quelle est cette langueur
> Qui pénètre mon cœur ? »

demandera-t-il dans *Romances sans paroles*, «Ariettes oubliées» III (vers 3-4). Peintre de l'éphémère et de l'indéfini comme tous les impressionnistes, il affectionne les termes qui évoquent une impression sans la décrire, qui suggèrent sans nommer.

> « C'est bien la pire peine
> De ne savoir pourquoi

> Sans amour et sans haine
> Mon cœur a tant de peine ! »

Romances sans paroles ; « Ariettes oubliées » III
(vers 13-16)

Le concret (« *blessent* ») et l'abstrait (« *langueur* ») se mêlent de façon à suggérer une impression : le malaise d'une âme en proie à la mélancolie. Technique de la suggestion, de l'impression à fleur de peau que l'on pourrait qualifier d'« impressionnisme affectif ». Confusion volontaire des notations physiques et morales qui crée une impression de flou, propice à la rêverie, et qu'il prônera plus tard dans son « Art poétique » :

> « Rien de plus cher que la chanson grise
> Où l'Indécis au Précis se joint. »

(vers 7-8)

Langueur de l'âme, donc, miroir parfait des sonorités assourdies qui rythment cette première strophe, sur lequel se greffe en filigrane un mot aux sonorités voisines : « *longueur* » et que complète le dernier mot de la strophe : « *Monotone* ».

Vers 6 : « *Monotone* »

Du grec *monos* (un seul) et *tonos* (le mode musical, le rythme) l'adjectif « *monotone* » signifie au sens concret : « qui est toujours sur le même ton » et au sens figuré : « qui lasse par son uniformité, par la répétition des mêmes choses ». Verlaine joue donc sur les deux tableaux en mêlant une fois de plus sens concret et figuré, l'adjectif « monotone » caractérisant à la fois la ligne mélodique de la strophe (accentuée par le recours systématique à l'enjambement) et l'effet produit sur le narrateur qui la subit : sentiment de lassitude, de répétition.

Il est à noter que « monotone » présente une concentration de sons identiques à l'intérieur même du mot (3 voyelles semblables <u>o</u> et 3 nasales <u>m</u> et <u>n</u>) et qu'il est de ce fait « motivé » au sens linguistique du terme. Monotonie du son encore aggravée par l'isolement du mot à l'intérieur du vers et par la rime féminine sourde.

Il est à noter également que la rime «*automne*»/«*monotone*» (que l'on trouve déjà chez Baudelaire) est présente dans plusieurs poèmes de Verlaine :

> **« Souvenir, souvenir, que me veux-tu ? L'automne**
> **Faisait voler la grive à travers l'air atone,**
> **Et le soleil dardait un rayon monotone »**
>
> *Poèmes saturniens*; « Nevermore » (vers 1-3)

> **« Et l'air à l'air d'être un soupir d'automne,**
> **Tant il fait doux par ce soir monotone »**
>
> *Sagesse*: IX (chapitre III vers 12-13)

> **« Triste à peine tant s'effacent**
> **Ces apparences d'automne,**
> **Toutes mes langueurs rêvassent,**
> **Que berce l'air monotone. »**
>
> *Romances sans paroles*: « Bruxelles » (vers 9-12)

La rime se pare donc a posteriori d'une impression de déjà vu qui, sur le plan musical, s'apparente au refrain, et sur le plan lexical dénote une recherche de la simplicité et du dépouillement.

Dépouillement et simplicité : deux constantes qui caractérisent non seulement cette première strophe mais le poème tout entier. Impressions fugaces, transparence des sons, écho lointain d'une musique feutrée. Le cœur du poète est un instrument sur lequel résonnent des émotions.

STROPHE II

Si dans la première strophe le narrateur était passif, dans la deuxième strophe il devient acteur à part entière. La mélancolie cède le pas à l'angoisse, et l'atmosphère de rêve qui imprégnait les six premiers vers se transforme en cauchemar. Réveil brutal qui se traduit par l'attaque du vers 7.

Vers 7 : «*Tout suffocant*»

— L'orthographe de suffocant — étreint par une émotion violente — indique qu'il s'agit d'un adjectif verbal et non d'un participe présent (suffo<u>qu</u>ant).

— La forme adjective évacue la notion de verbe, donc d'action, et installe le narrateur dans une position d'infériorité : il reçoit les émotions, les subit, sans pouvoir les dominer. L'emploi de consonnes sourdes (t, s, f, k) accentue l'idée de suffocation, de halètement. La sonorité âpre et rugueuse de la rime (-« *cant* » et « *quand* ») casse la douceur un peu fade (« *monotone* ») de la première strophe. Première fausse note dans la pureté de la ligne mélodique qui traduit une sensation d'étouffement, de déséquilibre. Le rythme devient désordonné comme les battements d'un cœur qui s'affole et le vers soudainement trop étroit empiète sur le vers suivant par le biais du rejet :

« Tout suffocant
Et blême, quand »

Le rythme s'accélère par l'intrusion soudaine de la ponctuation, tandis que la syntaxe du vers se disloque par le recours au contre-rejet :

« Et blême, quand
Sonne l'heure, »

qui fait pendant au rejet du vers précédent. Hardiesse de la rime — la conjonction « *quand* » n'a pas d'autonomie linguistique, elle ne peut donc en aucun cas être dissociée du mot auquel elle se rattache — qui confère à la phrase un rythme émotionnel. Atmosphère et sentiments sont une fois de plus à l'unisson, par un jeu de miroir qui annonce les vers de *Romances sans paroles* :

« Combien, ô voyageur, ce paysage blême
Te mira blême toi-même »

« Ariettes oubliées » IX, (vers 5-6)

Vers 8-9 : « ... *quand*
Sonne l'heure, »

L'Inversion du sujet — outre sa valeur mélodique — produit un effet d'écho lointain, comparable à celui d'une cloche qui tinterait dans la brume. Le son résonne à l'intérieur du vers, avant même d'avoir été identifié, ce que Jean Cohen dans *Structure du langage poétique* (Flammarion,

1966) qualifie comme « la vérité psychologique de l'ordre inversé ».

A noter :

— les sonorités assourdies du s et du n, relayées par le e sourd de « *Sonne* » (phénomène de martèlement) ;

— l'emploi du présent de l'indicatif qui traduit à la fois la répétition du phénomène (toutes les fois que l'heure sonne) et son caractère inéluctable ;

— la présence de l'article défini qui, loin de déterminer une heure précise, désigne toute heure du jour et aucune. Sa fonction de déterminant se renverse et devient fonction d'indétermination. L'heure qui sonne devient une allégorie du destin.

Vers 10-11 : « *Je me souviens*
Des jours anciens »

L'apparition du « Je » appelle un commentaire. Qui se cache réellement derrière ce pronom ? Étienne Souriau, dans *Correspondance des Arts* (Flammarion, 1947), répond à cette question en ces termes :

> **« C'est à la fois un poète essentiel et absolu, et aussi l'image poétisée de lui-même que le poète veut donner au lecteur. C'est même le lecteur lui-même en tant qu'il s'introduit dans le poème à une place qu'on lui prépare, pour participer aux sentiments qu'on lui a suggérés. »**

Le lecteur s'identifie donc au poète, le temps d'un vers, et fait siennes les émotions qui l'animent. Une identification facilitée par le flou du vers suivant : « *des jours anciens* » qui se réfère à un passé indéterminé. L'absence de tout contexte précis autorise le lecteur à entrer dans le poème en projetant ses propres souvenirs sur ceux du narrateur.

Mélancolie du souvenir, teinté de regret, qui se manifeste par l'apaisement du rythme (enjambement des vers 10 et 11), par la sonorité feutrée des rimes, par les assonances : « *souviens* », « *jours* » et les allitérations : « *souviens* », «*anciens*». Un climat de tristesse et de nostalgie qui rappelle les «sanglots longs» de la première strophe et annonce tout naturellement le dernier vers du sizain.

Vers 12 : «*Et je pleure* ;»

Conséquence logique de ce qui précède, la conjonction de coordination est mise en valeur par l'enjambement, par sa place en début de vers et par sa chute.

L'association de la bilabiale (p) et des liquides (pl) accentuent la douceur de ce vers, qui meurt doucement sans mourir tout à fait : le point virgule laisse la strophe entrouverte, tout en ménageant une très légère pause qui s'apparente au soupir.

Attendrissement sur soi-même, regret de ce qui aurait pu être : Verlaine cultive avec une certaine complaisance une tristesse qui est source d'inspiration. On retrouve le même climat émotionnel (passé, regrets, larmes) dans *Sagesse*, III.

« — Qu'as-tu fait, ô toi que voilà
Pleurant sans cesse,
Dis, qu'as-tu fait, toi que voilà,
De ta jeunesse ? »

(VI, chapitre III, vers 13-16)

STROPHE III

L'immobilisme dont était frappé le narrateur tout au long des deux premières strophes cède brusquement la place au mouvement. Les termes qui évoquent un déplacement physique abondent dans cette dernière strophe, où le rythme lui-même devient tourbillon.

Vers 13-14 : «*Et je m'en vais*
Au vent mauvais»

Dans bon nombre de ses poèmes mélancoliques, Verlaine associe l'émotion qui l'étreint à l'image dynamique d'un trajet :

« Lasse de vivre, ayant peur de mourir, pareille
Au brick perdu jouet du flux et du reflux,
Mon âme pour d'affreux naufrages appareille. »

Poèmes saturniens, « L'angoisse » (vers 12-14)

« Moi j'errais tout seul, promenant ma plaie
Au long de l'étang, parmi la saulaie »

Poème saturniens, « Promenade sentimentale » (vers 5-6)

« Je ne sais pourquoi
Mon esprit amer
D'une aile inquiète et folle vole sur la mer. »

Sagesse, VII (chapitre III, vers 1-3)

Dynamique mentale du trajet sur laquelle se greffe une dynamique physique, concrétisée par l'emploi de la conjonction « Et » à valeur emphatique, qui donne une impulsion au vers et lance les deux vers suivants à travers la page, au moyen de l'enjambement.

La dynamique du trajet devient une dynamique de la soumission symbolisée par l'image du « *vent mauvais* » qui s'engouffre dans la strophe à la façon d'une spirale infernale et dont les cercles concentriques se répercutent de vers en vers.

Contrairement à ce que pourraient laisser croire les vers 13 et 14, le « départ » du narrateur ne résulte pas d'une décision, mais d'une volonté supérieure à la sienne, irrésistible, à laquelle il se soumet. « *Je m'en vais* » ne signifie pas « je prends la route, je pars », mais « je me laisse aller là où le vent me mène, je me laisse porter par le courant qui m'aspire ».

L'article contracté « *au* » (au sens de « au gré de ») renforce l'idée de flottement, d'indécision, tandis que les allitérations en v « *Et je m'en vais/Au vent mauvais* » évoquent le bruissement du vent.

Le vent — sous toutes ses formes — balaye fréquemment les poèmes de Verlaine, d'un souffle tantôt amical :

« C'est délicieux de marcher
A travers ce brouillard léger
Qu'un vent taquin parfois retrousse. »

Sagesse XI (Chapitre III, vers 9-11)

tantôt hostile :

> « Sa pâle blouse à l'air, au vent froid qui l'emporte
> D'un linceul, et sa bouche est béante, de sorte
> Qu'il semble hurler sous les morsures du ver. »
>
> *Jadis et Naguère*; « Pierrot » (vers 6-8)

Ici, le vent « mauvais » a une résonance maléfique qui annonce certains poèmes de *Sagesse*.

Vers 15-16 : « *Qui m'emporte*
Deçà, delà, »

Le parallélisme de la construction et la similitude des deux adverbes (forme et son) accentuent le balancement du vers (le seul rythme 2/2 du poème) en simulant un mouvement latéral et contraire qui traduit la passivité du poète.

Vers 17-18 : « *Pareil à la*
Feuille morte. »

« Pareil », en introduisant une comparaison, évacue le narrateur dont il ne conserve que l'enveloppe vide (la feuille morte). Nous assistons donc tout au long de la troisième strophe à la disparition progressive du poète : le « je » du vers 13 — qui commande l'action — s'efface au vers 15 devant la forme élidée du complément d'objet — qui subit l'action — avant de se fondre à l'intérieur de l'adjectif « *pareil* » dont seule la finale masculine atteste encore la présence.

Effacement du narrateur qui se dissout dans le paysage d'automne jusqu'à ne faire plus qu'un avec lui : la coupe hardie du vers 17 qui brise l'unité syntaxique de la phrase en séparant l'article du nom « *la/Feuille* » reproduit l'éparpillement des feuilles dans le vent et met en relief l'article défini qui, tout comme au vers 9, prend une valeur indéterminée. Loin de particulariser le nom qu'il définit, l'article le généralise et le noie dans un ensemble indistinct. L'âme du poète se fond dans la couleur « *monotone* » de l'automne, au sens pictural du terme. La boucle est bouclée, il ne lui reste plus qu'à disparaître sans bruit dans le souffle ultime du e muet : «*feuille mort (e)*».

VERS UN COMMENTAIRE COMPOSÉ

Doit-on étudier séparément le fond et la forme lorsque l'on analyse un poème ? Question épineuse à laquelle sont constamment confrontés étudiants, professeurs et poétologues. Si, dans la théorie, la réponse est sans ambiguïté (un poème est un tout, structure et sens se complètent, se fondent l'un dans l'autre, s'interpénètrent comme un matériau poreux), dans la pratique, l'exercice est souvent malaisé.

«Chanson d'Automne» fait partie de ces cas rares pour lesquels la forme donne l'impulsion au texte, où l'espace réducteur du vers joue le rôle de tremplin et où la page blanche devient partition, sur laquelle les mots s'égrènent comme des notes de musique. Envol du mot qui se pose, hésite, s'envole à nouveau, avant de se fondre dans le blanc de la feuille. Il est donc impossible de dissocier structure, sens, rythme et sonorités, de même qu'il est impossible de lire le poème autrement qu'à travers le regard de Verlaine, miroir déformant qui renvoie le reflet d'une vision du monde qui lui est propre.

C'est dans cet esprit que nous proposerons le plan suivant :

I. DE LA MUSIQUE AVANT TOUTE CHOSE
 — Un rythme propre à la chanson.
 — Une recherche des sonorités.
 — Un vocabulaire musical.

II. UN POÈME EMBLÉMATIQUE
 — La mélancolie.
 — La fatalité.
 — La fuite en avant.

III. LE PAYSAGE VERLAINIEN
— L'impressionnisme.
— Le paysage est un état d'âme.
— La rime : miroir des émotions.

CONCLUSION

Originalité de Verlaine :

— Un poème encore tout imprégné de l'influence de Baudelaire, mais où l'on voit poindre la plupart des grands thèmes qui animeront son œuvre.

— Un mélange subtil de simplicité et de complexité : les méandres d'une âme qui se cherche.

AUTRES TEXTES SUR LE MÊME THÈME

L'automne peut être connoté positivement dans la mesure où il s'associe aux récoltes et au flamboiement de la nature. Mais à partir du XIXe siècle, et notamment sous l'influence de Chateaubriand, il tend à s'associer à la mélancolie. Pensons à « L'Automne » de Lamartine (« *Salut, bois couronné d'un reste de verdure* ») ou au « Chant d'Automne » de Baudelaire :

« Bientôt nous plongerons dans les froides ténèbres ; »

Un lien s'établit entre ce qui précède la fin de l'année et ce qui prélude à la fin d'une vie. Mais, c'est peut-être chez Apollinaire que se trouvent les textes qui font le plus écho à Verlaine. Ainsi, par exemple, cet « Automne » qui figure dans *Alcools*.

AUTOMNE

Dans le brouillard s'en vont un paysan cagneux
Et son bœuf lentement dans le brouillard d'automne
Qui cache les hameaux pauvres et vergogneux
Et s'en allant là-bas le paysan chantonne
Une chanson d'amour et d'infidélité
Qui parle d'une bague et d'un cœur que l'on brise

Oh ! l'automne l'automne a fait mourir l'été
Dans le brouillard s'en vont deux silhouettes grises

Fêtes galantes

1. Clair de lune.

2. Mandoline.

3. Colloque sentimental.

Parution en revues

Dix des vingt-deux pièces qui composent les *Fêtes galantes* sont parues en revue avant la publication de l'édition originale.

Les revues concernées étaient *La Gazette rimée* et *L'Artiste*.

Éditions

Les *Fêtes galantes* sont éditées la première fois en 1869 chez Alphonse Lemerre. Il s'agit d'une édition à compte d'auteur. Le tirage est de 360 exemplaires.

En 1886, le livre est réédité chez Vanier (600 exemplaires). D'autres éditions suivent.

Le climat des Fêtes galantes

Avec ses *Fêtes galantes*, Verlaine a fait œuvre de peintre. Il a transposé par l'écriture une sensibilité picturale très spécifique du XVIIIe siècle qui avait déjà suscité l'engouement des romantiques. Toutefois, il ne faut pas se méprendre, ce ne sont pas les Watteau, les Fragonard, les Boucher et leurs élèves qui, en tant qu'artistes, ont directement influencé Verlaine. Une nuance s'impose. Le poète a voulu avant tout, traduire le rêve, le climat très particulier et la charge de mélancolie qui se dégageaient de certaines œuvres, et plus particulièrement de celles de Watteau. Il a emprunté un décor de fêtes champêtres, de bals populaires, de carnavals avec, le plus souvent, un Arlequin, un Pierrot, une Colombine ou des personnages sortis en ligne directe de la comédie italienne. Ainsi, dans une ambiance d'insouciance, de légèreté et de déguisement, il s'est plu à grincer derrière son masque.

Pour bien comprendre le climat de rêve, de mélancolie et de tristesse plus ou moins tamisée, plus ou moins criarde qui habite les *Fêtes galantes*, il suffit de lire le premier vers du poème inaugural « Clair de lune » et le dernier vers du texte qui clôt le recueil, « Colloque sentimental ».

En effet, toute la délicatesse assombrie de cette poésie, dite « genre Watteau » par la critique de l'époque, s'impose dans un espace qui s'ouvre sur le premier vers de « Clair de lune »

> « Votre âme est un paysage choisi »

et se referme sur le dernier vers de « Colloque sentimental »

> « Et la nuit seule entendit leurs paroles. »

Les sources

La genèse des *Fêtes galantes* n'a jamais été clairement établie. Verlaine a peut-être lu le tome V de la *Galerie du XVIIIe siècle* de l'écrivain Arsène Houssaye (1815-1896). Cette hypothèse en vaut bien une autre… Cependant, cet auteur ne nourrissait aucune admiration particulière pour l'œuvre de Watteau. Il la considérait comme superficielle et pas assez réaliste. Nombre de critiques s'accordent à penser que les livres du critique d'art Charles Blanc ont peut-être exercé sur Verlaine quelque influence, notamment *Les Peintres des fêtes galantes* (1854), étude qui portait sur Watteau, Lancret, Pater, Boucher, ou encore son *Histoire des peintres de toutes les écoles* (1862). D'autres verlainiens ont vu dans « La Fête chez Thérèse », poème des *Contemplations* de Victor Hugo, la source d'inspiration des *Fêtes galantes*. On sait que Verlaine vouait à Hugo une admiration tenace. De plus, il connaissait par cœur son fameux poème et se plaisait à le déclamer à des amis. Le premier fascicule de *L'Art du XVIIIe siècle* (1859) de Edmond de Goncourt (1822-1896) et de son frère Jules (1830-1870) vient également enrichir la liste non exhaustive des écrits susceptibles d'avoir influencé Verlaine.

Toutes ces spéculations sur la dette contractée envers d'autres auteurs par le poète des *Fêtes galantes* ne manquent pas d'intérêt ; toutefois elles ne reposent sur rien de tangible. En fait, il y avait une mode, un courant de sensibilité qui portaient plus particulièrement les poètes et les peintres à prendre comme support à leur inspiration et à leur démarche des ambiances à la Watteau, des fêtes champêtres et galantes, des climats où l'âme, le rêve et la nostalgie constituaient les ingrédients majeurs. L'œuvre poétique de Théophile Gautier (1811-1872) traduit parfaitement cette mode. Dans ses *Poésies diverses* (1833-1838) figure un texte qu'il a intitulé « Watteau ». Vous trouverez ci-dessous les huit derniers vers de ce poème.

> « Je regardai bien longtemps par la grille,
> C'était un parc dans le goût Watteau :
> Ormes fluets, ifs noirs, verte charmille,
> Sentiers peignés et tirés au cordeau.
> Je m'en allai l'âme triste et ravie ;
> En regardant j'avais compris cela :
> Que j'étais près du rêve de ma vie,
> Que mon bonheur était enfermé là. »

Certains critiques n'ont pas manqué d'affirmer que l'auteur des *Fêtes galantes* avait subi l'influence de Théophile Gautier.

A vouloir rechercher coûte que coûte les parentés littéraires, on en est arrivé à négliger l'essentiel. Au départ, il y avait un thème de choix qui se trouvait à découvert sur le paysage artistique d'une époque. Dans la réalité, ce thème n'était qu'un stéréotype ! Celui d'un certain XVIIIe siècle. Pas celui des encyclopédistes, certes, mais celui de l'insouciance, de la frivolité, du fard... Ce thème appartenait à tous et à personne en particulier. D'ailleurs, certains poètes et peintres l'ont emprunté pour réaliser des œuvres de piètre portée. Pour ce qui est des sources des *Fêtes galantes*, nous pouvons donc nous contenter d'avancer que Verlaine a puisé dans ce vivier commun un thème qui, au départ, ne présentait pas quelque chose de bien nouveau. Par sa sensibilité, la musique de son vers, ses audaces rythmiques et son talent, il a infusé à ce thème des accents de tristesse, de mélancolie et une charge onirique qui reflètent sa personnalité profonde. C'est précisément ce souffle-là que l'on retrouve dans ses *Fêtes galantes* qui ne s'apparentent à nulle autre.

La première apparition de Watteau chez Verlaine

C'est dans le poème intitulé « Nuit de Walpurgis classique », une pièce des *Poèmes saturniens*, que Verlaine fait apparaître Watteau pour la première fois. Dans ce texte, il nous montre qu'il connaît parfaitement *Faust*, le drame de Goethe, et qu'il apprécie *Tannhäuser* de Wagner, œuvre tant décriée dont la première représentation (13 mars 1861) fut un échec complet. Quant au nom de Walpurgis, il fait référence à une sainte qui vivait en Allemagne au VIIIe siècle. A partir du XIe siècle, elle fut l'objet d'un culte. Et le 1er mai, date de sa fête, les démons et les sorcières se retrouvaient sur sa tombe.

Nous remarquerons qu'au vingt-huitième vers de ce poème, Verlaine fait apparaître Watteau avec le peintre et dessinateur français Raffet (1804-1860) qui sert de faire-valoir.

L'accueil fait aux Fêtes galantes

Il convient de rappeler que quand le recueil paraît, 10 poèmes sur 22 ont déjà été publiés dans des revues. De ce fait, le public averti en matière de poésie contemporaine a eu le temps de se familiariser avec le chant nouveau et les accents de tristesse de Verlaine.

Les comptes rendus sur les *Fêtes galantes* sont rares. Le premier, sous la plume du poète Théodore de Banville (1823-1891), paraît dans *Le National* du 19 avril 1869. Il donne les meilleures recommandations à ses lecteurs : « *ce petit livre de magicien vous rendra suave, harmonieux et délicieusement triste* ».

Victor Hugo adresse de Guernesey un billet élogieux à Verlaine. Il trouve qu'il y a des « *choses délicates et ingénieuses dans ce joli petit livre* ». Cet accusé de réception, daté du 16 avril 1869, n'apporte rien quant à la propagation de l'œuvre.

Philippe Dauriac, qui n'a pas laissé un grand nom dans l'histoire littéraire de son temps, a le mérite de publier, dans *Le Monde Illustré* du 26 juin 1869, un article qui éclaire à pleins phares les influences de Watteau dans ce recueil :

> « Dans les *Fêtes galantes* de M. Paul Verlaine, l'esprit seul est de la fête. Esprit charmant, d'ailleurs, d'une grâce et d'une originalité particulières. Vous trouverez dans ces petits morceaux, parfaits de ton et de forme, la sensation juste que donnent les tableaux de Lancret et de Watteau. Il semble que ce soit une gageure, et tous les gens de goût déclareront que M. Verlaine l'a gagnée. »

Le 25 août 1870, Rimbaud (1854-1891), qui ne connaissait pas encore Verlaine, écrit à Georges Izambard, son professeur de rhétorique, à propos des *Fêtes galantes* : « *C'est fort bizarre, très drôle ; mais vraiment c'est adorable* ».

Bien après la publication des *Fêtes galantes*, d'autres voix s'élevèrent pour célébrer l'accent particulier de ce recueil.

Le 17 janvier 1881, Mallarmé (1842-1989) remercie Verlaine pour l'envoi de *Sagesse*. Dans sa lettre, il profite de la circonstance pour louer le recueil édité en 1869 : « *mon cher, les* Fêtes galantes *sont un éternel bijou* ».

En 1884 paraît *A Rebours*, un livre clé qui traduit le mal-être, l'angoisse pathétique qui caractérisent l'esprit décadent de la fin du XIXe siècle. L'auteur, l'écrivain J.-K. Huysmans (1848-1907), salue en trois pages Verlaine. Il y est question, notamment, du recueil édité quinze ans plus tôt. « *Tout l'accent de Verlaine*, écrit-il, *était dans ces adorables vers des* Fêtes galantes ». Il cite alors le troisième et dernier quatrain de la pièce VII intitulée « Les ingénus » :

> « Le soir tombait, un soir équivoque d'automne :
> Les belles, se pendant rêveuses à nos bras,
> Dirent alors des mots si spécieux, tout bas,
> Que notre âme depuis ce temps tremble et s'étonne. »

Puis Huysmans poursuit :

> « Ce n'était plus l'horizon immense ouvert par les inoubliables portes de Baudelaire, c'était, sous un clair de lune, une fente entrebâillée sur un champ plus restreint et plus intime… »

Anatole France (1844-1924), dans le tome III de *La Vie littéraire* (1888-1892), vaste fresque en quatre volumes, écrit, à propos des *Fêtes galantes* :

> « Verlaine, qui est de ces musiciens qui jouent faux par raffinement, a mis bien des discordances dans ces airs de menuet, et son violon grince parfois effroyablement, mais soudain tel coup d'archet vous déchire le cœur. »

Il paraît difficile de parler du retentissement des *Fêtes galantes* en particulier parce que ce recueil, comme ceux qui suivront, s'inscrit dans un ensemble formé par l'œuvre entière de Verlaine. Dans son étude intitulée *Le Vrai Verlaine* (1936), Antoine Adam affirme que « *Déjà s'annonce dans les* Fêtes galantes *l'idée que la poésie est, avant toutes choses, une musique.* » Quant au critique littéraire Albert Thibaudet (1874-1936), il déclare, dans son *Histoire de la Littérature française* (1936), que c'est « *à cette poésie populaire bien plutôt qu'à un Parnasse historique qu'il faut rattacher les* Fêtes galantes ».

En fait, même s'il fut élu Prince des Poètes (août 1894), ce n'est qu'après sa mort que Verlaine a été reconnu par le grand public. C'est alors que des poèmes comme « Clair de lune » ou « Colloque sentimental », pour prendre la pièce qui ouvre et celle qui ferme le recueil des *Fêtes galantes*, sont devenus des morceaux d'anthologie et figurent en bonne place dans tous les manuels scolaires.

Intérêt porté au recueil par des musiciens

« Clair de lune » a été mis en musique par Gabriel Fauré et par Claude Debussy.

« Clymène » a été mis en musique par Gabriel Fauré.

« Colloque sentimental » a été mis en musique par Claude Debussy.

Le compositeur Reynaldo Hahn (1875-1947) a intitulé l'une de ses mélodies *Chansons grises*. Il s'agissait de la mise en musique des *Fêtes galantes*.

« Colombine » a été chanté par Georges Brassens.

1

CLAIR DE LUNE

Clair de lune

Votre âme est un paysage choisi
Que vont charmant masques et bergamasques
Jouant du luth et dansant et quasi
Tristes sous leurs déguisements fantasques.

Tout en chantant sur le mode mineur
L'amour vainqueur et la vie opportune,
Ils n'ont pas l'air de croire à leur bonheur
Et leur chanson se mêle au clair de lune,

Au calme clair de lune triste et beau,
Qui fait rêver les oiseaux dans les arbres
Et sangloter d'extase les jets d'eau,
Les grands jets d'eau sveltes parmi les marbres.

CONDITIONS DE PUBLICATION

« Clair de lune » est publié la première fois sous le titre « Fêtes galantes » dans *La Gazette rimée* du 20 février 1867. Dans le même numéro de cette revue paraît un autre poème de Verlaine, « Trumeau », qui s'intitulera « Mandoline » dans l'édition définitive du recueil.

Deux ans plus tard, Alphonse Lemerre édite les *Fêtes galantes*. L'achevé d'imprimer porte la date du 20 février 1869, mais ce n'est que le 10 juillet 1869 que le *Journal de la librairie* enregistre la publication du deuxième livre de Verlaine.

Dans l'ordonnancement définitif des 22 pièces qui composent les *Fêtes galantes*, « Clair de lune » ouvre le recueil. Du vivant de Verlaine, ce poème figurait dans les rééditions de 1886 et de 1891, chez Vanier, ainsi que dans le *Choix de poésies* édité par la Bibliothèque-Charpentier en 1891.

VARIANTES

Sur les épreuves corrigées de la main de Verlaine, on remarque que la troisième strophe est autographe. Le titre initial « Fêtes galantes » a été biffé et remplacé par « Clair de lune ».

Vers 3 : Verlaine avait ponctué ce vers d'une virgule après « *luth* » et d'une autre après « *dansant* ».

Vers 4 : sur l'épreuve, l'auteur a apporté une correction typographique : l'ajout du *s* à « *déguisement* ».

Vers 9 : les deux derniers mots « *de Watteau* » ont été biffés sur le manuscrit et remplacés par « *triste et beau* ». Cette correction est intéressante quand on sait que Verlaine s'inspira des fêtes galantes du XVIIIe siècle en général et des scènes de Watteau en particulier. Il convient, ici, de citer le livre de l'historien d'art Charles Blanc : *Les Peintres des fêtes galantes* (1854). Cet ouvrage, que Verlaine a sans doute bien lu, traite de quatre artistes : Watteau, Lancret, Pater et Boucher. Toutefois, l'auteur de ce livre place Watteau, peintre de l'harmonie, du rêve et du raffinement, bien au-dessus des autres. Ainsi l'admiration du poète à l'égard de ce peintre se trouva-t-elle confirmée. En effet, le titre initial de ce poème, « Fêtes Galantes », comme le nom de « Watteau » qui vient spontanément sous la plume du poète ne sont pas de simples coïncidences.

Vers 12 : dans un automatisme, peut-être en référence à la rime du vers 10, Verlaine a écrit «*arbres*» au lieu de «*marbres*» puis, d'une écriture fine, il a intercalé un *m* au-dessus de la ligne. Peut-être s'est-il souvenu, dans un automatisme, de la formule de Charles Blanc : « ... *le paysage de ce siècle qui aima tant à faire monter les jets d'eau dans les arbres.* » ?

VOCABULAIRE

Bergamasques

Les Bergamasques sont à la fois les habitants de Bergame, en Italie, et les anciennes danses populaires particulièrement en vogue dans cette ville. Arlequin et Brighella, deux personnages de la Commedia dell'arte, nés à Bergame, étaient le plus souvent qualifiés de « bergamasques ». Verlaine emploie le mot *bergamasques* non pas comme adjectif mais comme nom pour désigner les danseurs. Il a eu comme illustre prédécesseur Shakespeare qui, dans *Le Songe d'une nuit d'été*, a utilisé le mot *bergamasque* (Bergomask) pour désigner une personne.

PREMIÈRE APPROCHE

A tous les moments de l'histoire et dans toutes les civilisations, nombre de poètes ont chanté la lune. Le thème choisi par Verlaine n'a donc rien de novateur. D'ailleurs ce poème inaugural des *Fêtes galantes* s'inspire de paysages ou de scènes de Watteau — et de lui plus particulièrement —, de Boucher, de Fragonard et de bien d'autres artistes qui ont traduit, avec leur sensibilité, l'insouciance et la légèreté du XVIIIe siècle, mais aussi les sentiments éprouvés face au caractère fictif de la fête.

En fait, le « Clair de lune » de Verlaine n'est qu'un prétexte aux « Fêtes galantes » du titre initial de son poème. Car, pour le poète, la fête se trouve complètement imprégnée d'une tristesse et d'une mélancolie qui épousent à merveille le sentiment que l'on éprouve quand on se laisse aller à rêver devant un paysage de Watteau, par exemple.

Dans cette pièce, les personnages que l'on croise ne sont pas nommés. Ils n'existent que dans le monde du paraître, des apparences, du déguisement. Car, derrière les masques, la mélancolie se révèle, comme elle s'impose au poète qui va la capter et la transposer dans sa pièce. Le clair de lune en exergue donne une intensité encore plus poignante à son texte. Ce monde féerique n'est finalement qu'un leurre. Il symbolise la grande tricherie de la vie davantage jouée que réellement vécue.

Mais où se situe Verlaine dans ce poème ? Dans l'apparence, il reste à distance. En fait, le lecteur ne tarde pas à comprendre qu'il s'agit là d'un artifice car, tout au long du texte, son univers intime transparaît.

Dans « Clair de lune », le monde suggéré l'emporte sur le monde décrit. En effet, si le lecteur découvre que le paysage éclairé est celui des masques et des bergamasques, il prend rapidement conscience qu'il est avant tout celui des sentiments complexes et nuancés, des émotions et de tout un répertoire intérieur qui s'ouvre sur un univers sensible très particulier : celui de Verlaine.

LA STRUCTURE

Ce poème se compose de trois quatrains écrits en décasyllabes, avec des rimes croisées (ABAB). La strophe I constitue la première phrase et les strophes II et III la seconde.

Dans sa structure, ce texte peut être assimilé au dernier mouvement de la 7ᵉ symphonie de Beethoven que l'on compare volontiers à la marche d'un boiteux. De la même manière, le poème métaphorique de Verlaine éclaire le *« paysage choisi »* de deux façons différentes.

1. Avec des termes abstraits : *« âme », « fantasques », « mode mineur », « amour vainqueur », « vie opportune », « bonheur », « calme », « triste et beau », « rêver », « extase ».*

2. Avec des termes concrets : *« masques et bergamasques », « luth », « déguisements », « oiseaux », « arbres », « jets d'eau », « marbres ».*

Ce déhanchement tout au long du texte est significatif de l'intention du poète. La réalité ne lui sert que de tremplin pour mieux propulser un paysage intérieur qui va de la tristesse (vers 4) aux sanglots (vers 11). Cette grille de lecture permet de mieux comprendre la progression du poème.

La première strophe évoque les personnages qui dansent au clair de lune. Le décor est planté mais on sait déjà que l'âme occupe une place prépondérante. Ce madrigal (petite pièce en vers, laudative, galante et précieuse) prend une tournure paradoxale. Sur la fête viennent se plaquer des personnages tristes.

La deuxième strophe renforce la contradiction entre la gaieté apparente et la prise de conscience de l'aspect peu probable du bonheur. Les acteurs ne sont pas dupes. Pourtant on tente de leur faire croire à la joie. Mais tout ne reste que comédie, masques et déguisements.

La troisième strophe place la Nature au premier plan. Les personnages ont disparu, comme par enchantement. Le clair de lune baigne le paysage d'une atmosphère de mélancolie et de tristesse qui traduit bien l'état d'âme de Verlaine.

On note le caractère paradoxal de la construction du poème qui présente des personnages et ensuite un décor aussi vivant que les personnages. En effet, il est tour à tour calme, triste, il fait rêver et sangloter d'extase. Tous ces termes se rapportent à des êtres vivants. De plus, on retrouve dans le décor comme dans les personnages cette tristesse joyeuse, l'indétermination qui caractérise cet univers.

Ce poème s'oriente dans deux directions qui s'opposent. Cet hymne à la fête n'est en réalité qu'un chant destiné à la mélancolie. Par cette supercherie, le poète ménage ses effets. Si les deux premiers quatrains laissent la part belle à l'ambiance de fête, le troisième révèle le message essentiel du texte, c'est-à-dire l'extase de Verlaine devant la beauté du paysage nocturne.

L'idée de la fausse piste est largement entretenue dans les deux premiers quatrains par les termes *« masques », « luth », « dansant », « déguisement », « chantant ».* Ils constituent le champ lexical de la fête. C'est-à-dire qu'à l'intérieur du texte ils représentent un ensemble de mots qui expriment une même idée. Quant aux expressions « *amour vainqueur* » et « *vie opportune* » elles appartiennent au champ lexical du bonheur. Mais plusieurs indices nous montrent que derrière ce cadre féerique se profile un bonheur dominé par le doute, comme le suggère la deuxième strophe.

La troisième strophe nous permet de lever le paradoxe. On s'aperçoit que la fête est terminée. La tristesse et la mélancolie du paysage caractérisent également l'état d'âme des personnages comme celui de Verlaine.

ÉTUDE SUIVIE

Vers 1 : « *Votre âme est un paysage choisi* »

— Par ce premier vers, le texte se place d'emblée sur le mode du discours direct. C'est-à-dire qu'on a l'impression que le narrateur et son interlocuteur sont en présence l'un de l'autre. Quand Verlaine dit « *Votre âme* », il s'adresse directement à son destinataire. Usant de l'apostrophe, il l'interpelle par le biais de l'adjectif possessif « *votre* ». Le vouvoiement qu'il emploie marque de la part de Verlaine une volonté de garder ses distances. Rien ne nous permet d'affirmer que le personnage à qui le narrateur s'adresse est une femme. Le poète semble avoir voulu le conserver dans l'anonymat pour ménager au lecteur une sorte de mystère. Verlaine a peut-être mis en scène un interlocuteur imaginaire. « *Votre âme* », n'est-ce pas une façon pudique pour l'auteur de vouloir dire « *Mon âme* » ?

— Le poème commence par une métaphore entre l'âme de la personne innommée et le paysage. Ici, il y a fusion entre le personnage interlocuteur de Verlaine et le paysage qui est suggéré par le verbe être. Le paysage caractérise en quelque sorte l'âme. Par l'emploi de cette image « *Votre âme est un paysage* », nous savons dès lors que Verlaine va prendre le parti de l'analogie. Il faudra chercher ailleurs que dans l'apparence, au-delà des mots et de leur sens premier, au-delà de la scène décrite la signification du vers. Nous ne pouvons pas nous empêcher de songer à Baudelaire :

> **« Mon âme est un tombeau que, mauvais cénobite,**
> **Depuis l'éternité je parcours et j'habite. »**
>
> *Les Fleurs du mal*, « Le Mauvais moine »
> (vers 9-10)

> **« Tu ressembles à ces beaux horizons**
> **Qu'allument les soleils des brumeuses saisons...**
> **Comme tu resplendis, paysage mouillé**
> **Qu'enflamment les rayons tombant d'un ciel brouillé. »**
>
> *Les Fleurs du mal*, « Ciel brouillé »
> (vers 9-12)

— L'adjectif « choisi » donne une note de préciosité et de raffinement au texte. Ce mot insiste sur la délicatesse qui sied bien à l'interlocuteur de Verlaine, surtout s'il s'agit d'une femme. Donc le destinataire n'est évoqué que par deux mots : « *Votre âme* ». Il s'efface rapidement derrière le paysage. Sa présence en tant que personnage est très éphémère.

— L'écriture de ce vers traduit une affectation désuète.

Vers 2 : « *Que vont charmant masques et bergamasques* »

— L'assonance en *a* (*ch**a**rmant - m**a**sques - berg**a**m**a**sques*) accentue la gaieté. Elle rappelle le frappement dans les mains pour applaudir.

— L'allitération en *m (char**m**ant - **m**asques - berga**m**asques)* teinte l'atmosphère de douceur. La rime intérieur « *masques et bergamasques* » renforce l'idée de fête et de déguisement.

— La métaphore du paysage se prolonge avec « *Que vont* ». En effet, on voit les personnages déambuler.

— Nous assistons au retour d'une période révolue avec la tournure archaïque « *que vont charmant* ». Ce « *charmant* » amorce un mouvement qui se prolonge avec « *jouant* », « *dansant* » (vers 3) et « *chantant* » (vers 5). Le verbe *charmer*, dans le sens classique d'*enchanter*, comme peut le faire un enchanteur, un magicien, un charmeur de serpents, produit un effet magique qui renforce le monde irréel dans lequel nous nous trouvons.

Vers 3 : « *Jouant du luth et dansant et quasi* »

— Le luth, instrument ancien à cordes pincées, importé en Europe par les Arabes, qui fut très en vogue au XVIIIe siècle, évoque les fêtes galantes. Car il accompagne les sérénades amoureuses et inscrit la scène dans une atmosphère désuète annoncée par le ton précieux du vers 1. Nous nous souviendrons du poème d'Alfred de Musset « La Nuit de mai » publié dans la *Revue des Deux Mondes* du 15 juin 1835 :

> « Poète, prends ton luth et me donne un baiser;
> La fleur de l'églantier sent ses bourgeons éclore.
> Le printemps naît ce soir; les vents vont s'embraser,
> Et la bergeronnette, en attendant l'aurore,
> Aux premiers buissons verts commence à se poser.
> Poète, prends ton luth et me donne un baiser. »

(vers 1-6)

« *Poète, prends ton luth* » est un leitmotiv qui revient à différents moments du texte quand la muse s'adresse au poète (vers 1, 6, 14, 34, 56, 124).

— Le rythme saccadé du vers

4 3 3

« Jouant du luth et dansant et quasi »

évoque celui de la danse qui s'accélère par la valeur d'addition de la conjonction de coordination et par les participes présents qui prolongent le mouvement.

— L'adverbe «*quasi*», placé en bout de vers et séparé de l'adjectif «*Tristes*» qui a été l'objet d'un audacieux rejet, apporte une restriction et renforce le contraste entre le sentiment de joie et le sentiment de tristesse qui animent les personnages. La tristesse n'est pas complète, elle va aller en progressant. L'éloignement de l'adverbe et de l'adjectif provoque un effet de surprise chez le lecteur qui ne s'attend pas, dans une ambiance de fête, à l'évocation d'un tel sentiment. Mais, si Verlaine atténue l'effet de l'adjectif «*Tristes*» avec l'adverbe «*quasi*, il le renforce en même temps par la mise en évidence que provoque le recours au rejet.

Vers 4 : «*Tristes sous leurs déguisements fantasques.*»

— L'adjectif «*Tristes*», qui survient brutalement en début de vers, tombe comme un couperet. Mais le monde de Verlaine demeure indéterminé. Ce n'est ni vraiment la joie, ni d'ailleurs la tristesse qui l'emporte.

— Le contraste entre l'être et le paraître est ici criard: «*Tristes*» et «*fantasques*».

— La fantaisie se confirme en tant qu'apparence. Les personnages ont déguisé leur âme comme ils ont déguisé leur corps. Ici, les «*déguisements*» rappellent les «*masques*» du vers 2. Mais la tristesse des âmes n'empêche pas la fantaisie ni l'imprévisibilité.

— L'allitération en *t* « ***Tristes*** »/« ***fantasques*** » accentue la tristesse par la dureté du son et tranche d'avec l'ambiance apparente, d'avec les *m* du vers 2, et donne à la description une tournure de deuil. En effet, l'âme, en dépit de la fête qui ne devient qu'une mascarade, est veuve en quelque chose.

— On remarquera que la voyelle *i* de « *Tristes* » et de « *déguisement* » se retrouve également dans « mélancol*i*e », qui est l'état d'âme des personnages comme celui du poète.

DEUXIÈME STROPHE

Pour le deuxième quatrain, nous procéderons de la même façon que pour le premier. Dans l'explication linéaire, il convient de ne pas traiter plusieurs vers à la fois comme on le ferait dans une étude thématique ou un commentaire composé. Toutefois, lorsque cela s'avère nécessaire, comme pour un rejet dont nous avons eu l'exemple tout à l'heure, on étudie deux vers à la fois.

Vers 5 et 6 : « *Tout en chantant sur le mode mineur*
L'amour vainqueur et la vie opportune, »

Le verbe « chanter », des expressions comme « *la vie opportune* » sont du registre de la fête. Mais on constate une atténuation par l'expression « *sur le mode mineur* » empruntée au vocabulaire technique de la musique.

On distingue, en effet, en musique le mode mineur et le mode majeur.

Nous retrouvons donc ici, comme dans la première strophe, l'idée d'une joie mêlée : une sorte de joie triste ou de tristesse joyeuse.

Vers 7 : « *Ils n'ont pas l'air de croire à leur bonheur* »

— Les personnages sont restés lucides. Ils savent qu'ils ont endossé un rôle mais un rôle auquel ils n'ont pas cru. Or, ne pas avoir l'air de croire est une manière déguisée de dire que, dans le fond, on n'y croit pas. Verlaine insiste donc sur le fait que les personnages ne sont pas dupes d'un bonheur factice.

Vers 8 : «*Et leur chanson se mêle au clair de lune,*»

— Ici se trouve la justification du titre «Clair de lune» repris dans sa totalité, mais précédé de «*au*». «Clair de lune» sans article peut tout aussi bien être pris pour le titre d'une composition musicale ou d'un tableau, par exemple.

— L'allitération en *l*, consonne liquide d'une sonorité douce, renforce la fusion, déjà suggérée par «*se mêle*», entre l'état d'âme des personnages et le paysage. La mélancolie qui les habite constitue un dénominateur commun.

— Ce vers résume l'évocation exprimée dans la chute du poème de Victor Hugo : «La fête chez Thérèse» dans *Les Contemplations* (I, 22) :

> « Et, troublés comme on l'est en songe, vaguement,
> Ils sentaient par degrés se mêler à leur âme,
> A leur discours secrets, à leurs regards de flamme,
> A leur cœur, à leurs sens, à leur molle raison,
> Le clair de lune bleu qui baignait l'horizon. »

TROISIÈME STROPHE

Ce quatrain, entièrement consacré à la lune, ne tient plus compte des personnages ni de leurs agitations. Nous avons assisté, depuis les premiers vers, où le mouvement se prolongeait et s'accélérait comme le montre l'utilisation des participes présents («*jouant*», «*chantant*»), à un ralentissement qui confine maintenant à l'immobilisme. Verlaine nous immerge dans la contemplation d'un monde triste.

Vers 9 : «*Au calme clair de lune triste et beau,*»

Il s'agit d'une reprise presque identique, d'un écho du vers précédent avec une volonté de ne pas créer de rupture entre les deux strophes.

— Quand Verlaine publia pour la première fois ce poème,

dans la *Gazette rimée* du 20 février 1867, le vers se lisait de la façon suivante :

« Au calme clair de lune de Watteau. »

A propos de ce vers, Anatole France se demande, dans *Le Chasseur bibliographique* (mars 1867), où Verlaine «*a vu des clairs de lune de Watteau, le peintre ensoleillé ?*» Anatole France avait interprété ce vers au premier degré, ce qui de sa part n'avait rien de surprenant ! Dans son univers sensible Verlaine associait le clair de lune à Watteau, vraisemblablement pour traduire la charge de nostalgie et de tristesse qui caractérisait un paysage et une œuvre. Qu'importe ! Il sut retenir la leçon, mal venue de la part du futur écrivain qui signait encore Anatole Thibault et dont le jugement en matière de poésie ne fit jamais autorité. Voilà pourquoi Verlaine modifia la fin de son vers. Ce qui montre que, pour lui, Watteau était synonyme de «*triste et beau*».

— Dans ce vers, nous avons la fusion entre l'impression toute subjective du poète «*triste*» et une remarque objective «*beau*». Chez Verlaine, comme chez les romantiques qui l'on précédé, tristesse et beauté se trouvent associées. Les termes utilisés par Verlaine pour qualifier le paysage, tels que *« calme », « triste », « fait rêver », « sangloter d'extase », « sveltes »*, s'appliquent généralement à des personnes. Ici, ils animent le paysage pour le remplir de sentiments humains.

La place de «*triste*» qui précède «*beau*» semble marquer une priorité. En effet, c'est de la tristesse, de la mélancolie, que naît le rêve et, par-delà le rêve, la création. Ce qui nous est confirmé par le vers suivant.

Le poète tenait très certainement à maintenir dans son texte la présence des «*jets d'eau*» quand il a apporté une variante à son texte en remplaçant «*de Watteau*» par «*triste et beau*».

Il est intéressant de constater que Théophile Gautier a écrit, dans *Variations sur le Carnaval de Venise* :

« Une gamme monte en fusée
Comme un clair de lune et un jet d'eau »

Chez Gautier, le clair de lune et le jet d'eau sont utilisés pour mettre l'accent sur un mouvement ascensionnel dans le texte. Ce n'est pas le cas pour le clair de lune de Verlaine ; en revanche, on retrouve cette même volonté d'ascension dans les jets d'eau qui s'allongent « *sveltes parmi les marbres* ».

Cette idée de tristesse se poursuit dans la progression du poème. Elle passe des masques et des bergamasques, pris pour des personnes, « *Tristes sous leurs déguisements* » (vers 4), au décor dans le vers 9. Verlaine maintient la tristesse et la mêle aussitôt à une idée contraire. Dans la première strophe, se manifestent la tristesse et la joie, alors que, dans la troisième, la beauté et la gaieté des jets d'eau contrebalancent la tristesse du décor.

Vers 10 : « *Qui fait rêver les oiseaux dans les arbres* »

Ce vers, avec « *les oiseaux dans les arbres* », évoque pour la première fois la nature. Jusque-là, le paysage, outre le clair de lune, n'était paradoxalement composé que de personnages, de musique, de danses, de chants. Ici, le poète n'est plus seul à rêver. Le monde onirique a atteint la nature elle-même.

— Une verticalité jaillit de ce texte. Elle s'oppose à l'horizontalité des rondes de la danse. Cette verticalité suggérée par « *les oiseaux dans les arbres* » ennoblit le rêve et par là même le poème. Elle annonce le dernier vers.

Vers 11 et 12 : « *Et sangloter d'extase les jets d'eau,*
Les grands jets d'eau sveltes parmi les marbres. »

— Il existe une relation entre ces deux vers et les vers 8 et 9. En effet, le début du vers 12 (« *Les grands jets d'eau* ») est constitué par la fin du vers 11 (« *les jets d'eau* »). Cette figure de style est une anadiplose.

L'anadiplose est ici approximative puisque « *grands* » est

ajouté au second élément. Ce procédé de reprise avec une légère amplification correspond peut-être au désir de suggérer les rejaillissements de l'eau dans les fontaines.

— Le rapprochement du vers 11 avec le poème de Baudelaire intitulé « Le Jet d'eau » ne manque pas de nous surprendre :

> « Dans la cour le jet d'eau qui jase
> Et ne se tait ni nuit ni jour,
> Entretient doucement l'extase
> Où ce soir m'a plongé l'amour. »

Vers 5-8.

Comme nous l'avons constaté dès le vers 1, Baudelaire avait déjà évoqué, mais d'une façon plus suggérée, la correspondance entre l'âme et le paysage. Verlaine a emprunté le chemin tracé par son grand devancier mais s'en est démarqué en créant une esthétique nouvelle qui constitua l'un des grands jalons de la poésie symboliste laquelle allait prendre en compte non seulement la poésie mais encore la peinture et la musique. Verlaine, sur ce plan-là, a prolongé le chant de Baudelaire en utilisant l'atmosphère de mélancolie et le sentiment de tristesse comme support à une écriture d'une sensibilité et d'une délicatesse particulières. Ainsi Verlaine a-t-il su, notamment par cette correspondance chère à Baudelaire (âme-paysage), infuser à la poésie un climat sensible nouveau et aussi complexe que son âme.

ÉLÉMENTS POUR LE COMMENTAIRE COMPOSÉ

Notre étude suivie nous a permis, au fil du texte, de nous constituer une banque de données d'idées. Ces éléments ainsi rassemblés vont nous aider à commenter ce poème. Maintenant, nous allons pouvoir dégager trois centres d'intérêt pour les besoins de notre commentaire composé :

— LE CLAIR DE LUNE, PRÉTEXTE À UN PAYSAGE INTÉRIEUR.

— DES PERSONNAGES ÉVANESCENTS.

— TRISTESSE ET MÉLANCOLIE.

AUTRES TEXTES SUR LE MÊME THÈME

Il faudrait plusieurs volumes pour regrouper tous les textes qui, dans tous les pays et à toutes les époques, évoquent la lune. Uniquement dans le cadre de la poésie française du XIXe siècle, entre « La Lune offensée » de Baudelaire, le « Clair de lune » de Victor Hugo ou la « Ballade à la lune » de Musset, on pourrait déjà constituer une copieuse anthologie. Même Verlaine, outre son « Clair de lune », a intitulé « Lune » une section de *Parallèlement*.

Ici encore, se retrouve un paysage prétexte à un état d'âme.

Dans sa très célèbre et fort longue « Ballade à la lune » Alfred de Musset se moque de ce qui est devenu, au moment où il écrit, un stéréotype romantique qu'il trouve un peu éculé.

A la lecture des deux premières strophes on mesure tout l'écart qui sépare Musset de Verlaine. Nous avons affaire à deux registres différents de sensibilité.

> **« C'était, dans la nuit brune,**
> **Sur le clocher jauni,**
> **La lune,**
> **Comme un point sur un i.**
>
> **Lune, quel esprit sombre**
> **Promène au bout d'un fil,**
> **Dans l'ombre,**
> **Ta face et ton profil ? »**

Jules Laforgue (1860-1887), avec son vers libre, ses innovations rythmiques, ses audaces de langage, a également chanté la lune. Il a même intitulé l'un de ses recueils *L'Imitation de Notre-Dame la lune* dans lequel il a infusé son ironie, son angoisse métaphysique et sa fascination pour la lune qui le conduit, dans la « Complainte de Lord Pierrot » à se réincarner en Pierrot.

Nous ne citerons ici qu'un extrait de « Solo de lune », long poème qui appartient à ses *Derniers vers*.

Au clair de la lune,
Mon ami Pierrot,
Filons, en costume,
Présider là-haut !
Ma cervelle est morte.
Que le Christ l'emporte !
Béons à la lune
La bouche en zéro.

Je fume, étalé face au ciel,
Sur l'impériale de la diligence,
Ma carcasse est cahotée, mon âme danse
Comme un Ariel ;
Sans miel, sans fiel, ma belle âme danse,
O routes, coteaux, ô fumées, ô vallons,
Ma belle âme, ah ! récapitulons.

Nous nous aimions comme deux fous,
On s'est quitté sans en parler,
Un spleen me tenait exilé,
Et ce spleen me venait de tout. Bon.

Ses yeux disaient : « Comprenez-vous ? »
« Pourquoi ne comprenez-vous pas ? »
Mais nul n'a voulu faire le premier pas,
Voulant trop tomber *ensemble* à genoux.
(Comprenez-vous ?)

Où est-elle à cette heure ?
Peut-être qu'elle pleure...
Où est-elle à cette heure ?
Oh ! du moins, soigne-toi, je t'en conjure !

O fraîcheur des bois le long de la route,
O châle de mélancolie, tout âme est un peu aux écoutes,
Que ma vie
Fait envie !
C ette impériale de diligence tient de la magie.
Accumulons l'irréparable !
Renchérissons sur notre sort !
Les étoiles sont plus nombreuses que le sable
Des mers où d'autres ont vu se baigner son corps ·
Tout n'en va pas moins à la Mort.
Y a pas de port.

[...]

2

MANDOLINE

Mandoline

Les donneurs de sérénades
Et les belles écouteuses
Échangent des propos fades
Sous les ramures chanteuses.

C'est Tircis et c'est Aminte,
Et c'est l'éternel Clitandre,
Et c'est Damis qui pour mainte
Cruelle fait maint vers tendre.

Leurs courtes vestes de soie,
Leurs longues robes à queues,
Leur élégance, leur joie
Et leurs molles ombres bleues

Tourbillonnent dans l'extase
D'une lune rose et grise,
Et la mandoline jase
Parmi les frissons de brise.

CONDITIONS DE PUBLICATION

C'est exactement deux ans avant l'édition des *Fêtes galantes* chez Alphonse Lemerre, dont l'achevé d'imprimer porte la date du 20 février 1869, que *La Gazette rimée* publie (20 février 1867) deux poèmes : « Fêtes galantes », qui deviendra « Clair de lune », et « Trumeau » qui, par la suite, s'intitulera « Mandoline ». Ce premier titre « Trumeau » est également le premier titre de « La Fête chez Thérèse » de Victor Hugo dans *Les Contemplations* (I, 22).

Dans l'ordonnancement du recueil définitif des *Fêtes galantes*, tel qu'il sera édité en 1869, « Mandoline » porte le nº 15, comme Verlaine l'a indiqué sur son manuscrit.

VARIANTES

— Dans la première publication de « Mandoline » sous le titre « Trumeau » (*La Gazette rimée* du 20 février 1867), on pouvait lire au vers 8 :

« Cruelle a fait maint vers tendre. »

c'est la raison pour laquelle dans le manuscrit des *Fêtes galantes*, Verlaine n'a réécrit que la deuxième strophe car dans le dernier vers il a supprimé le « a ».

— Ajout de la virgule à la fin des vers 5 et 6.

LES PERSONNAGES

Tircis, Aminte et Damis sont des bergers de pastorale. Ce genre littéraire, d'origine antique, a connu quelques succès au Moyen Age. Mais c'est le XVIe siècle qui lui consacre ses lettres de noblesse. Il comprend tout aussi bien des poèmes, des romans, des œuvres dramatiques et met en scène des amours de bergers ou de bergères.

Tircis

L'un des personnages de Virgile dans un poème pastoral (VIIe églogue).

Aminte

Héros de la comédie pastorale du Tasse (Torquato Tasso). Cette pastorale, qui porte le nom de son héros, a été représentée à la Cour de Ferrare (Italie) en 1573.

Damis

On rencontre ce personnage chez Molière dans *Les Fâcheux* (1661) et dans *Tartuffe* (1664). On le croise également chez Marivaux dans *Les Serments indiscrets* (1732) et dans *L'École des mères* (1732).

Clitandre

Dans la tragi-comédie de Corneille, *Clitandre ou l'innocence délivrée* (1632), Clitandre, faussement accusé d'un crime, est fort heureusement innocenté. Clitandre apparaît également dans différentes pièces de Molière : *L'Amour médecin* (1665), *Le Misanthrope* (1666), *George Dandin* (1668), *Les Femmes savantes* (1672).

Vocabulaire

En marge des références culturelles qui portent sur les personnages que nous avons présentés, ce poème ne pose aucun problème particulier sur le plan du vocabulaire. Toutefois, comme nous l'avons vu dans les « Conditions de publication », ce texte « Mandoline » avait d'abord été intitulé « Trumeau » et ce terme mérite une précision.

Trumeau

Le trumeau est l'espace d'un mur entre deux fenêtres ou entre deux ouvertures. Mais ce mot désigne d'une façon plus courante une peinture placée au-dessus d'une porte, d'une cheminée, d'une glace ou entre deux fenêtres. Cette peinture représentait un paysage ou une scène galante. Watteau, Boucher et leurs disciples ont peint nombre de scènes de ce type. Victor Hugo, que Verlaine admirait beaucoup, avait intitulé initialement « Trumeau » le texte des *Contemplations* qui porte pour titre « La Fête chez Thérèse ».

VOUS AVEZ DIT « TRUMEAU » !

Le « Trumeau » de Victor Hugo, devenu la « Fête chez Thérèse », annonçait l'inspiration de Verlaine dans les *Fêtes galantes*. Mais si un trumeau peut en cacher un autre, ce qui, au sens propre, n'était pas rare, notamment chez Watteau, le « Trumeau » de Verlaine, devenu « Mandoline », ne paraît pas dû à Victor Hugo.

Le poème de l'auteur des *Contemplations* est daté, dans le manuscrit, du 16 février 1840. Le lendemain 17 février Juliette Drouet écrivait à Victor Hugo : « N'oubliez pas de m'apporter ce soir le reste de mon cher « Trumeau », ainsi que les vers de votre belle jeunesse. Je les veux absolument et aujourd'hui j'ai le droit de vouloir, car il y a sept ans que je vous aime. » Mais ce titre n'est pas celui qui est choisi pour la publication.

PREMIER REGARD

Avec « Mandoline », poème musical jusque dans son titre, le lecteur joue le rôle d'invité pour participer à une fête champêtre dans un cadre qui pourrait préfigurer l'impressionnisme. En effet, la palette d'un Renoir ne serait pas anachronique dans le décor. Cette fresque de la légèreté et de l'allégresse nous renvoie l'écho des fêtes galantes, féeriques et populaires telles que Watteau ou Boucher pouvaient les peindre pour traduire l'insouciance libertine du XVIIIe siècle.

Ici, la joie fardée et costumée ne concerne personne en particulier et entraîne celui qui passe à entrer dans la danse. L'inquiétude, la mélancolie et la tristesse ne sont pas de mise dans cette scène où seuls les personnages nommés que l'on croise appartiennent au monde de la comédie. Quant aux autres, participants ou figurants, outre ces « *donneurs de sérénades* » (vers 1), ils se comptent parmi « *les belles écouteuses* » (vers 2) et ceux qui « *tourbillonnent* » (vers 13).

On constate qu'à aucun moment le narrateur ne s'implique. Il se situe à l'extérieur de son poème et il se contente d'observer la fête et de nous la décrire.

MOUVEMENT DU TEXTE

Dans ce poème de quatre quatrains écrits en heptasyllabes (vers de 7 syllabes), avec exclusivement des rimes féminines, il y a de la part de Verlaine un souci délibéré d'incorporer dans une structure musicale audacieuse des termes qui rappellent la musique :

vers 1-2 : « *Les donneurs de sérénades*
Et les belles écouteuses »
vers 4 : « *Sous les ramures chanteuses* »
vers 13 : « *Tourbillonnent dans l'extase* »
vers 15-16 : « *Et la mandoline jase*
Parmi les frissons de brise. »

Pour les tenants de la métrique traditionnelle, le vers de sept syllabes ne jouit pas toujours de la meilleure considération. Il faut cependant rappeler qu'il a été maintes fois employé, notamment chez La Fontaine.

Nous pensons que Verlaine était parfaitement conscient de l'effet produit par l'emploi du vers impair dans son souci d'harmonie au rythme brisé, ce que nous développerons dans l'explication de « Art poétique ». Dans son *Villon et Verlaine*, Paul Valéry ne manque pas de rappeler que « *Ce naïf est un primitif organisé, un primitif comme il n'y avait jamais eu de primitif et qui procède d'un artiste fort habile et fort conscient.* »

Pour bien comprendre l'articulation et la progression de ce poème, il faut s'en remettre à sa ponctuation. En effet, il se compose de trois phrases et chacune d'elles renferme une séquence de l'histoire qui se raconte :

Première phrase : vers 1-4.

— Deuxième phrase : vers 5-8.
— Troisième phrase : vers 9-16.

Plus on progresse dans ce poème, plus le rythme s'accélère. Dans le premier quatrain, le décor est planté. On y relève une alternance d'immobilisme et de mouvement. Ainsi, au vers 1, il y a ceux qui donnent des sérénades alors qu'au vers 2 on rencontre des créatures passives, « *les belles écouteuses* ». Au vers 3, on s'aperçoit que les « *écouteuses* » n'ont rien de passif puisqu'elles « *échangent des propos* ». Le vers 4 nous replonge dans l'inaction des personnages car « *les ramures chanteuses* » subissent l'effet du vent.

Le deuxième quatrain met en scène des personnages. On peut se demander pourquoi Verlaine a invité à cette fête la galante Tircis, Aminte, Clitandre et Damis qui sont issus de la tradition pastorale et de la comédie italienne en même temps que de la Préciosité, dans la mesure où les pastorales étaient très prisées au XVIIe siècle. Peut-être pour accentuer l'aspect mièvre et léger de la fête qui se donne. Par opposition au premier quatrain, nous sommes ici dans une sorte d'immobilisme qui tient le lecteur en haleine. Que va-t-il donc se passer ?

Les troisième et quatrième quatrains, qui constituent la troisième phrase du texte, nous apportent la réponse. La joie s'intensifie, la fête bat son plein et le poète se laisse envoûter par « *la mandoline qui jase* ». Les personnes sont devenues des « *ombres* » qui « *Tourbillonnent dans l'extase* ». Verlaine, pris au jeu de son propre spectacle, ne peut plus se suffire de quatre vers pour décrire le décor. Il lui faut entrer dans la fête enivrante et deux quatrains lui sont nécessaires pour, finalement, retrouver le climat des « *frissons de brise* » qui annoncera une nostalgie croissante dans les *Fêtes galantes*. En effet, en suivant la progression du recueil, on remarque que l'accent de tristesse va en s'amplifiant. Si dans les premiers poèmes la tristesse s'accompagne toujours de joie, peu à peu elle va s'imposant comme dans le dernier poème, « Colloque sentimental ».

On remarquera que les ombres qui dansent retournent à un anonymat qui caractérisait déjà le premier quatrain. De plus, quand elles portaient un nom, comme dans le deuxième quatrain, il s'agissait de personnages fictifs, de papier, exclus de toute vie réelle. Ils existent seulement le temps d'une fête et n'ont de vie que celle accordée par l'auteur.

ÉTUDE SUIVIE

Appliquons-nous à recenser les indices pour constituer une banques de données qui servira pour élaborer le commentaire composé.

STROPHE I

Bien que les rimes soient féminines, comme dans l'ensemble du poème d'ailleurs, on constate qu'il existe une alternance (masculin-féminin-masculin-féminin) dans le corps même du texte :

— vers 1 : «*donneurs*» ;
— vers 2 : «*belles*» ;
— vers 3 : «*propos*» ;
— vers 4 : «*ramures*».

Ce balancement lexical qui caractérise ce premier quatrain se traduit également par l'alternance d'éléments contradictoires : actif/passif ; négatif/positif.

— vers 1 : «*donneurs*» = élément actif.
— vers 2 : «*écouteuses*» = élément passif.
— vers 3 : «*propos fades*» = élément négatif.
— vers 4 : «*ramures chanteuses*» = élément positif.

La cadence, également, subit un balancement :

3 4
« Les donneurs de sérénades »

4 3
« Et les belles écouteuses »

3 4
« Échangent des propos fades »

Mais soudain, à l'image des «*ramures*», la cadence s'élance pour culminer sur «*chanteuses*» :

5 2
« Sous les ramures chanteuses. »

Vers 1 :

— Le déterminant défini «*Les*» donne un aspect ambigu aux «*donneurs de sérénades*». S'agit-il de donneurs particuliers, connus du poète, ou bien s'agit-il de «*donneurs de sérénades*» en général, comme s'il s'agissait d'un éternel recommencement ?

— Le mot «*sérénades*» place le poème sous le signe de la galanterie parce que la sérénade, de l'italien *serenata* qui, dans son sens premier, signifie «*belle nuit*» ou «*ciel serein*», est un concert accompagné ou non de chants. Elle se donnait la nuit pour divertir ou honorer une femme aimée en particulier. Elle situe le texte dans un décor italianisant avec de la musique qui se joue en plein air.

— Dès le premier vers, la mandoline résonne avec d'une part l'allitération en *n*, consonne nasale, «do*nn*eurs» et «séré*n*ades», et d'autre part l'allitération en *d*, consonnes dentales, qui évoquent le pincement des cordes : «*d*onneurs *d*e sérénа*d*es».

Vers 2 :

— Les consonnes sifflantes confirment bien l'idée de musique :

« Et les belle*s* écouteu*ses* ».

— Le mot «*écouteuses*» renforce le climat de légèreté dans lequel se déroule la scène. Les «*belles écouteuses*» ne peuvent être que frivoles ! C'est le seul trait moral sous-entendu que le lecteur a des jeunes femmes. Ce terme d'« *écouteuses* » pourrait s'inscrire dans le même registre familier que « donneurs », encore qu'il s'agisse d'un mot ancien (XIIe siècle) qui recouvrait l'idée d'écouter avec curiosité. Tout nous montre bien qu'il s'agit d'une fête galante et que les jeunes femmes à qui on adresse la sérénade ne restent pas indifférentes puisqu'elles écoutent, ce qui suppose une attention. De ces « *écouteuses* » nous ne disposons d'elles qu'un aspect physique très vague : elles sont « *belles* ».

— Les personnages ne sont encore que des rôles (« *donneurs de sérénades* », « *écouteuses* »). Ces substantifs issus de verbes d'action les placent dans les fonctions que leur distribue le poète, ce qu'accentue le parallélisme qui caractérise leur emplacement dans les deux premiers vers.

Vers 3 : « *Échangent des propos fades* »

— Le terme « *propos* » reste vague. On ne sait pas très exactement ce que se disent ces personnages. Cet aspect est renforcé par la présence du déterminant indéfini « *des* ».

— Le poète ne prend pas part à la conversation. Il reste à l'écart puisque les paroles ne sont échangées qu'entre les personnages.

— Le mot « *fade* » confirme la critique qui apparaissait de façon plus nuancée dans les deux premiers vers. Ce terme péjoratif montre l'effet d'une conversation banale, sans intérêt, de discours stéréotypés dont personne n'est dupe. Pourtant, tout le monde a envie d'y croire puisque cela fait partie du jeu. A la strophe suivante, ce sont les personnages qui apparaissent comme des stéréotypes ayant endossé les rôles tracés d'avance des héros de pastorales dont ils portent le nom. Par ailleurs, les « *propos fades* » renvoient peut-être aux « *sérénades* » pour renforcer le côté frivole des « *belles écouteuses* » qui se trouvent placées entre les deux et peuvent écouter aussi bien des «*sérénades*» que des «*propos fades*».

— Le présent de l'indicatif «*échangent*» confirme l'hypothèse de la vérité générale. Tous les «*donneurs de sérénades*» et toutes «*les belles écouteuses*» n'ont que des banalités à se dire. Voilà qui donne, d'une certaine manière, un côté niais et dérisoire à l'amour. Si le poème chante, il ne s'apparente d'aucune manière à un hymne à l'amour.

STROPHE 2

Si la strophe 1 avait laissé les personnages dans l'anonymat, avec la strophe 2, quatre noms apparaissent : Tircis, Aminte, Clitandre et Damis. Ces amoureux transis que l'on croise dans la littérature pastorale comme dans la comédie italienne, Verlaine les affectionne puisqu'ils apparaissent à différentes reprises dans son œuvre. Toutefois, c'est dans «Mandoline» qu'on les croise pour la première fois, même si Clitandre apparaît déjà dans le vers 1 de «Pantomime», la deuxième pièce des *Fêtes galantes*. En fait «Mandoline», sous le titre «Trumeau», avait déjà fait l'objet d'une publication en revue dès juillet 1867 et se situe chronologiquement avant «Pantomime». L'intrusion de ces personnages dans cette strophe n'est donc pas, de la part de Verlaine, un tic littéraire ou une gratuité poétique.

— La conjonction de coordination crée l'effet d'accumulation, d'énumération. Le poète présente ces bergers, ces soupirants et autres pantins au fur et à mesure qu'il semble les reconnaître au cours de la ronde. Leur nom suggère leur psychologie. Mais, dans la réalité, ils n'ont pas d'identité. Ils symbolisent des rôles. On peut même dire des rôles d'amoureux stéréotypés. Dans ce sens, ils représentent plus des épithètes que des noms propres.

— Les personnages nommés ne sont que des héros masculins. Quand le poète évoque la femme, il la présente par l'adjectif «*Cruelle*». La façon dont peut être compris

«*Cruelle*» crée une certaine ambiguïté. Il pourrait s'agir tout simplement d'un adjectif substantivé (transformé en nom) ; et s'il n'y avait pas la coupure du vers, l'auteur aurait écrit « mainte cruelle ». Mais «*cruelle*» se trouvant au début du vers et devant donc s'écrire «*Cruelle*», le lecteur flotte un peu et se demande si «*Cruelle*» ne doit pas être mis sur le même plan que «*Tircis*», «*Aminte*» ou «*Clitandre*». Dans ce cas, sur le mode mineur, l'auteur suggère que la femme, dans son essence même, participe de la cruauté.

— Le rejet de «*Cruelle*» au début du vers 8 crée un effet de surprise par le contraste qu'il produit avec l'ambiance de joie, de danse, de légèreté.

— Le mot «*éternel*» (vers 6) suggère la répétition de la scène, une sorte d'automatisme qui apparaît dès la distribution des rôles de «*donneurs de sérénades*» et d'«*écouteuses*».

— La symétrie de la construction des trois premiers vers «*et c'est*» (anaphore qui consiste à répéter au début d'une phrase ou d'un vers une même expression) scande le rythme du quatrain et celui de la musique, puis de la danse et du chant. Rappelons que les «*donneurs de sérénades*» sont présents, ce qui est explicite quant à la nature de la fête (musique, danse, chants).

— Dans les vers 5 et 6, la musique ne bat pas encore son plein. Elle s'accélère. Le tempo se trouve aussi nettement marqué par les virgules placées à la fin des vers 5 et 6. La répétition de la formule «*Et c'est...* » et la pause représentée par les virgules donnent l'impression que les danseurs font retentir leurs pas sur un rythme saccadé. Précisons toutefois que, dans le manuscrit, les virgules ne figuraient pas. On peut représenter l'accentuation de la façon suivante :

> « ***C'est*** **Tircis** ***et c'est*** **Aminte,**
> ***Et c'est*** **l'éternel Clitandre,**
> ***Et c'est*** **Damis qui pour mainte**
> **Cruelle fait maint vers tendre.** »

— Les vers 7 et 8 marquent un ralentissement, notamment

par le rejet qui oblige à une lecture quasi continue des deux vers, mais aussi par la présence d'une allitération en *m*, «*Damis*», «*mainte*», «*maint*», qui réduit la mélodie presque à l'état de murmure.

STROPHE 3

— Ce quatrain, qui ne constitue que la première partie d'une phrase qui s'achèvera avec le dernier vers de la quatrième et dernière strophe, ne comporte pas de verbe. Nous sommes dans un présent absolu qui n'a rien de figé. Au contraire, le mouvement subtil et délicat qui se dégage va en s'amplifiant et se prolonge d'une façon paroxystique dans la quatrième strophe. Des chocs antithétiques créent une dynamique : «*Leurs courtes vestes*» (vers 9) et «*Leurs longues robes*» (vers 10), ou encore «*vestes de soie*» (vers 9) et «*robes à queues*» (vers 10), alors que l'on serait tenté, par une lecture trop rapide dite «en diagonale», de comprendre «robes de soie» et «vestes à queues».

Dans ce quatrain, on observera la gradation, c'est-à-dire la juxtaposition d'éléments de nature grammaticale semblables qui constituent une progression.

— Vers 9-10 : il est uniquement question de leurs vêtements. De «*Leurs courtes vestes de soie*», de «*Leurs robes à queues*».

— Vers 11 : avec «*leur élégance*», on change de plan, on passe du concret à l'abstrait. Nous sommes toujours dans le vêtement, certes, mais interviennent déjà des notions morales et psychologiques.

Dans ce même vers, «*leur joie*» succède à «*leur élégance*». Nous nous trouvons uniquement dans le domaine du psychologique, encore que, pour prendre le temps de se parler, il faille un certain bonheur.

— Vers 12 : «*Et leurs molles ombres bleues*» rappelle l'indistinction que l'on rencontre dans « Colloque sentimental ».

Si l'on met ce vers avec la progression qui le précède, et dont il est en quelque sorte l'aboutissement, on retrouve une sorte de mélange du vestimentaire et du psychologique. En effet, « *molles* » peut tout aussi bien être un terme qui caractérise un état d'esprit.

On observe qu'il se dégage une atmosphère où l'indécis se joint au précis.

— Les vers, bâtis sur une même construction, sur le mode de l'énumération, évoquent une ritournelle qui participe largement au mouvement :

« *Leurs* courtes vestes de soie,
Leurs longues robes à queues,
Leur élégance, *leur* joie
Et leurs molles ombres bleues »

— Ici, également, la conjonction de coordination « *Et* » accentue le tempo. On voit déjà les personnages danser alors que ce n'est qu'à la strophe suivante qu'ils « *tourbillonnent* ».

— Cette ritournelle est renforcée par une allitération en *l* qui évoque le fredonnement d'un air de musique qui va en s'accélérant. En effet, il est intéressant de constater que le nombre de *l* augmente de vers en vers :

vers 9 « *L*eurs... » ;
vers 10 « *L*eurs *l*ongues... » ;
vers 11 « *L*eur é*l*égance, *l*eur joie » ;
vers 12 « Et *l*eurs mo*ll*es ombres b*l*eues ».

— Les vers 10 et 11 évoquent des attributs vestimentaires, « *vestes* » (vers 9) et « *robes* » (vers 10), qui sont nobles, de cérémonie, et annoncent l'« *élégance* » du vers 11.

— Dans cette strophe, c'est par leurs vêtements que les personnages existent. Ils ne sont désignés ni par leur nom, ni par un pronom personnel. Seuls les adjectifs possessifs

« *leurs* » confirment leur présence. Ils ne sont déjà plus que des « *ombres* » (vers 12) qui se fondent dans la nuit.

— Dans les vers 9-10-11, la joie transparaît, mais le vers 12 apporte une note de mélancolie parce que nous sommes dans une atmosphère où le faux et le clinquant l'emportent sur l'authenticité d'être et de ressentir les choses :

> « *Et leurs molles ombres bleues* ».

Le bleu, couleur froide, apparaissait déjà dans le « Prologue » des *Poèmes saturniens* :

> « — Aujourd'hui, l'Action et le Rêve ont brisé
> Le pacte primitif par les siècles usé,
> Et plusieurs ont trouvé funeste ce divorce
> De l'Harmonie immense et bleue de la Force. »
>
> (Vers 51-54)

Dans « Épilogue » de ce recueil, l'Infini est qualifié de bleu :

> « Vous pouvez revoler devers l'Infini bleu ! »
>
> (vers 20)

que nous retrouvons au vers 28 sans le point d'exclamation.

Cette fréquence d'apparition du bleu dans l'œuvre est un constat. Toutefois, le bleu dont il est question dans « Mandoline » est avant tout le bleu de Watteau.

L'adjectif « *molles* » donne une note passive. Il ne suggère en rien l'idée de prendre les initiatives de la danse. Les « *molles ombres* » « *tourbillonnent* ». Le sujet de ce verbe ne représente plus vraiment des personnages. Le pronom personnel « *ils* » qui pourrait les représenter n'apparaît pas non plus. D'ailleurs, les danseurs n'étaient déjà plus que des attributs. Par ce moyen subtil, Verlaine suggère que, d'une certaine manière, « *ils* » n'existent pas.

— Il est intéressant de noter que, dans ce poème, l'adjectif « *molles* » s'applique à des personnes vivantes réduites à l'état d'ombres, alors que, dans « Colloque sentimental », cet adjectif s'applique à des spectres dont les «*lèvres sont molles*».

STROPHE 4

En lisant cette strophe, on ne peut s'empêcher de songer aux vers du poème de Baudelaire intitulé «Le Jet d'eau» que nous avons déjà cités à propos du vers 11 de «Clair de lune». En effet, chez Baudelaire «*jase*» rime avec «*extase*» et chez Verlaine c'est «*extase*» qui rime avec «*jase*»! Mais, dans ce poème, la dette contractée envers Baudelaire ne semble pas s'arrêter là. Quand Verlaine écrit «*Et la mandoline jase*» (vers 15), ne se serait-il pas souvenu, dans un souci de comparer la «mandoline» au «jet d'eau», de ce fameux vers 5 de la pièce de Baudelaire :

> « Dans la cour le jet d'eau qui jase »

Au vrai, ces rimes «*jase*» et «*extase*», ou l'inverse, se rencontrent chez nombre de poètes, et pas forcément chez les plus célèbres, notamment au XIXe siècle.

Vers 13 : «*Tourbillonnent dans l'extase*»

— Ce vers est sans conteste le plus fort et le plus actif du poème. Il constitue le moyeu, l'axe du texte. Tout tourne autour de lui, aussi bien l'histoire qui se raconte que les «*molles ombres bleues*».

— Le mot «*extase*» est un mot fort de la langue religieuse qui désigne l'idée d'une sortie du réel pour atteindre directement la divinité. Étymologiquement, ce terme signifie «*action d'être hors de soi*». Mais, dans le texte, «*extase*» est appliqué à l'univers profane, celui de la fête qui transporte les êtres dans un état second au même titre que l'amour. Autrement dit, l'extase se limite ici à l'état d'excitation et se garde bien de se prolonger dans le sublime. Verlaine utilise également ce terme «*extase*» dans «Colloque sentimental» :

> « — Te souvient-il de notre extase ancienne ? »
>
> (vers 7)

Mais dans ce poème il revêt une toute autre signification en exprimant l'idée de ravissement provoqué par l'évocation d'un passé heureux.

Vers 14 : « *D'une lune rose et grise,* »

Nous retrouvons les mêmes tonalités dans « Épilogue » des *Poèmes saturniens*, (vers 77) :

> « *Afin qu'un jour, frappant de rayons gris et roses* »

et dans « Ariettes oubliées, V » de *Romances sans paroles* :

> « Le piano que baise une main frêle
> Luit dans le soir rose et gris vaguement, »
>
> (vers 1-2)

cette « *lune rose et grise* » infuse au poème une tendresse et un raffinement musical que l'on retrouve dans le vers 2 avec « *les belles écouteuses* ».

L'association du gris et du rose représente en quelque sorte un contraste et plonge le poème dans l'indéfini, dans l'indécis, idée que l'on rencontre également dans « Clair de lune » où la tristesse est joyeuse et la joie triste.

— La fête bat son plein et « *les molles ombres bleues tourbillonnent* ». Mais, paradoxalement, si le rythme de l'histoire s'accélère, la cadence des derniers vers (15 et 16) n'a rien de comparable avec celle des trois premiers vers. Le rythme est brisé, haché, ce qui a pour effet de rompre l'harmonie et le balancement qui caractérisent les vers 1, 2 et 3 : 3-4, 4-3, 3-4.

6 1

Vers 15 : « *Et la mandoline jase* » ;

5 2

Vers 16 : « *Parmi les frissons de brise.* »

Tout se passe comme si le poète souhaitait que la fête se

prolonge pour ne pas avoir à sombrer dans la mélancolie. Il est amusant à cet effet de constater que les mots *mandoline* et *mélancolie* ont sept lettres en commun : *m, a, n, o, l, i, e.*

Vers 16 :

— Par sa mièvrerie, ce vers nous confirme bien que la fête n'est pas terminée. En effet, si, en arrière-plan, on perçoit « *les frissons de brise* », la « *mandoline* » qui « *jase* » au vers 15 domine.

— L'allitération en s dans les vers 15 et 16

« Et la mandoline jase
Parmi les frissons de brise »

évoque le souffle de ce vent léger et doux qui ne trouble en rien le son de la mandoline. Elle fait également penser au bruit de froissement des vêtements dans le tourbillon de la danse.

— Ce vers 16 clôt le poème en suggérant par le jeu des sonorités (assonances en *i*, allitérations en *r* et *s*) le léger souffle qui parcourt la scène.

ÉLÉMENTS POUR LE COMMENTAIRE COMPOSÉ

Après avoir constitué, grâce à une étude suivie, une banque de données sur notre texte, nous sommes en mesure, maintenant, de proposer, pour les besoins de notre commentaire composé, trois centres d'intérêt.

1. LES PERSONNAGES.
2. LA MUSIQUE.
3. LA FÊTE.

Ce choix est subjectif. Quant à l'ordre proposé, il nous semble épouser un enchaînement logique. En effet, ce plan correspond à l'ordre de découverte du texte, ce qui peut constituer trois centres d'intérêt possibles parmi d'autres.

Fournissons maintenant la justification de notre choix. Dès le vers 1 apparaissent les personnages : «*Les donneurs de sérénades*».

La musique, notre deuxième centre d'intérêt, déjà annoncée par la fin du vers 1 avec les «*sérénades*», se trouve soulignée au vers 4 «*Sous les ramures chanteuses*».

Quant à la fête, elle ne commence seulement d'une façon réelle qu'à partir du vers 9.

Nous aurions pu choisir un ordre d'exposition différent comme par exemple :

1. PROGRESSION DU TEXTE.
2. IMPLICATIONS DES PERSONNAGES.
3. RELATION MUSIQUE-JOIE.

Pour le plan proposé, nous nous en tiendrons à notre premier choix.

INTRODUCTION

THÈME

Une sorte de traduction rimée d'une fête galante à la Watteau avec des personnages issus de la tradition pastorale et de la comédie italienne.

PROCÉDÉ

Identification de la légèreté du texte, dans sa musique comme dans son vocabulaire, à la légèreté du thème.

INTENTION

Privilégier la joie, en compagnie de personnages futiles, peut-être pour ne pas avoir à se réfugier dans la tristesse et la mélancolie.

LES PERSONNAGES

— mise en scène des personnages de la réalité ;
— mise en scène des personnages de composition ;
— la place et le rôle de la femme ;
— la métamorphose des personnages.

↓

LA MUSIQUE

— la musique comme thème majeur ;
— le chant du poète ;
— effets de la musique sur le comportement des personnages.

↓

LA FÊTE

— un cadre de fête ;
— des personnages de fête ;
— un langage de la fête.

CONCLUSION

NON IMPLICATION de Verlaine dans ce poème :
— subtilité de la technique descriptive pour peindre avec des mots la paradoxale irréalité de la scène ;
— par l'artifice de l'écriture, la fête imaginaire devient un facteur d'oubli pour le poète.

Sérénade

On trouvera ci-dessous un poème de Verlaine intitulé « Sérénade ». Il appartient à la section des « Caprices » dans les *Poèmes saturniens* (1866). Cette « Sérénade », contrairement à « Mandoline », n'est pas un hymne à la joie. « Cruelle et câline » elle use aussi de la mandoline, mais avec des effets différents. Ce qui montre bien que le thème n'a rien à voir avec la chanson !

SÉRÉNADE

Comme la voix d'un mort qui chanterait
Du fond de sa fosse,
Maîtresse, entends monter vers ton retrait
Ma voix aigre et fausse.

Ouvre ton âme et ton oreille au son
De ma mandoline :
Pour toi j'ai fait, pour toi, cette chanson
Cruelle et câline.

Je chanterai tes yeux d'or et d'onyx
Purs de toutes ombres,
Puis le Léthé de ton sein, puis le Styx
De tes cheveux sombres.

Comme la voix d'un mort qui chanterait
Du fond de sa fosse,
Maîtresse, entends monter vers ton retrait
Ma voix aigre et fausse.

Puis je louerai beaucoup, comme il convient,
Cette chair bénie
Dont le parfum opulent me revient
Les nuits d'insomnie.

Et pour finir, je dirai le baiser
De ta lèvre rouge,
Et ta douceur à me martyriser,
— Mon Ange ! — ma Gouge !

Ouvre ton âme et ton oreille au son
De ma mandoline :
Pour toi j'ai fait, pour toi, cette chanson
Cruelle et câline.

Guitare

Tristan Corbière (1845-1875), poète de la modernité, fut exhumé de l'oubli par Verlaine qui le plaça dans ses *Poètes maudits* (1884). L'une des sections des *Amours jaunes* (1873), l'unique recueil que publia Corbière, s'intitule « Sérénade des sérénades ». Elle lui fut inspirée par une Espagne dans laquelle il ne séjourna jamais mais dont il sut se souvenir des thèmes littéraires, à commencer par celui de la « sérénade ». Le poème qui suit, « Guitare », est extrait de cette section.

Nous allons donc passer, avec un thème commun, d'un instrument à un autre, d'une sensibilité à une autre. Nous constaterons que la « Guitare » de Corbière a un son complètement différent de la « Mandoline » de Verlaine.

GUITARE

Je sais rouler une amourette
En cigarette,
Je sais rouler l'or et les plats !
Et les filles dans de beaux draps !

Ne crains pas de longueurs fidèles :
Pour mules mes pieds ont des ailes ;
Voleur de nuit, hibou d'amour,
M'envole au jour.

Connais-tu Psyché ? — Non ? — Mercure ?...
Cendrillon et son aventure ?
— Non ? —... Eh bien ! tout cela, c'est moi :
Nul ne me voit.

Et je te laisserais bien fraîche
Comme un petit Jésus en crèche.
Avant le rayon indiscret...
— Je suis si laid ! —

Je sais flamber en cigarette,
Une amourette,
Chiffonner et flamber les draps
Mettre les filles dans les plats !

3

COLLOQUE SENTIMENTAL

COLLOQUE SENTIMENTAL

Dans le vieux parc solitaire et glacé,
Deux formes ont tout à l'heure passé.

Leurs yeux sont morts et leurs lèvres sont molles,
Et l'on entend à peine leurs paroles.

Dans le vieux parc solitaire et glacé,
Deux spectres ont évoqué le passé.

— Te souvient-il de notre extase ancienne ?
— Pourquoi voulez-vous donc qu'il m'en souvienne ?

— Ton cœur bat-il toujours à mon seul nom ?
Toujours vois-tu mon âme en rêve ? — Non.

— Ah ! les beaux jours de bonheur indicible
Où nous joignions nos bouches ! — C'est possible.

— Qu'il était bleu, le ciel, et grand, l'espoir !
— L'espoir a fui, vaincu, vers le ciel noir.

Tels ils marchaient dans les avoines folles,
Et la nuit seule entendit leurs paroles.

CONDITIONS DE PUBLICATION

« Colloque sentimental » est publié pour la première fois le 1er juillet 1868 dans la revue *L'Artiste*. Ce poème appartient à un ensemble de six pièces qui paraissent sous le titre collectif *Nouvelles Fêtes galantes*.

« Colloque sentimental » est le dernier des 22 poèmes qui composent les *Fêtes Galantes*.

VARIANTES

Vers 9 : « *Comme mon cœur bat à ton nom seul ?* » Cette section du vers se trouve surchargée d'un trait et Verlaine a écrit en dessous « *Toujours vois-tu mon âme en rêve ?* ».

Vers 12 : sur le manuscrit, on peut lire « *joignons* » qui était évidemment une faute puisqu'il s'agissait d'un présent alors que le texte requiert un passé.

Les vers 15 et 16 ne figurent pas dans *L'Artiste*.

Sur le plan de la ponctuation, on remarquera que Verlaine, sur son manuscrit de départ, n'avait pas placé de virgule à la fin des vers 1-3-5, ni au vers 13, après « *bleu* », « *ciel* » et « *grand* ». Enfin, Verlaine avait fait usage des guillemets dans ses dialogues, ce que nous pouvons constater en nous reportant au fac-similé.

VOCABULAIRE

Dans ce poème, seul le mot *colloque* mérite une précision. Emprunté au latin *colloquium* « entretien », de *colloqui* « converser », Littré en donne la définition suivante : « conférence entre deux ou plusieurs personnes ».

LE TITRE

« Colloque sentimental » est un titre bien audacieux. En effet, le jumelage de ces deux mots est inattendu, surtout pour l'époque où le poème a été écrit (1868). Examinons d'un peu plus près le vocabulaire. Aujourd'hui, le mot « colloque » évoque une réunion de plusieurs personnes. Il ne s'applique qu'exceptionnellement à la définition d'un dialogue. Il en était peut-être autrement au XIXe siècle. Mais, déjà à cette époque, l'association de « colloque », qui renvoyait plus spécialement à l'idée de débats intellectuels, et de « sentimental » devait surprendre. Toutefois, derrière la modernité de cette trouvaille, on peut y voir, de la part de Verlaine, une ironie grinçante et un humour un peu macabre.

L'ACTION

Pour étudier ce poème, nous avons pris le parti de procéder par constats. Nous observons le texte, et les mots seront pour nous des indices. Un peu à la manière d'un inspecteur de police qui conduit une enquête, nous allons donner un sens à ces indices et proposer quelques hypothèses d'interprétation. Dans une démarche allant du plus grand au plus petit, du plus large au plus étroit, nous relèverons ce qui paraît visible à l'œil nu avant de poser le verre grossissant pour découvrir les détails dont nous démontrerons au fur et à mesure l'importance.

Pour ce poème, nous ne nous appesantirons pas sur le vocabulaire qui nous semble à la portée de tous, ni sur la versification. Il nous a paru ici plus judicieux de décoder le message porté par le texte.

L'un des éléments majeurs de la structure de ce poème porte sur l'action. Elle peut se définir par l'ensemble des faits, des actes, des états, des situations et des événements qui la constituent. C'est donc au travers de l'action que commen-

Colloque

Le mot « colloque » ne jouit généralement pas de grandes explications dans les différents dictionnaires consultés. Toutefois, dans le *Dictionnaire de la conversation et de la lecture* de 1862, qui était donc en usage à l'époque où Verlaine écrivait et publiait son poème, voici comment on définissait ce vocable : « (en latin *colloquium*, de la préposition *cum*, « avec », et du verbe *loqui*, « parler »), mot qui signifie au propre « entretien », « conversation », « conférence », entre deux ou plusieurs personnes.

Une singularité de ce mot, c'est que, par l'usage, il a été entièrement détourné de sa première signification. On l'emploie généralement aujourd'hui pour désigner un débat entre plusieurs personnes sur des questions de doctrine ou encore un débat qui réunit moins de participants qu'un congrès. Mais il peut aussi désigner un entretien familier et libre en accordant à ce mot un sens un peu ironique. Autrefois, on accordait aussi à ce terme le sens de conférence mais aussi de dispute entre personnes graves et savantes, pour terminer un différend, régler un point de religion ou de politique.

On appliquait aussi ce mot à des discours écrits sur des matières de doctrine ou de controverse, d'où certains ouvrages ont pris leur titre, tels les *Colloques* d'Érasme.

Le mot « colloque » est entré dans le domaine de l'histoire en servant à qualifier spécialement l'assemblée ou la réunion du clergé aux états généraux de 1561.

cera l'analyse de ce texte. En effet, les 8 distiques qui composent ce « Colloque sentimental » n'ont rien de statique, ni dans le discours, ni dans l'articulation, ni dans le récit. De plus, ils rapportent une histoire racontée par un narrateur témoin, celle d'une rencontre entre deux personnages qui évoquent leur passé. Rappelons qu'un *distique* est un groupe de deux vers possédant une autonomie du point de vue du sens.

Rares sont les poèmes qui racontent une histoire. Il est donc important d'étudier « Colloque sentimental » dans ce qu'il présente de particulier.

Avant de passer en revue les différentes phases de l'action qui donnent au poème sa dynamique, on peut observer que cette pièce présente à elle seule deux histoires : celle de la rencontre et celle du passé des personnages. La première se situe dans le récit cadre ; la seconde, dans le discours encadré. On remarque, en effet, que le poème est construit sur différentes oppositions. A titre d'exemple, en voici quatre que nous ne manquerons pas de développer plus tard :

— le dialogue se trouve enchâssé à l'intérieur d'un texte à dominante descriptive ;

— on note une opposition dans le temps ;

— on observe une opposition entre les personnages ;

— des références à la vie et à la mort se superposent.

Ici, nous envisagerons *l'action* sous quatre angles :

I. ÉTUDE DE L'ASPECT THÉÂTRAL.

II. ÉTUDE DES PERSONNAGES ET DE LEURS OPPOSITIONS.

III. ÉTUDE DU DÉCOR.

IV. ÉTUDE SUR LE TEMPS.

I. Étude de l'aspect théâtral

— La première caractéristique propre au théâtre apparaît au lecteur par la présence de dialogues. Ils traduisent ici un profond souci de communication. En effet, les distiques 4, 5, 6 et 7 créent une dynamique que viennent renforcer les formes interrogatives des vers 7, 8, 9 et 10.

Dans ce passage, nous avons quitté l'expression descriptive et narrative pour entrer dans une expression théâtrale, donc active. Les deux personnages s'adressent l'un à l'autre, ce qui est rapporté en style direct (c'est-à-dire comme si un magnétophone les avait enregistrés). Le fait de placer des tirets en tête de certains vers et de laisser la parole à des interlocuteurs est une façon d'échapper au récit, de rendre vivant le discours un peu à la manière d'un journaliste ou d'un romancier qui fait du « comme si on y était » en provoquant le dialogue. N'est-ce pas non plus de la part de l'auteur un souci de vraisemblance ? Deux personnages ont parlé et quelqu'un les a entendus. Il nous rapporte ce qu'ils ont dit. Cependant, dans ce dialogue particulier qui s'instaure entre deux personnages, on note que l'un, sous l'effet d'un enthousiasme à l'évocation du passé, relance la discussion à laquelle le second semble vouloir se soustraire. Il ne fait que répondre sous la contrainte des questions du premier.

L'utilisation du dialogue reste extrêmement rare dans l'œuvre poétique de Verlaine. Parmi quelques exemples, on citera celui de la pièce VI du chapitre III de *Sagesse* tout en remarquant qu'il s'agit plutôt d'un soliloque que d'un dialogue. Le 4e et dernier quatrain constitue l'annonce d'un dialogue :

« Qu'as-tu fait, ô toi que voilà
Pleurant sans cesse,
Dis, qu'as-tu fait, toi que voilà,
De ta jeunesse ? »

Mais contrairement à notre pièce, dans le célèbre poème dont l'incipit est « *Le ciel est par-dessus le toit* », la question demeure sans réponse.

Les dialogues de « Colloque sentimental » se différencient de ceux du théâtre en deux points :

1. Les personnages ne portent pas de nom. Pour le lecteur, ils sont repérables uniquement grâce à la typographie, et plus précisément par le tiret qui annonce le moment où l'un d'eux prend la parole.

2. Verlaine ne va pas systématiquement à la ligne quand il fait parler l'autre, contrairement à ce que l'on pourrait attendre dans ce type d'écriture :

> « Toujours vois-tu mon âme en rêve ? — Non. »
>
> (vers 10)
>
> « Où nous joignions nos bouches ! — C'est possible. »
>
> (vers 12)

Si les quatre distiques consacrés au dialogue confèrent à la pièce un caractère théâtral, Verlaine, cependant, ne s'éloigne de la poésie qu'en apparence. Ne trahit-il pas un souci de respecter avant tout la versification, de rester poète avant d'être dramaturge ?

On peut considérer que le jeu des dialogues de « Colloque sentimental » constitue, par l'illusion théâtrale, la clé de voûte de l'action.

— Il convient maintenant de pousser l'étude plus avant et de chercher, ailleurs que dans les dialogues, ce qui dans le texte peut être assimilé à une pièce de théâtre.

Les trois premiers distiques correspondent à une scène d'exposition dont l'utilité consiste à donner le contexte nécessaire pour la compréhension de la scène qui va suivre. De plus, ils rappellent un peu des didascalies (mentions de jeux scéniques et indications sur un décor données par le dramaturge et qui ne sont pas reprises par le comédien). En effet, dans ce poème, les consignes de mise en scène sont données. Ainsi, le lecteur sait sur quel ton les personnages parlent et sur quoi porte le dialogue :

> « Et l'on entend à peine leurs paroles. »
>
> (vers 4)
>
> « Deux spectres ont évoqué le passé. »
>
> (vers 6)

On note donc une progression logique. En tout premier, le lieu est évoqué :

> « Dans le vieux parc solitaire et glacé, »
>
> (vers 1)

Ensuite, on assiste à la présentation des personnages, même

s'ils sont illusoires et fantomatiques. Puis on connaît le sujet de leur conversation, ils « *ont évoqué le passé* » (vers 6).

Dès la première prise de parole, le dialogue s'impose d'emblée et relègue le récit à l'arrière-plan.

Si le narrateur anime ses personnages dans la partie du récit qui s'étend du vers 1 au vers 6, puis aux vers 15 et 16, il s'efface complètement derrière l'échange qui a lieu entre les deux spectres. En effet, le texte quitte la forme du discours indirect, c'est-à-dire d'une transposition de paroles, pour prendre celle du discours direct dans lequel le dialogue entre les deux personnages est repris dans son intégralité. Mais, paradoxalement, le narrateur précisera à la fin du texte que ces paroles n'ont été entendues que par la nuit.

II. Le dialogue et ses oppositions

Il s'agit maintenant de porter nos observations sur le dialogue uniquement et donc d'affiner notre travail sur cette partie du texte.

— Le dialogue s'amorce par une question formulée d'une façon désuète en même temps que familière comme en témoigne le tutoiement :

> « — Te souvient-il de notre extase ancienne ? »
>
> (vers 7)

Cette façon précieuse et familière de s'adresser à l'autre trahit une intimité et peut laisser filtrer une certaine dérision. C'est une manière, dans l'instant de la parole, de faire resurgir un amour mort et lointain, ce qui est suggéré dans les trois distiques liminaires qui annoncent la scène :

> « Deux spectres ont évoqué le passé. »
>
> (vers 6)

Cette préciosité du langage s'inscrit dans le registre soutenu. Elle renforce l'idée d'un passé lointain et place d'emblée les personnages dans le haut de l'échelle sociale. En effet, le commun ne parlait pas ainsi.

— Dans le vers 8, on constate que le deuxième personnage répond à une question par une autre question. Pourquoi ?

Voici quelques hypothèses de lecture car une explication purement rationnelle s'avère difficile ici.

— Peut-être ne se souvient-il pas.
— Peut-être élude-t-il la question parce qu'il ne veut plus se souvenir.
— Peut-être trouve-t-il refuge dans le mimétisme. En effet, on remarque qu'il calque son langage sur celui de son interlocuteur. D'ailleurs sa question en guise de réponse est aussi précieuse et mièvre dans sa forme que la question de son interlocuteur :

> « — Pourquoi voulez-vous donc qu'il m'en souvienne ? »

Penchons-nous maintenant sur l'aspect des phrases.

Dès les deux premiers distiques du dialogue, on note une opposition. Celui que nous allons appeler « l'exalté », c'est-à-dire celui qui prend la parole le premier, utilise des phrases longues à la forme interrogative. Quant à l'autre, celui qui volontairement ou non ne fait pas étalage de ses souvenirs, il répond d'une façon laconique : « — *Non.* » (vers 10), ou encore « — *C'est possible.* » (vers 12). Ce contraste dans la longueur des phrases est encore plus flagrant aux vers 9 et 10 ou « l'exalté » utilise à lui seul la quasi-totalité des deux vers :

> « — Ton cœur bat-il toujours à mon seul nom ?
> Toujours vois-tu mon âme en rêve ?... »

Cette différence, qui disparaît dans les deux derniers distiques du dialogue, peut s'expliquer par une volonté du premier de voir resurgir le souvenir dans la mémoire du second. En le questionnant, il espère peut-être le rendre complice de l'évocation des moments passés. Il ne s'agit là que d'une interprétation et vous saurez, j'en suis convaincu, trouver d'autres réponses probables pour tenter de justifier ce harcèlement de questions. On peut également envisager que « l'exalté » parle davantage tout simplement parce qu'il est le possesseur des souvenirs que l'autre semble avoir oubliés.

— Une deuxième opposition apparaît : celle entre le tutoiement du premier et le vouvoiement du second.

Si le «*tu*» traduit une intimité, un rapprochement entre les deux personnages, le «*vous*», utilisé par le second, représente une marque de distanciation. A lui seul, l'emploi du «*vous*» exprime déjà l'idée que l'intimité passée — si toutefois elle a existé — est entrée dans le domaine du révolu. Il peut être interprété comme une façon moqueuse ou sarcastique de s'éloigner d'une intimité qui appartient résolument au passé. De la part du deuxième personnage, il y a une volonté évidente de ne pas se souvenir. Le «*-Non*» du vers 10 est très significatif à cet égard.

— Une troisième opposition ressort dans la façon de s'exprimer de chacun des protagonistes. Le premier évoque le passé en utilisant des termes valorisants : «*extase*» (vers 7), «*bonheur indicible*» (vers 11) et «*Qu'il était bleu, le ciel, et grand, l'espoir.*» (vers 13). Voilà des mots qui traduisent un enthousiasme évident. Le second répond d'une façon tranchante en termes négatifs : «*-Non.*» (vers 10), «*L'espoir a lui, vaincu, vers le ciel noir.*» (vers 14). Cette façon pessimiste de raconter l'histoire oppose le «*ciel noir*» au «*ciel bleu*» de l'exalté.

Enfin, ce dialogue, sur le plan du fond, ressemble à un modèle de non-communication.

Verlaine, vraisemblablement pour faire référence à une situation affective passée qui ne connaît même pas dans le présent un prolongement dans le souvenir, donne la parole à des personnages pour mettre en évidence la non-communication installée entre deux êtres ayant partagé une intimité. Ce drame humain, de la sacralisation pour l'un et de la désacralisation pour l'autre, d'une relation déjà enfouie dans un passé qui ne leur appartient plus, concerne ici tout le monde en général. C'est peut-être l'une des raisons pour laquelle les interlocuteurs ne portent pas de nom. Quant au poète, dans son dialogue-prétexte, il envoie un message qui demeure sans écho.

Le dialogue à l'intérieur de ce poème est trop restreint pour établir un schéma de paroles qui serait plus adapté à un texte théâtral à proprement parler.

Toutefois, on peut se poser un certain nombre de questions :

Combien de personnages sont présents ?

Il y en a trois :

— Les deux spectres.
— Le narrateur.

On a déjà souligné le caractère ambigu du narrateur. En effet, d'une part la scène qui se déroule entre les deux personnages est rapportée dans son ensemble, d'autre part « *la nuit seule entendit leurs paroles* ».

Qui parle à qui ?

Les deux spectres sont les seuls interlocuteurs. Le narrateur n'intervient pas. On peut donc dire que le narrateur, si l'on tient compte de sa présence, se trouve exclu du discours. Il n'est pas partie prenante dans le dialogue. Son rôle se réduit donc à celui de témoin de la scène, témoin invisible aux deux protagonistes, ce qui place le texte en focalisation externe. Le narrateur voit tout. Il enregistre la scène passivement, telle une caméra. A aucun moment dans le poème nous ne passons à la focalisation interne : le narrateur n'entre jamais dans le psychisme ou dans l'âme des personnages. Mais il ne joue pas pour autant un rôle secondaire dans la mesure où c'est à travers lui que le lecteur prend connaissance de la scène.

II. Étude des personnages et de leurs oppositions

Pour bien comprendre qui sont les personnages, il convient de ne pas quitter notre rôle d'enquêteur. Commençons par nous poser des questions élémentaires.

— En tout premier lieu, nous devons savoir s'il s'agit de personnages morts ou vivants. En effet, rien ne nous permet d'affirmer que les «*Deux formes*» (vers 2), devenues les «*Deux spectres*» (vers 6), sont animées par un quelque souffle de vie. Même leur dialogue a quelque chose de post-mortem. Ce qui apparaît clairement dans le vers 14 :

« — L'espoir a fui, vaincu, vers le ciel noir. »

Le mot «espoir» se substitue peut-être ici à l'amour, donc à la vie. Quant au «*ciel noir*», il semble symboliquement avoir dépassé le stade du deuil pour ponctuer une mort déjà coagulée dans le temps. On peut considérer que le dialogue ne constitue pas une preuve suffisante de vie puisqu'il est conduit par «*Deux spectres*».

Il nous faut revenir sur la définition du mot «*spectre*». Selon le Littré, il s'agit de la « figure fantastique d'un mort, d'un esprit que l'on croit voir». Il peut donc être question ici d'un dialogue d'outre-tombe, ce qui renforce l'illusion théâtrale.

Ce poème peut faire penser à un mini-scénario. En effet, il a quelque chose de très cinématographique : d'un côté le décor, de l'autre le dialogue.

Maintenant, nous allons chercher d'autres indices en partant du principe que les personnages sont vivants. Que constate-t-on alors ?

— On ignore tout d'eux, à commencer par leur sexe.

Au premier abord on serait tenté de croire que le narrateur relate une rencontre entre un homme et une femme qui se sont aimés. Mais rien dans le texte ne le prouve d'une façon évidente. Il pourrait en effet s'agir tout aussi bien de deux femmes ou de deux hommes.

Que ressentent les deux personnages ?

Après avoir envisagé qui sont les personnages, on doit s'interroger sur les sentiments qui les animent.

— Dans leur discours, seul le souvenir d'une idylle ou d'un authentique amour partagé en constitue le ciment commun et ce, en dépit de la volonté du second de ne plus ressusciter le passé : « — *C'est possible* » (vers 12).

Que remarque-t-on exactement sur le plan des sentiments ?

Afin d'ordonner plus facilement nos observations, nous examinerons les deux personnages successivement.

Il y a là toute une charge de nostalgie que traduisent les mots « *extase ancienne* » (vers 7). Ce sentiment encore très vivace resurgit au vers 9,

> « — Ton cœur bat-il toujours à mon seul nom ? »

puis aux vers 11 et 12,

> « — Ah ! les beaux jours de bonheur indicible
> Où nous joignions nos bouches !... »

et au vers 13,

> « — Qu'il était bleu, le ciel, et grand, l'espoir ! »

— Si le premier protagoniste de cette histoire manifeste des sentiments positifs à l'égard des souvenirs que la présence de l'autre provoque, il reste malgré tout en proie au doute, seule tache d'ombre à son bonheur, puisque la première phrase qu'il adresse à son interlocuteur est une question. Le doute dont il témoigne est d'ailleurs confirmé par l'attitude du second.

Mais on peut voir également dans l'interrogation du premier personnage une façon oratoire, propre à l'art du discours, d'entamer le dialogue. Il s'agit peut-être également d'une question simple entraînant une réponse allant de soi.

— Le premier personnage passe de l'extase, c'est-à-dire d'un état de ravissement, que provoque dans son âme l'émergence d'un passé vécu par lui comme heureux, à l'exaltation. Ainsi son discours évolue, traduisant cet état en passant de la forme interrogative à la forme exclamative. De plus, par le rythme cassé, heurté, syncopé du vers 13, on constate que le premier personnage parle maintenant, sous l'effet de l'émotion, d'une façon infiniment plus accélérée qu'au début. Il a calqué ici sa précipitation à vouloir ressusciter le passé sur un rythme de paroles qui traduit l'essoufflement et ne lui permet pas de reprendre la parole ensuite.

Qu'en est-il maintenant du second personnage ?

— L'autre, quant à lui, ne semble rien regretter. Il donne même l'impression d'avoir tout oublié. Il est sceptique, dubitatif : « *-C'est possible.* » On le voit dépassionné jusqu'à l'indifférence.

On peut même se poser la question : a-t-il vraiment aimé ? Si oui, il semblerait qu'il ait investi son amour dans « *l'espoir* » (vers 14). Mais

> **« L'espoir a fui, vaincu, vers le ciel noir. »**
>
> (vers 14)

Ce mot « *espoir* » qu'ils reprennent tous deux à leur compte semble représenter ce qui a scellé leur union. Mais la façon dont le second en parle semble révéler une déception due à une raison que l'on ignore. Cette réplique représente pour lui une sorte de conclusion négative à son amnésie. Ici se pose une alternative.

— Ces êtres se sont effectivement aimés. Les sentiments qu'ils ont éprouvés étaient réciproques et ils ont partagé l'extase. Mais ce passé, vivant pour l'un et mort pour l'autre, explique l'impossible communication entre les deux personnages. Leurs retrouvailles ne permet pas, même de façon fugace, une nouvelle rencontre des âmes.

— On peut également envisager l'hypothèse suivante.

L'amour qui a uni ces deux êtres n'était pas partagé. Il s'agissait en fait d'un amour à sens unique. L'exalté vivait dans l'illusion d'une extase commune. Le blasé, lui, n'aimait pas. Il lui est impossible de se souvenir d'un sentiment non éprouvé.

— Dans les deux cas évoqués, la communication entre les êtres qui viennent de se rencontrer reste impossible. Toutefois, il convient d'apporter quelques nuances. Si l'on tient compte de la première hypothèse, la communication a eu lieu grâce à l'amour, même si elle n'a été qu'éphémère. En revanche, si l'on opte pour la seconde version, le contact entre les deux personnages n'a jamais existé.

Le vers 14, où le blasé dit «*L'espoir a fui, vaincu, vers le ciel noir.*» infirme quelque peu la seconde hypothèse, car il laisse supposer que l'espoir a effectivement existé.

Il faut aussi envisager une autre hypothèse. Ces deux personnages sont les deux composantes contradictoires qui coexistent dans l'âme de Verlaine. Cette solution atténue le problème évoqué plus haut quant à l'emploi du style direct allant de pair avec l'absence de témoin.

Après avoir observé les différences qui existent entre les personnages, il s'agit, maintenant, de rechercher ce qu'ils ont en commun.

Si l'on a opté pour l'étude des différences avant celle des convergences, c'est que les personnages, à l'évidence, s'opposent, ainsi que nous venons de le voir, tant dans leur discours que dans leurs sentiments.

Toutefois deux points les réunissent :

• **Leur physique**

Tous deux se manifestent en tant que «*formes*» (vers 2) ou en tant que «*spectres*» (vers 6) :

> « Leurs yeux sont morts et leurs lèvres sont molles, »
>
> (vers 3)

- **Leur anonymat**

Aucun des deux ne porte de nom. Ces points communs, bien que peu nombreux, ne sont pas sans nous faire penser que les personnages auraient la même origine, seraient issus du même monde, du même univers qui pourrait être celui de la Mort.

III. Étude du décor

Pour étudier le décor, nous commencerons par les remarques objectives auxquelles nous donnerons ensuite un sens en les replaçant dans la trame du poème.

— D'emblée, le décor est planté. Ce « Colloque sentimental » a lieu à l'extérieur, dans un cadre naturel :

> **« Dans le vieux parc solitaire et glacé, »**
>
> (vers 1)

L'importance du lieu est renforcée par la redondance du vers 1, vers 5.

- Il était presque naturel de dire « Dans *un* vieux parc... » Le déterminant « *Le* » précédant « *vieux parc* » signifie qu'il ne s'agit pas de n'importe quel parc.

- Cela laisse à penser que le souvenir évoqué dans le dialogue ressuscite des moments « *de bonheur indicible* ». (vers 11) qui ont pour cadre ce « *vieux parc* ». Dans ce cas, le décor ne se limiterait pas au cadrage d'une scène donnée. Il ferait alors partie intégrante d'une histoire à deux niveaux : celle de la rencontre et celle du passé de deux personnages.

— Observons maintenant si toute la scène se déroule dans le même décor ou si, comme au théâtre, il y a un changement de tableau.

- Apparemment, entre le début et la fin du poème, il y a une variation du décor. En effet, les deux spectres sont partis du « *parc* » et traversent, à la fin de leur dialogue, « *les avoines folles*» (vers 15). Le lecteur se trouve brutalement projeté d'un cadre à l'autre sans que l'auteur explique pourquoi. Il a donc fait l'ellipse sur leur itinéraire. On ignore comment les personnages sont passés d'un cadre à l'autre.

L'étude géographique de ce poème reste très succincte dans la mesure où le lecteur possède peu d'éléments constituant le décor.

Il s'agit maintenant de pousser l'analyse plus avant, de créer un lien entre le décor et l'histoire, l'un étant indissociable de l'autre.

— Ici, le décor rajoute du sens à l'histoire dans la mesure où il est générateur d'atmosphère.

Ce poème est dominé par un climat de tristesse et de froid qui imprègne l'histoire. Dès le premier vers, les mots «*solitaire*» et «*glacé*» donnent le ton.

Établissons maintenant un rapport entre le décor et les personnages.

— Premier contact : le narrateur ne distingue que deux formes.

• Peut-être parce qu'il fait nuit (vers 16).

• Peut-être parce qu'elles étaient baignées dans la brume que suggère l'atmosphère glacée.

— L'atmosphère du décor «*solitaire et glacé*» et la description des personnages convergent : «*formes*», «*leurs yeux sont morts*», «*leurs lèvres sont molles*», «*spectres*» produisent, par la connotation de mort, une même impression de tristesse et de froid que le décor.

Il convient maintenant d'établir une relation entre le décor et les sentiments qui animent les personnages.

— Le premier, «l'exalté», est triste. Il éprouve de la nostalgie à l'égard du passé heureux qu'il a gardé vivant au fond de son cœur. Sa tristesse vient du fait que ses paroles restent sans écho de la part du « blasé ». Sa tristesse n'apparaît pas dans les mots, mais elle filtre, au terme du dialogue, à cause de la froideur avec laquelle le second lui a répondu.

— Le second est différent et froid. Les deux personnages s'opposent. Toutefois, si l'on prend en compte les trois distiques en style indirect qui ouvrent le poème, on constate que leurs différences ne sont pas encore marquées. Ils sont l'un et l'autre traités exactement sur le même plan (vers 2, 3, 4, 6). Le contraste qui existe entre les deux spectres n'apparaît que dans le pseudo-dialogue. Verlaine a-t-il voulu de cette manière ménager un effet de surprise ? Mais on peut également imaginer le noyau du poème, c'est-à-dire les quatre distiques en style direct, comme une sorte de « petite crise », de flamme qui s'allume sur un fond de mort. Ils allaient ensemble, déjà voués au néant ; puis il y a eu cette tentative avortée de faire émerger la vie par le dialogue. Ils se retrouvent alors comme auparavant, identiques à eux-mêmes dans la nuit et le vent qui agite « *les avoines folles* ».

Il y a donc bien une relation entre l'atmosphère dégagée par le décor et l'état d'âme des personnages.

IV. L'étude du temps

Il n'y a pas d'histoire sans déroulement chronologique. Pour bien comprendre le temps, il convient ici de dissocier les deux histoires contenues dans le texte.

— L'épisode de la rencontre. Il s'étend sur la totalité du poème. Deux « *spectres* » se retrouvent dans « *le vieux parc solitaire et glacé* » ou peut-être déambulent-ils éternellement. Ils devisent sur leur passé tout en marchant « *dans les avoines folles* ».

• Nous savons que la scène se déroule « *la nuit* » (vers 16).

Mais de quand date cette scène ? Relevons, pour le savoir, les indicateurs de temps qui se trouvent dans le texte.

• « *tout à l'heure* » (vers 2) est un terme qui, tout en nous renvoyant dans le passé, reste vague. Le lecteur n'a pas de précisions réelles sur le moment de l'action. Cette expression peut tout aussi bien signifier « *il y a quelques heures* ou, à la limite « *il y a quelques jours* ». De toutes façons, nous sommes dans le passé récent. En effet, cette locution ne s'adapte pas à un passé lointain.

• Cette notion de passé est renforcée par les temps des verbes :

— le passé composé : « *ont... passé* » (vers 2), « *ont évoqué* » (vers 6) — qui évoquent une action achevée.

— l'imparfait « *marchaient* » (vers 15) — qui évoque une action d'une durée longue et le mouvement des personnages.

— le passé simple : « *entendit* » (vers 16) — qui évoque une action brève.

La scène dans son ensemble se situe donc dans le passé, même si les distiques 4, 5, 6, 7, au style direct, nous transportent dans le présent. A la structure en enchâssement du style direct dans un style indirect, se superpose un présent enchâssé dans un passé proche où l'on évoque un passé lointain qui n'a peut-être jamais existé.

Dans la partie description, seul le deuxième distique (vers 3-4) se trouve au présent. Cela a pour effet de rendre intemporelle la description des spectres qui, par définition, vivent dans le temps disloqué. De plus, le drame humain de la non-communication est également intemporel.

Maintenant, nous allons chercher d'autres indicateurs de

temps. Après avoir relevé ceux qui s'imposent au lecteur de façon franche, évidente, nous nous demanderons si le temps n'est pas évoqué d'une manière plus suggérée. Nous relèverons le mot «*glacé*». Cet adjectif qualificatif évoque le froid, ce qui nous permet de déduire que les deux «*spectres*» se sont retrouvés en hiver, si l'on considère que la scène se déroule dans un pays tempéré. De plus, «*glacé*» peut évoquer l'ambiance, l'atmosphère qui existe entre les deux personnages. Cette saison est rappelée au vers 15 par «*les avoines folles*» qui, effectivement, peuvent être hivernales alors que certaines variétés sont printanières. Ainsi, l'intemporel qui s'applique volontiers aux spectres se trouve lié au temporel par des remarques comme «*tout à l'heure*», «*la nuit*», mais aussi par «*les avoines folles*» qui rappellent la saison où elles arrivent à maturité.

— L'épisode du passé des personnages.

Cette histoire s'inscrit dans celle de la rencontre. Elle ne dépasse pas les frontières du dialogue. Elle représente le passé dans le passé puisqu'elle renvoie à un moment antérieur à celui de la rencontre. Ce passé lointain est évoqué par l'emploı de l'imparfait des verbes «joindre» (vers 12) et «être» (vers 13) et du passé composé du verbe «fuir» (vers 14). Toutefois, le reste du dialogue est au présent. Mais il s'agit d'un présent bien particulier qui actualise et prolonge dans l'instant du discours la situation ancienne des personnages.

Remarque sur le parti pris de l'action

Pour comprendre ce poème, on aurait pu choisir d'autres pistes telles que la nostalgie ou l'impossible amour, par exemple. Ici, le parti pris a été d'éclairer amplement l'action sous ses différents aspects. Pourquoi ? Parce que rares sont les poèmes dans l'œuvre de Verlaine qui se présentent à la manière d'une pièce de théâtre avec une partie décor et une partie dialogue.

La méthode de travail a été de procéder au recensement des indices dans la mesure où ce poème traduit un certain mystère. Mais, dans ce cas, il ne faut pas se contenter d'un simple repérage qui risquerait de déboucher sur la construction d'un « catalogue » stérile en soi. Il faut veiller à donner un sens à toutes nos remarques en ayant le souci permanent de conserver au texte son unité.

CONCLUSION

On a pu constater que le vocabulaire utilisé dans ce poème était particulièrement accessible. En fait, il s'agit d'une apparence trompeuse, car s'il est bien vrai que les mots en eux-mêmes ne justifient pas une étude lexicale approfondie, chacun d'eux, néanmoins, est porteur de multiples significations qui permettent de jouer sur le clavier des interprétations.

Dans ce texte, Verlaine a manipulé le paradoxe et a cultivé le flou en évoquant un présent d'où surgit le passé, un intemporel ponctué d'indicateurs de temps, un dialogue où s'oppose l'image des deux personnages ou bien un paysage intérieur, une double postulation inscrite dans l'âme de l'auteur.

Quand, pour résoudre le paradoxe, nous nous penchons sur la vie de l'auteur, nous avons des difficultés à retrouver des indices biographiques qui nous permettent de créer un lien avec le poème, sauf, peut-être, avec la mort d'Élisa.

En extrapolant, on peut se souvenir de la passion qu'éprouvait le poète pour sa cousine, Élisa Moncomble, fille de la sœur de sa mère, qui se maria en 1858 avec Auguste Dujardin, un riche betteravier. Élisa, qui était née en 1836, avait repoussé les assauts de Verlaine qui demeura inconsolable quand, le 16 février 1867, elle fut terrassée par une syncope. La petite histoire précise qu'il ne dessoûla pas pendant trois jours pour tenter d'oublier. Cet événement le marqua beaucoup et son « Colloque sentimental », écrit peu après ce drame affectif, trouverait peut-être sa source dans ce tragique événement. Toutefois, rien ne permet de l'affirmer. Dans cette hypothèse, l'identité des deux personnages seraient à reconsidérer. Il s'agirait d'un dialogue entre l'Amour et la Mort, entre un vivant et une trépassée, autrement dit entre Verlaine « l'exalté » et Élisa doublement cloîtrée, d'une part dans son refus à jouer avec son neveu le jeu de la passion et d'autre part dans le royaume des ombres où elle se trouve maintenant.

Cette façon de percevoir le poème est cependant très réductrice. En l'envisageant à l'opposé comme un paysage intérieur illustrant avec une extraordinaire sobriété le conflit qui existe en chacune de nos âmes entre Éros et Thanatos (l'instinct de vie et l'instinct de mort), on comprend beaucoup mieux qu'il soit devenu un chef-d'œuvre, subtil et pourtant compris par tous.

RÉCAPITULATIF DE PLAN DE COMMENTAIRE COMPOSÉ

Après examen détaillé du texte, nous allons construire notre plan de commentaire composé après avoir choisi trois centres d'intérêt. Nous aurons donc la structure habituelle :

— Introduction
- Premier centre d'intérêt.
- Deuxième centre d'intérêt.
- Troisième centre d'intérêt.

— Conclusion.

HYPOTHÈSE DE TRAVAIL POUR LE CORPS DU DEVOIR

Premier centre d'intérêt

— L'aspect théâtral et le décor
- le dialogue et ses oppositions
- l'importance du lieu

Deuxième d'intérêt

— Les personnages et leurs oppositions
- le jeu des sentiments contradictoires
- les points de convergence

Troisième centre d'intérêt

— La place du temps
- les indicateurs de temps
- le passé des personnages

La Bonne chanson

1. « J'AI PRESQUE PEUR, EN VÉRITÉ. »

La réalité éditoriale

Aucune des vingt et une pièces qui composent *La Bonne chanson* n'a fait l'objet d'une prépublication.

Ce recueil a été édité en 1870 chez Alphonse Lemerre avec un achevé d'imprimer en date du 12 juin 1870.

En 1891, Vanier réimprime le texte.

Trois poèmes, « Vœu final », « L'Écolière » et « A propos d'un mot naïf d'elle », se trouvent regroupés — dans des éditions postérieures — sous le titre *Vieilles « Bonnes chansons »*. Ces textes ne figurent pas dans les éditions de 1870 et de 1891, mais ils ont été imprimés pour la première fois en 1895 dans les *Confessions* qui paraîtront aux Éditions Fin de Siècle.

Source d'inspiration de *La Bonne chanson*

Édité à compte d'auteur et tiré à 590 exemplaires, *La Bonne chanson* est à la fois un recueil autobiographique et de circonstance. Verlaine y retrace l'histoire de l'amour qu'il porte à Mathilde Mauté. C'est l'heureuse période des fiançailles. Le poète envoie ou remet à la jeune fille, au fur et à mesure de leur composition, des poèmes qui, rassemblés, constitueront *La Bonne chanson*.

C'est à la fin du mois de juin 1869 que Verlaine rencontre la demi-sœur de son grand ami Charles de Sivry. Elle s'appelle Mathilde Mauté, elle est âgée de seize ans.

> En robe grise et verte avec des ruches,
> Un jour de juin que j'étais soucieux,
> Elle apparut souriante à mes yeux
> Qui l'admiraient sans redouter d'embûches ;
>
> Elle alla, vint, revint, s'assit, parla,
> Légère et grave, ironique, attendrie :
> Et je sentais en mon âme assombrie
> Comme un joyeux reflet de tout cela ;

Sa voix, étant de la musique fine,
Accompagnait délicieusement
L'esprit sans fiel de son babil charmant
Où la gaîté d'un cœur bon se devine.

Aussi soudain fus-je, après le semblant
D'une révolte aussitôt étouffée,
Au plein pouvoir de la petite Fée
Que depuis lors je supplie en tremblant.

La Bonne chanson, III.

Verlaine ne cesse de louer sa bien-aimée. Il lui trouve toutes les qualités, y compris celles qu'elle est peut-être loin d'avoir.

Toute grâce et toutes nuances,
Dans l'éclat doux de ses seize ans,
Elle a la candeur des enfances
Et les manèges innocents.

Ses yeux, qui sont les yeux d'un ange,
Savent pourtant, sans y penser,
Éveiller le désir étrange
D'un immatériel baiser.

Et sa main, à ce point petite
Qu'un oiseau-mouche n'y tiendrait,
Captive, sans espoir de fuite,
Le cœur pris par elle en secret.

L'intelligence vient chez elle
En aide à l'âme noble ; elle est
Pure autant que spirituelle :
Ce qu'elle a dit, il le fallait !

Et si la sottise l'amuse
Et la fait rire sans pitié,
Elle serait, étant la muse,
Clémente jusqu'à l'amitié,

Jusqu'à l'amour — qui sait ? peut-être,
A l'égard d'un poète épris
Qui mendierait sous sa fenêtre,
L'audacieux ! un digne prix

De sa chanson bonne ou mauvaise!
Mais témoignant sincèrement,
Sans fausse note et sans fadaise,
Du doux mal qu'on souffre en aimant.

La Bonne chanson, II.

Le ton du recueil

Dans la pièce II de *La Bonne chanson* que nous venons de citer, Verlaine porte témoignage de la sincérité de l'amour qu'il porte à Mathilde. Mais la jeune fille trouve que les vers de son soupirant sont «*trop forts*» pour elle. Toute l'esthétique de *La Bonne chanson* s'en ressentira. Verlaine dira, à propos de ce recueil, qu'il est «*simplement écrit*». En effet, tant par le vocabulaire, par la subtilité et la richesse de l'image que par la charge poétique, les textes qu'il dédie à Mathilde n'ont rien de commun avec ceux des *Poèmes saturniens* ou des *Fêtes galantes*.

Ce recueil est avant tout un cri pathétique et bouleversant que se lance le poète à lui-même. En effet, ses fiançailles, qui connaîtront un prolongement dans le mariage (11 août 1870), constituent pour lui le prétexte à un sursaut ultime pour éviter le grand naufrage.

En proie à la débauche et à l'alcoolisme, tout montre, par les poèmes qu'il destine à Mathilde, qu'il nourrit le désir d'épouser non seulement la jeune fille, mais encore une vie autre qui lui permettrait de fuir les forces maléfiques qui l'habitent.

L'accueil fait à *La Bonne chanson*

Outre l'éloge de Théodore de Banville dans *Le National* du 17 juillet 1870, la critique n'a pas fait grand cas de *La Bonne chanson*. Après les *Poèmes saturniens* et les *Fêtes galantes*, ce recueil a été souvent considéré comme de la poésie mièvre et fade d'un petit bourgeois soucieux, avant tout, de rentrer dans le rang.

Victor Hugo, jamais avare de bons mots, a dit que ce recueil était «*une fleur dans un obus*». La formule tombait à point nommé, si l'on peut dire, quand on songe que le 19 juillet la France entrait en guerre contre la Prusse. Pour cette raison, la mise en vente du recueil s'est trouvée retardée jusqu'en 1872.

Dans son *Verlaine, l'homme et l'œuvre*, Antoine Adam porte sur *La Bonne chanson* un jugement assez sévère :

> «Ce n'est pas par des images, ce n'est pas par la musique des mots, ce n'est pas par le rythme de sa phrase que Verlaine nous suggère alors la joie qui l'emplit. Il la *dit*, comme la disent ceux qui ne sont pas poètes. Il explique, il énumère ses raisons de craindre et d'espérer. Il s'adresse à notre intelligence. Il ne nous laisse rien à rêver.»

L'effort de Verlaine pour croire que tout est encore possible conserve cependant, dans des textes comme celui que nous avons choisi d'expliquer, quelque chose de pathétique.

1

« J'AI PRESQUE PEUR, EN VÉRITÉ »

J'ai presque peur, en vérité,
Tant je sens ma vie enlacée
À la radieuse pensée
Qui m'a pris l'âme l'autre été,

Tant votre image, à jamais chère,
Habite en ce cœur tout à vous,
Mon cœur uniquement jaloux
De vous aimer et de vous plaire ;

Et je tremble, pardonnez-moi
D'aussi franchement vous le dire,
À penser qu'un mot, un sourire
De vous est désormais ma loi,

Et qu'il vous suffirait d'un geste,
D'une parole ou d'un clin d'œil,
Pour mettre tout mon être en deuil
De son illusion céleste.

Mais plutôt je ne veux vous voir,
L'avenir dût-il m'être sombre
Et fécond en peines sans nombre,
Qu'à travers un immense espoir,

Plongé dans ce bonheur suprême
De me dire encore et toujours,
En dépit des mornes retours,
Que je vous aime, que je t'aime !

CONDITIONS DE PUBLICATION

Le texte XV de *La Bonne chanson* a directement été publié pour la première fois dans l'édition originale de 1870 sous le label d'Alphonse Lemerre. On retrouve cette pièce dans la réimpression, chez Vanier, de 1891.

Nous proposerons ci-dessous une explication synthétique, proche de celle qui est demandée pour le commentaire composé ou la lecture méthodique.

IDÉE GÉNÉRALE

Ce poème composé de six quatrains en octosyllabes est tout simplement une déclaration d'amour dans laquelle le poète dit à la personne qu'il aime toute l'importance qu'elle représente à ses yeux. L'ensemble est à première vue assez conventionnel, mais une lecture attentive montre que ce texte va bien au-delà d'un simple jeu avec les conventions.

UN JEU AVEC LES CONVENTIONS

Au terme d'une première lecture, ce poème peut en effet apparaître comme une déclaration conventionnelle, telle qu'auraient pu en faire les personnages de *Fêtes galantes*. L'amoureux, comme chez Maurice Scève ou les pétrarquisants qui suivirent, est prisonnier de la belle qu'il aime. Il affirme sa dépendance ; ainsi faut-il donner toute sa force à l'adjectif « *enlacée* » du vers 2. Le mot signifie « attachée avec un *lac* » c'est-à-dire avec un lien.

Ce thème du lien est explicité dans les strophes 3 et 4. Toujours à la façon de Pétrarque ou de ses disciples, l'amoureux se présente comme devenu l'esclave de la belle, un esclave suspendu à ses lèvres (« *un mot* », « *un sourire* », « *une parole* »), à son regard (« *un clin d'œil* ») ou à son attitude (« *un geste* »). Le ton lui-même évoque cette poésie :

« À penser qu'un mot, un sourire
De vous est désormais ma loi, »

Le thème a été maintes fois traité et Verlaine, peut-être avec une pointe d'humour, se situe dans une tradition.

D'autres éléments vont dans le même sens. Certains d'entre eux correspondent à une tendance à diviniser la femme : l'expression «*radieuse pensée*», l'idée d'une âme entièrement prise, «ravie» au sens fort de ce terme, l'allusion à quelque chose qui dépasse les contingences terrestres («*De son illusion **céleste***»). L'expression «*bonheur suprême*» comporte elle aussi quelque chose de conventionnel. Même le basculement brusque du «*vous*» au «*tu*» dans le dernier vers a déjà été maintes fois utilisé. Il le sera d'ailleurs encore par la suite, en particulier par Mallarmé.

Au terme de cette première lecture, il ne faut pas se hâter de parler de mièvrerie ou de fustiger le recours aux conventions, mais comprendre la part du jeu qui nous a fait évoquer les *Fêtes galantes*. Ce recours, sans doute distancié aux conventions, n'empêche d'ailleurs pas l'expression d'un sentiment sincère. Au travers d'anciens canevas, il est possible d'exprimer des sentiments vrais.

Une seconde lecture va cependant nous conduire plus loin que cette déclaration apparemment sincère mais s'appuyant sur les ressources léguées par la tradition.

LE THÈME DE LA PEUR

En l'examinant d'un peu plus près, on constate que, paradoxalement, cette déclaration d'amour est presque de bout en bout l'expression d'une peur. Le «*j'ai peur*» par lequel commence le poème (les premiers mots ont leur importance) concerne la totalité des deux premières strophes.

Le «*Et je tremble,…*» du vers 9 concerne la totalité des deux strophes qui suivent ; d'autres craintes sont exprimées au vers 18 où est évoqué le risque d'un «*avenir... sombre*» et au vers suivant qui parle, toujours à propos de ce futur, de «*peines sans nombre*». Le basculement se produit au vers 20 avec «*immense espoir*» relayé par «*bonheur suprême*» au vers suivant. Mais la crainte revient encore au vers 23 (l'avant-dernier) où s'exprime l'idée que l'affirmation de cet amour se fera «*En dépit des mornes retours*».

Ces «*mornes retours*», ce ne sont pas les retours de Verlaine dans un train de banlieue après une rencontre décevante avec la fiancée comme le dit un critique, mais les retours de la peur de cette inquiétude qui, lancinante, revient saper l'«*immense espoir*».

Paradoxale déclaration quand même que celle de cet homme qui, envisageant de construire sa vie avec une femme, évoque un «*avenir... sombre*», fécond «*en peines sans nombre*» et qui ne parle pratiquement que de lui. Il est vrai que, parlant de sa peur de la perdre, il lui dit toute l'importance qu'elle représente à ses yeux.

Il n'en reste pas moins que sur les vingt-quatre vers de cette déclaration d'amour, dix-neuf sont l'expression d'une peur quant à l'avenir. Et que, dans ce qui devrait avoir l'élan d'un acte de foi, domine le pressentiment d'un fiasco inévitable.

LE TRAGIQUE DE PAUL VERLAINE

Autre paradoxe de cette déclaration d'amour : elle est presque entièrement centrée sur le «*Je*» de l'amoureux et nous ne savons pratiquement rien de la personne aimée. Est-elle brune, blonde ou rousse ? Nous l'ignorons. Sa voix a-t-elle une inflexion particulière, et son regard, qu'évoque-t-il ? Le texte n'apporte aucune réponse. L'histoire littéraire nous informe qu'il s'agit d'une personne et non d'un fantasme comme dans «Mon rêve familier», mais le poème ne nous apprend rien.

Le paradoxe apparaît encore plus nettement quand on examine de près la dernière strophe :

> « Plongé dans ce bonheur suprême
> De *me* dire »... (« Que je vous aime... »)

« *De me dire...* » On attend évidemment, au terme de cette déclaration d'amour : « *De vous dire...* » (« *Que je vous aime...* ») et c'est d'ailleurs ce que de nombreux lecteurs retiennent.

Un fait de langue aussi important mérite qu'on s'y arrête et que l'on prenne en compte le renforcement qui suit (« *De me dire encore et toujours, / En dépit des mornes retours,* »). Pourquoi se le dire à lui ? Parce que devant le pressentiment d'un « *avenir... sombre* », dans ce « *bonheur suprême* » d'aimer, mais que viennent troubler les « *mornes retours* » de l'inquiétude, il faut se raccrocher à quelque chose de solide, d'irréfragable. Le futur se dessine incertain, précaire, menacé. Mais dans le présent, s'impose cette certitude d'un amour vrai ; vrai et qu'il faut pourtant réaffirmer sans cesse (« *encore et toujours* ») comme pour en conjurer la fêlure.

La dimension tragique du poème provient de cette sorte de divorce entre une destinée souhaitée et le pressentiment combattu mais toujours présent que la destinée à venir ne lui ressemblera pas.

Nous n'avons même pas l'impression de solliciter le texte quand, influencé peut-être par ce que nous savons de la suite, nous affirmons que « *mornes retours* » — outre le sens proposé plus haut — traduit le sentiment que ce bonheur, s'il est atteint, souffrira des « *mornes retours* » aux errances anciennes, ces retombées dans l'alcool, la violence où les désordres qui finiront par mettre un terme à l'union avec Mathilde.

Même si l'on refuse cette extrapolation, le caractère tragique du poème provient du divorce entre cet « *immense espoir* » voulu (« ... *je ne veux vous voir... Qu'à travers un immense espoir,* »), cet amour sans cesse réaffirmé, et le sentiment profond que semble avoir Verlaine qu'il passera à côté de ce bonheur de l'union des âmes.

La phrase qui clôt le poème, et même le poème tout entier, apparaît alors comme une conjuration contre le malheur faite par un magicien qui ne croit plus vraiment à son pouvoir. Cette pièce loin d'être une simple déclaration d'amour mièvre et conventionnelle, se présente comme une tentative désespérée pour maintenir un peu de lumière sur un astre d'où émanent quelques lueurs mais dont le poète sait, en dépit de ses efforts de dénégation, qu'il s'agit d'un astre mort ou à court terme promis à la mort.

PROLONGEMENT

En partant de cette approche thématique et en vous appuyant sur l'analyse de « Mon rêve familier », il est possible d'étudier l'énonciation dans ce poème.

Ce poème portera en tout premier lieu sur :

— les marqueurs de personnes ;
  • la place du « je » et l'implication de l'auteur ;
  • le destinataire ;

— les indicateurs de temps ;

— les indicateurs de lieux.

REMARQUE

Cet exemple de commentaire montre ce qu'il est possible de faire dans le temps limité d'une épreuve d'examen. Volontairement, nous n'avons pas voulu proposer un corrigé « infaisable » dans les conditions de l'épreuve.

Pourtant, à un niveau plus élevé, au niveau universitaire par exemple, ce commentaire devrait être étoffé par une analyse plus précise du matériau sonore. Il peut paraître en effet paradoxal de ne pas s'arrêter longuement sur cet aspect à propos d'un poète qui a souhaité « de la musique avant toute chose ».

Ce commentaire du jeu des sonorités et du rythme ne doit évidemment pas se faire dans le cadre d'une partie qui lui est spécialement consacrée. Il sera intégré à l'intérieur des trois parties qui nous ont permis de regrouper les matériaux de l'analyse.

A ce propos, nous nous permettrons de citer un extrait de la lettre d'un ami écrite à propos de ce poème :

> « Chez Verlaine (et ici notamment), le "sonore" n'est pas un matériau qui s'ajoute lourdement au sens. Sa poésie se situe sur la crête du versant "son" et du versant "sens", dans cette fameuse "inflexion" dont il parle lui-même dans "Mon rêve familier". C'est elle qui nous touche dans ce poème : la légèreté du ton, de l'aller-retour "je-vous", d'un certain maniérisme du vers, s'allie à l'expression du tragique et produit l'effet doux-amer, la savoureuse dissonance qui nous émeut. »

L'essentiel du commentaire portera justement sur cet effet de dissonance provenant d'une certaine légèreté de ton propre au madrigal — due en partie au recours à l'octosyllabe — allant de pair avec le tragique profond qui sous-tend l'ensemble du poème.

Romances sans paroles

1. « Il pleure dans mon cœur. »

2. Charleroi.

La réalité éditoriale

Ce court recueil se compose de trois sections.

— « Ariettes oubliées » : neuf pièces.

— « Paysages belges » : sept pièces.

— « Aquarelles » : huit pièces.

C'est dans *La Renaissance littéraire et artistique* du 18 mai 1872 que la première ariette paraît sous le titre « Romances sans paroles ». La cinquième ariette est publiée dans ce même périodique le 29 juin 1872.

Publications de *Romances sans paroles* du vivant de l'auteur

— 1874, à Sens, typographie de Maurice L'Hermite. Cette édition a été préparée par les soins de son ami Lepelletier alors que Verlaine est incarcéré.

— 1887, chez Léon Vanier.

— 1891, chez Léon Vanier.

— 1891, *Choix de poésies*, Bibliothèque-Charpentier. Du recueil *Romances sans paroles* figurent les « Ariettes oubliées », les « Paysages belges » sauf « Birds in the Night », qui fait suite à cette section, et « Aquarelles » sauf « Child wife ».

Le climat des *Romances sans paroles*

Ce recueil est traversé par un souffle de modernité, à commencer par les titres de certaines pièces : « Birds in the Night », « Green », « Spleen », « Streets », « Child Wife », « A poor Young Shepherd », « Beams ». Au XIXe siècle, il n'était pas rare que des poètes usent de termes anglais. Bien entendu, nous nous souviendrons du « Spleen » de Baudelaire. Mais cette mode s'est développée avec des poètes de la sensibilité moderne tels que Tristan Corbière (1845-1875) ou encore Jules Laforgue (1860-1887). Chez Verlaine, la modernité se manifeste aussi par des images d'un réalisme hardi : «*aigres cris poitrinaires*» («Child Wife», vers 11), «*les faubourgs pacifiés*» («Street II», vers 6), «*chaque wagon est un salon*» («Malines», vers 17)...

Tout au long de ce recueil, Verlaine s'applique à mettre des impressions en relief. D'ailleurs, l'évocation des «Paysages belges», desquels se dégage une discrète tristesse, s'inscrit dans la mouvance d'un impressionnisme que le poète connaissait par les peintres qu'il fréquentait.

Jules Laforgue qualifiait l'impressionnisme d'«*esthétique de l'éphémère*». Or chez Verlaine, notamment dans ses *Romances sans paroles*, il y a cette manière rapide, enlevée, fugitive de peindre, avec sa musique très personnelle, les reflets d'un paysage dans un instant de lumière précis. C'est en musicien qu'il chante l'évanescence d'un monde qui s'en va habité par des «*espérances noyées*». Cet univers typiquement verlainien est particulièrement visible dans la neuvième ariette :

L'ombre des arbres dans la rivière embrumée
Meurt comme de la fumée
Tandis qu'en l'air, parmi les ramures réelles,
Se plaignent les tourterelles.

Combien, ô voyageur, ce paysage blême
Te mira blême toi-même,
Et que tristes pleuraient dans les hautes feuillées
Tes espérances noyées !

La composition des *Romances sans paroles*

Bien qu'elles furent imprimées pour la première fois en 1874, les *Romances sans paroles* ont été écrites entre le début de l'année 1872 et les premiers mois de 1873. C'est précisément au cours de cette période que Verlaine a une vie particulièrement instable. Il brutalise Mathilde qu'il tente de tuer à plusieurs reprises, il la quitte, il la retrouve et va de disputes en réconciliations. Et quand il n'est pas avec elle, ce qui se passe le plus souvent, il se trouve avec Rimbaud, à Paris, en Belgique où il vagabonde avec lui, ou en Angleterre. Il ne cesse d'hésiter entre l'amour légitime et l'amour interdit.

En mai 1873, Verlaine confie son manuscrit à son ami Lepelletier qui reçoit la promesse d'un imprimeur de Sens de le publier dès que possible. Mais, le 10 juillet 1873, Verlaine tire deux coups de revolver sur Rimbaud. Incarcéré, il ne sortira de prison que le 16 janvier 1875. Entre-temps sortiront les *Romances sans paroles*.

Cette période, qui couvre la composition des *Romances sans paroles*, préfigure de grandes cassures : sa rupture avec Mathilde, sa violente dispute avec Rimbaud, sa conversion.

Dans sa préface au recueil, Antoine Blondin résume bien ce que fut la vie de Verlaine au moment de la composition des *Romances sans paroles* :

> « Rimbaud chassé... Rimbaud rappelé... Verlaine en ménage avec Rimbaud... Verlaine à la reconquête de Mathilde... Verlaine en fuite avec Rimbaud... Mathilde à la poursuite de Verlaine à travers la Belgique... Verlaine et Rimbaud en Angleterre... Rimbaud en fuite... Verlaine à la recherche de Rimbaud... Verlaine à la recherche de Mathilde. »

1

« IL PLEURE DANS MON CŒUR »

Il pleut doucement sur la ville.
(ARTHUR RIMBAUD)

Il pleure dans mon cœur
Comme il pleut sur la ville ;
Quelle est cette langueur
Qui pénètre mon cœur ?

Ô bruit doux de la pluie
Par terre et sur les toits !
Pour un cœur qui s'ennuie
Ô le chant de la pluie !

Il pleure sans raison
Dans ce cœur qui s'écœure.
Quoi ! nulle trahison ?...
Ce deuil est sans raison.

C'est bien la pire peine
De ne savoir pourquoi
Sans amour et sans haine
Mon cœur a tant de peine !

CONDITIONS DE PUBLICATION

Ce poème n'a pas connu de prépublication. Il paraît pour la première fois dans l'édition originale des *Romances sans paroles*, recueil achevé d'imprimé en mars 1874 sous le label de Alphonse Lemerre et réédité par Léon Vanier en 1887 et en 1891. Figure dans *Choix et poésies*, Bibliothèque-Charpentier, 1891.

« Il pleure dans mon cœur » est le texte III de la section intitulée « Ariettes oubliées ».

VARIANTES

Il ne s'agit pas d'une variante à proprement parler, mais d'une première épigraphe qui figure sur le manuscrit : « It rains, and the wind is never weary » (Il pleut et le vent n'est jamais fatigué). Cette phrase correspond au second vers de « The Rainy Day » (« Le Jour pluv'eux »), texte qui appartient à *Miscellaneous Poems*, recueil du poète américain Henry Longfellow (1807-1882).

VOCABULAIRE

Ariette

Ce mot ne figure pas dans le poème que nous allons analyser, mais « Ariettes oubliées » est le titre de la section dans laquelle se trouve ce texte. Une ariette est un terme de musique qui désigne une petite mélodie d'un caractère aimable. Mais ce mot a un autre sens qui correspond mieux aux « Ariettes oubliées » des *Romances sans paroles* de Verlaine. Il s'agit, en effet, d'une mélodie vocale assez proche de la romance qui appartient à l'art de salon.

PREMIER REGARD

En tout premier, on est surpris par l'épigraphe : « Il pleut doucement sur la ville » (Arthur Rimbaud). Ce vers de Rimbaud n'a pas été retrouvé et rien ne prouve, d'ailleurs, qu'il ait été écrit un jour. Dans son *Verlaine* (Garnier, 1969), Jacques Robichez écrit :

> « Il ne faut pas en conclure nécessairement qu'il appartienne à un poème perdu. L'intimité comporte la communauté des manies de langage, des phrases répétées à plaisir, des mots insignifiants érigés en mots de passe. Rimbaud a pu proférer quelques jours, puis répéter une constatation météorologique, élevée par son ami au rang de citation littéraire. »

La troisième des « Ariettes oubliées » — et la plus célèbre — reprend une thématique chère à Verlaine : celle du mal de vivre. Comme jadis dans les *Poèmes saturniens* (« Nevermore », « Chanson d'Automne », « Promenade sentimentale ») ou plus tard dans *Sagesse III* (texte VII, vers 1-3) :

> « Je ne sais pourquoi
> Mon esprit amer
> D'une aile inquiète et folle vole sur la mer. »

Verlaine tente d'exprimer le malaise qui est le sien, non pour l'exorciser mais pour lui donner une voix, une couleur.

De cette recherche de l'inexprimable naît une musique assourdie et inachevée : celle des « Ariettes oubliées ». Variation sur la mélancolie, elle s'égrène au fil des poèmes « *à travers un murmure* » (« Ariette II », vers 1) qui évoque tour à tour celui du « *roulis sourd des cailloux* » (« Ariette I », vers 12), « *du piano que baise une main frêle* » (« Ariette V », vers 1) ou de « *la plainte des tourterelles* » (« Ariette IX »).

De cette recherche de la musicalité naît une couleur, spécifique à chaque poème des « Ariettes oubliées » :

> « C'est vers les ramures *grises* »

(I, vers 5)

> « Et mon âme et mon cœur en délires
> Ne sont plus qu'une espèce d'œil double
> Où tremblote à travers un jour *trouble*
> L'ariette, hélas ! de toutes lyres ! »

(II, vers 5-8)

« Soyons deux enfants, soyons deux jeunes filles
Éprises de rien et de tout étonnées
Qui s'en vont *pâlir* sous les chastes charmilles
Sans même savoir qu'elles sont pardonnées. »

(IV, vers 9-12)

« Le piano que baise une main frêle
Luit dans le soir *rose et gris* vaguement, »

(V, vers 1-2)

« La lune à l'écrivain public
Dispense sa *lumière obscure*
Où Médor avec Angélique
Verdissent sur le pauvre mur. »

(VI, vers 5-8)

« Le ciel est *de cuivre*
Sans lueur aucune.
On croyait voir vivre
Et mourir la lune. »

(VIII, vers 5-8)

« Combien, ô voyageur, ce paysage *blême.* »

(IX, vers 5)

Dans cette double tonalité — couleur et musique — l'« Ariette III » se singularise par la tonalité neutre de sa couleur et de sa musique : transparence de l'eau et limpidité du vers se rejoignent et se fondent pour traduire le vide d'une conscience en proie à l'ennui.

MOUVEMENT DU TEXTE

Au niveau de la structure, le poème se découpe en quatre strophes de quatre vers (strophe carrée). Chaque strophe évoque le malaise du poète à travers un jeu étroit de correspondances, stigmatisé dès les deux premiers par une comparaison :

« Il pleure dans mon cœur
Comme il pleut sur la ville ; »

L'identification (« *pluie* » / « *larmes* ») est donc la ligne directrice du poème. Une ligne directrice qui sinue de vers en vers par le biais de la répétition, selon un phénomène d'écho cher à Verlaine.

Ce phénomène d'écho se développe à travers un réseau étroit de redites, tant sur le plan du lexique : «*mon cœur*» — et ses variantes : «*un cœur*», «*ce cœur*», apparaissent 5 fois (vers 1, 4, 7, 10, 16), «*la pluie*» — et son pendant : «*il pleut*» — apparaissent 3 fois (vers 2, 5, 8).

En ce qui concerne la rime, le poème repose sur quatre notes (*eur, uie, son, eine*) et sur la reprise systématique de la même rime au premier et au dernier vers de chaque strophe :

«*mon cœur*» / «*langueur*» / «*mon cœur ?*»
«*de la pluie*» / «*s'ennuie*» / «*de la pluie !*»
«*sans raison*» / «*trahison*» / «*sans raison.*»
«*peine*» / «*haine*» / «*peine !*»

Poésie de la monotonie et de l'ennui, l'« Ariette III » se définit elle-même comme un chant : « *Ô le chant de la pluie !* » (vers 8). C'est donc la ligne mélodique qui sert de trame au poème. Une ligne mélodique qui s'enrichit d'un système de rimes intérieures parfois approximatives («*il pleure*» / «*il pleut*», «*ce cœur*» / «*qui s'écœure*») tantôt éloignées («*toits*» / «*pourquoi*») et qui imprime au poème son rythme naïf et mélancolique.

Le recours à un mètre court et rare — tout au moins chez Verlaine — produit le même effet répétitif et fluide que dans «Chanson d'Automne», à la différence qu'il s'agit cette fois d'une cadence paire utilisée en isométrie (même nombre de syllabes dans chaque vers) et que les six syllabes combinées sur deux vers reproduisent spontanément le rythme de l'alexandrin.

Monotonie des sonorités répétées à l'infini, l'« Ariette III » est aussi un poème de l'interrogation, de l'immobilisme et de la résignation. D'où une alternance de questions/réponses, et d'exclamations sans espoir. *Il pleure dans mon cœur* est un poème de l'acceptation et de l'intraduisible.

L'exploration d'un état d'âme qui se définit, non par l'analyse de symptômes précis, mais par l'absence de tout symptôme. A l'image du deuxième vers de chaque strophe qui demeure sans écho, la pensée du poète se heurte à un double vide, que rien ne peut combler : celui du « Pourquoi ? » et du « Je ne sais pas ».

ÉTUDE SUIVIE AU FIL DES STROPHES

La concision est l'une des caractéristiques de ce poème. Dès la première strophe tout est dit, avec une économie de moyens remarquable : la pluie, les larmes, la langueur, l'interrogation, tout y est. Les trois strophes suivantes ne feront que développer et amplifier ces autres thèmes au moyen de l'alternance. Alternance du regard que porte le poète tantôt sur ce qui l'entoure (« *Il **pleut sur** la ville* », « *par terre* », « ***sur** les toits* ») tantôt sur lui-même (« *il **pleure** dans mon cœur* », « *pénètre* », « *qui s'ennuie* », « *qui s'écœure* »). Alternance des questions et des réponses…

> « Quoi ! nulle trahison ?…
> Ce deuil est sans raison. »

… et passage constant de l'interrogation à l'exclamation qui se répondent d'une strophe sur l'autre (strophes I et III : interrogation, strophes II et IV : exclamation).

STROPHE I

Le paysage est un état d'âme : la comparaison du vers 2

> « Il pleure dans mon cœur
> Comme il pleut sur la ville ; »

est là pour en témoigner. Mais par-delà la volonté de créer un rapprochement explicite entre la pluie et les larmes, c'est le mouvement du texte tout en entier qui se met en place par un système de code implicite (la pluie = les larmes, et vice versa). La référence initiale à la pluie, marquée par le «*comme*», amorce donc un phénomène d'introspection qui ira en s'amplifiant jusqu'à la fin du poème.

En exposant dès le départ les éléments indispensables à la compréhension du texte, Verlaine peut ensuite évacuer tout ce qui relève de l'explicite pour ne conserver que ce qui se rapporte à son moi profond. D'où un rétrécissement progressif du regard qu'il porte sur les choses, qui se traduit par :

— une intériorisation et une identification des sensations (toutes les fois que le lecteur verra apparaître le verbe «pleurer», il songera au verbe «pleuvoir» et ainsi de suite).

— un effacement progressif du prétexte à la mélancolie (la pluie) au profit de la mélancolie elle-même : la présence de la pluie disparaît après la strophe II et ne se manifeste plus qu'au travers des sonorités, qui s'écoulent goutte à goutte.

Le bruit de la pluie — qui imprègne tout le poème de la même façon qu'il «*pénètre*» le cœur du poète au vers 4 — puise son rythme dans la tournure impersonnelle du premier vers : «***il** pleure dans mon cœur.*» Une construction irrégulière du verbe pleurer, qui se décalque sur celle — régulière — du verbe pleuvoir et qui tout en imitant ses sonorités («*il pleure*» / «*il pleut*»), introduit cette notion de passivité, indissociable chez Verlaine de celle de la mélancolie. Le poète reçoit des impressions venues de l'extérieur, et les absorbe comme un matériau poreux, à l'image du vers qui déborde ses limites par le biais de l'enjambement pour se déverser dans le vers suivant (vers 1-2, 3-4).

La tonalité feutrée de cette première strophe, entièrement construite sur quatre sons vocaliques : *eur, eu, an, on* («*pleure*», «*dans*», «*mon*», «*cœur*», «*pleut*», «*langueur*», «*mon*», «*cœur*»), est relayée par un effet de sourdine dû à l'emploi insistant des labiales *p, m,* («***p**leure*», «***m**on*», «*co**mm**e*», «***p**leut*», «***p**énètre*», «***m**on*»). Une mélodie répétitive et lancinante, propice à la mélancolie, qui justifie l'état de «*langueur*» dans lequel est plongé le poète au vers 3 tout en annonçant l'ennui dont il sera la proie au vers 7.

Ennui, monotonie des mêmes sons répétés à l'infini, la ligne mélodique est à la fois prétexte à la tristesse et source de tristesse. La chute régulière des liquides accroît le lent clapotis de l'ennui et scande le temps qui s'étire démesurément (« ***Il pleure*** », « ***il pleut*** », « ***la ville*** », « ***Quelle*** », « ***langueur*** ».)

STROPHE II

La musique de la pluie était seulement suggérée dans la strophe I. A partir de la strophe II, elle devient une partenaire à part entière, reconnue comme telle (« ***Ô bruit doux** de la pluie* », « *Ô **le chant** de la pluie* »), et se fait plus sonore, par l'intrusion des dentales *d, t,* (« ***doux*** », « ***de*** », « ***terre*** », « ***toits*** ») qui viennent s'ajouter aux labiales *p, b,* (« ***bruit*** », « ***pluie*** », « ***pour*** », « ***pluie*** »). Plus sonore et par là-même plus insistante, la tonalité feutrée de la première strophe cède la place à des sonorités vocaliques en *ui* plus précises et plus aiguës : « ***bruits*** », « ***pluie*** », « ***s'ennuie*** », « ***pluie*** », tandis que le balancement du vers se fait plus régulier, plus harmonieux :

> « **Ô bruit doux de la pluie** (vers 5)
>
> **Pour un cœur qui s'ennuie**
> **Ô le chant de la pluie !** » (vers 7 et 8)

Une présence renforcée, donc, qui rythme la strophe et accompagne la mélancolie du poète, au sens musical du terme. Qui l'accompagne et qui l'entretient, avec une perversité toute verlainienne. C'est le même besoin de remuer le couteau dans la plaie, le même plaisir trouble né de la torture morale qui se dégageait déjà des *Poèmes saturniens* :

> « La mélancolie
> *Berce* de *doux chants*
> *Mon cœur* qui s'oublie
> Aux soleils couchants. »
>
> « Soleils couchants » (vers 3-6)

et que l'on retrouve au fil des recueils, tantôt liés au paysage :

> « Toutes mes langueurs *rêvassent*,
> Que *berce* l'air monotone. »
>
> *Romances sans paroles*, « Bruxelles », I (vers 11-12)

tantôt liés à une musique particulière :

> « Qu'est-ce que c'est que ce *berceau* soudain
> Qui *lentement dorlote* mon pauvre être ? »
>
> « *Ariettes oubliées* » V, (vers 7-8)

> « Écoutez la *chanson* bien *douce*
> Qui ne *pleure* que pour vous *plaire*. »
>
> *Sagesse* I, XVI (vers 1-2)

Berceuse, douceur, chanson, ce sont les mêmes mots qui reviennent constamment, à la façon d'un refrain familier, avec toujours cette notion de plaisir associée à celle des larmes. « *Le bruit doux de la pluie* », dont la saveur est exaltée par la postposition de l'adjectif et l'emploi répété de l'interjection à valeur vocative « *Ô bruit doux... !* » « *Ô le chant... !* » se fait l'écho du tourment délicieux qui habite le cœur du poète. Non plus « *mon* » cœur, comme aux vers 1 et 4, mais « *un* » cœur, selon un processus de dissolution de la personnalité qui ira en s'accentuant jusqu'à la fin du poème.

STROPHE III

La troisième strophe se présente comme une tentative de réponse à la question posée à la première strophe :

> « Quelle est cette langueur
> Qui pénètre mon cœur ? »

Une tentative vouée à l'échec, qui se heurte à des formules négatives : « *nulle trahison* » (vers 11) aggravées par le retour impitoyable à la rime : « *sans raison* » (vers 9, 12).

Cette volonté de comprendre l'incompréhensible se traduit par un dialogue intérieur où questions et réponses se succèdent :

« Quoi ! nulle trahison ?...
Ce deuil est sans raison. »

avec une rapidité qui en souligne le caractère inéluctable. La cadence heurtée du quatrain (2/1/1) rompt avec la monotonie des deux strophes précédentes (rythmées 2/2) et fait apparaître un sursaut : un sursaut bref et sans prolongement, puisque le dernier vers se fond à nouveau dans le balancement imprimé par le premier vers de la strophe :

« Il pleure sans raison »
« Ce deuil est sans raison. »

Cet effort pour s'analyser, pour percer les mystères d'un cœur en proie à un malaise indéfinissable, s'accompagne d'un phénomène de distanciation. Verlaine se regarde souffrir, comme on observe un malade, avec un détachement presque clinique : «***Il** pleure*» (vers 9), «***ce** cœur*» (vers 10), «***ce** deuil*» (vers 12). La forme réfléchie du verbe «écœurer» — outre sa résonance purement musicale destinée à accroître l'effet d'écœurement et d'enlisement «*Dans **ce cœur** qui **s'écœure***» — prend un aspect symptomatique : celui d'une maladie dont on surveillerait l'évolution de l'extérieur. Regard lucide, minutieux, comme en témoignent les multiples ratures qui figurent sur le manuscrit de la Bibliothèque Doucet, où Verlaine avait tout d'abord inscrit : ce cœur «*qui **s'effrite***», puis «*qui **s'y noie***», puis «*qui **s'ennuie***» avant de noter, en marge, «*qui **s'écœure***».

STROPHE IV

Le vers 11 marquait un sursaut de conscience, une velléité d'action. La dernière strophe, dans son intégrité, revient à un schéma de renoncement et d'acceptation, marqué par :

— le retour aux sonorités fluides et chuchotées des labiales : «***b**ien*», «***p**ire*», «***p**eine*», «***p**our**q**uoi*», «*a**m**our*», «***m**on*», «***p**eine*» et des nasales : «*bi**en***», «*pei**ne***», «***ne** s**ans***», «*s**ans***», «*hai**ne***», «*m**on***», «*t**ant***», «*pei**ne***» ;

— un phénomène d'écho, qui emprunte des mots ou des sonorités aux strophes précédentes : «*toits*» (vers 6) - «*pourquoi*» (vers 14) «*mon cœur*» (vers 1 et 4) - «*mon cœur*» (vers 16) ;

— le balancement du vers 15 : «*Sans amour et sans haine*», qui rappelle le rythme languissant des deux premières strophes :

« **Comme il pleut sur la ville ;** » (vers 2)
« **Qui pénètre mon cœur ?** » (vers 4)
« **Ô bruit doux de la pluie** » (vers 5)
« **Pour un cœur qui s'ennuie** » (vers 7)
« **Ô le chant de la pluie !** » (vers 8)

et qui, par sa structure binaire «*sans amour*» / «*sans haine*», ne laisse aucune place à la rébellion.

Passivité, acceptation d'une tristesse dont la cause lui échappe et le dépasse («***la pire** peine*», «***tant** de peine*»), la dernière strophe se singularise aussi par son incertitude. L'abondance des formules négatives : «*de ne savoir* pourquoi» (vers 14) «*sans **amour** et sans **haine***» (vers 15) évacue toute tentative d'explication et définit un malaise qui s'est tour à tour appelé *langueur, ennui* et *deuil* par une anti-définition : celle de l'absence et de l'oubli.

Le poème s'achève sur une démission, un aveu d'impuissance. Le «*pourquoi*» du vers 14 reste sans réponse. Seule subsiste la musique des mots et leur pouvoir enchanteur : la mélancolie l'emporte sur la raison.

ÉLÉMENTS POUR UN COMMENTAIRE COMPOSÉ

Différents centres d'intérêt sont possibles. Notre hypothèse de travail portera essentiellement sur le thème général suivant : le poème est un chant. Dans cette optique, nos trois centres d'intérêt sont :

I. ORGANISATION DU POÈME
— La découpe des vers.
— Les multiples oppositions.
— Le rôle de la ponctuation.

II. MUSIQUE DU POÈME
— Le jeu des rimes.
— Le rythme.
— Le vocabulaire.
} dans leur imbrication avec le sens

III. LE THÈME DE L'EAU
— Fusion des verbes pleurer et pleuvoir.
— Une musique de l'âme.
— Échos de tristesse et de mélancolie.

LE THÈME DE L'EAU CHEZ VERLAINE

Eau dormante, eau vive, océan, lac, pluie ou rosée, l'élément liquide occupe une place privilégiée dans la poésie de Verlaine.

Indissociable de la sensation pure, tour à tour troublée ou limpide, l'eau est avant tout un moyen de traduire une impression fugitive, un état d'âme, par un jeu de reflets.

Présence indispensable dans l'élaboration d'une atmosphère :

> **« La nuit. La pluie. Un ciel blafard qui déchiquette**
> **De flèches et de tours à jour la silhouette**
> **D'une ville gothique éteinte au lointain gris. »**

Poèmes saturniens, « Effet de nuit » (vers 1-3)

elle peut être menaçante, indomptable, frontière entre le réel et le surnaturel :

> **« L'Océan sonore**
> **Palpite sous l'œil**
> **De la lune en deuil**
> **Et palpite encore »**

Poèmes saturniens, « Marine » (vers 1-4)

ou complice, domestiquée, canalisée par la main de l'homme :

« Au calme clair de lune triste et beau,
Qui fait rêver les oiseaux dans les arbres
Et sangloter d'extase les jets d'eau,
Les grands jets d'eau sveltes parmi les marbres. »

Fêtes galantes, « Clair de lune » (vers 9-12)

Mais quelle que soit son apparence, sa fonction est avant tout musicale. Elle accompagne les sentiments du poète, les dilue dans une mélodie qui s'apparente à la chanson :

« Il pleure dans mon cœur
Comme il pleut sur la ville »

Romances sans paroles, « Ariettes oubliées » III, (vers 1-2)

« Écoutez la chanson bien douce
Qui ne pleure que pour vous plaire.
Elle est discrète, elle est légère :
Un frisson d'eau sur de la mousse ! »

Sagesse I, XXI (vers 1-4)

Fidèle compagne de la rêverie — synonyme chez Verlaine de mélancolie —, elle est tour à tour confidente :

« Tu dirais sous l'eau qui vire,
Le roulis sourd des cailloux. »

Romances sans paroles, « Ariettes oubliées » I (vers 11-12)

complice :

« Et l'esquif en sa course brève
File gaîment sur l'eau qui rêve. »

Fêtes galantes, « En bateau » (vers 14-15)

et miroir redouté d'une conscience :

« Combien, ô voyageur, ce paysage blême
Te mira, blême toi-même »

Romances sans paroles, « Ariettes oubliées » IX (vers 5-6)

A la fois alliée et menace, l'eau est chez Verlaine un symbole de l'inspiration, de la tentation du rêve, condamné à disparaître dès que la réalité devient trop vive, trop lumineuse, sous :

« Le grand soleil, complice de ma joie »

La Bonne chanson, XIX (vers 2)

Il ne s'agit, bien entendu, que de quelques extraits sur ce

thème dans l'œuvre de Verlaine. Ce choix n'est donc pas exhaustif.

Parmi les nombreux poètes qui ont consacré des textes à la pluie, il y en a un qui fut le contemporain immédiat de Verlaine. Il s'agit de Jules Laforgue (1860-1887), l'un des pères de la sensibilité moderne.

DIMANCHES

Le ciel pleut sans but, sans que rien l'émeuve,
Il pleut, il pleut, bergère ! sur le fleuve…

Le fleuve a son repos dominical ;
Pas un chaland, en amont, en aval.

Les Vêpres carillonnent sur la ville,
Les berges sont désertes, sans idylles.

Passe un pensionnat (ô pauvres chairs !)
Plusieurs ont déjà leurs manchons d'hiver.

Une qui n'a ni manchon, ni fourrures
Fait, tout en gris, une pauvre figure.

Et la voilà qui s'échappe des rangs,
Et court ! ô mon Dieu, qu'est-ce qu'il lui prend ?

Et elle va se jeter dans le fleuve.
Pas un batelier, pas un chien Terr'Neuve.

Le crépuscule vient ; le petit port
Allume ses feux (Ah ! connu, l'décor !).

La pluie continue à mouiller le fleuve,
Le ciel pleut sans but, sans que rien l'émeuve.

(*Des fleurs de bonne volonté.*)

2

CHARLEROI

CHARLEROI

Dans l'herbe noire
Les Kobolds vont.
Le vent profond
Pleure, on veut croire.

Quoi donc se sent ?
L'avoine siffle.
Un buisson gifle
L'œil au passant.

Plutôt des bouges
Que des maisons.
Quels horizons
De forges rouges !

On sent donc quoi ?
Des gares tonnent,
Les yeux s'étonnent,
Où Charleroi ?

Parfums sinistres !
Qu'est-ce que c'est ?
Quoi bruissait
Comme des sistres ?

Sites brutaux !
Oh ! votre haleine,
Sueur humaine,
Cris des métaux !

Dans l'herbe noire
Les Kobolds vont.
Le vent profond
Pleure, on veut croire.

CONDITIONS DE PUBLICATION

« Charleroi », qui est la deuxième pièce de la section intitulée « Paysages Belges », paraît la première fois dans l'édition originale des *Romances sans paroles*, en 1874, chez Alphonse Lemerre. Nous savons que ce recueil a été réédité chez Vanier en 1891.

VOCABULAIRE

Charleroi

Ville de Belgique, de l'arrondissement du Hainaut, sur la Sambre.

Kobolds

Dans les légendes germaniques, les Kobolds sont des lutins qui ont pour tâche de garder les trésors souterrains. Dans le texte de Verlaine, ils veillent sur les mines de charbon.

Sistre

Instrument de musique à percussion de l'ancienne Égypte.

PREMIER REGARD

Dans « Charleroi » — comme dans « Walcourt » — les deux poèmes qui ouvrent les « Paysages Belges », Verlaine se livre à un exercice qu'il avait déjà pratiqué dans ses « Eaux Fortes » (l'une des sections des *Poèmes Saturniens*) : celui du croquis ; « croquis parisien » semble, à cet effet, très représentatif.

CROQUIS PARISIENS

La lune plaquait ses teintes de zinc
Par angles obtus.
Des bouts de fumée en forme de cinq
Sortaient drus et noirs des hauts toits pointus.

Le ciel était gris. La bise pleurait
Ainsi qu'un basson.
Au loin, un matou frileux et discret
Miaulait d'étrange et grêle façon.

Moi, j'allais, rêvant du divin Platon
Et de Phidias,
Et de Salamine et de Marathon,
Sous l'œil clignotant des bleus becs de gaz.

Toutefois, dans « Charleroi », à la différence de ce « Croquis parisien » ou de la pièce intitulée « Marine », le paysage évoqué n'est plus le reflet trouble d'un état d'âme, mais la reproduction d'un réel dans toute sa brutalité. Le mouvement succède à l'immobilisme, l'impression sensorielle à la mélancolie, les couleurs agressives et contrastées à la lumière glauque et blafarde.

Changement de ton, changement de lumière, changement de rythme. Ce que Verlaine évoque ici, ce sont des impressions immédiates, saisies au vol et aussitôt retranscrites sur le papier, comme on jette des notes sur un carnet. Le tétrasyllabe (vers de quatre syllabes) accentue la rapidité des impressions qui se succèdent à un rythme saccadé, qui se superposent et parfois même se confondent. Les odeurs, les bruits, les éléments *giflent* le narrateur, tout comme la syntaxe hachée gifle le lecteur.

La première impression qui se dégage de « Charleroi », est donc celle d'un poème en mouvement, dans lequel on progresse à tâtons : le lecteur est à la même enseigne que les *bons juifs errants* (« Walcourt ») — entendez Verlaine et Rimbaud — qui marchent à l'aveuglette dans le noir. Griserie de l'inconnu, des sensations qui arrivent par bouffées, de l'inquiétude étrangeté de la nuit, « Charleroi » est l'illustration parfaite du billet que Verlaine adressera à la même époque à Lepelletier : « *Je voillage vertigineusement* ».

MOUVEMENT DE TEXTE

Le poème tout entier est mouvement. Les silhouettes qui apparaissent et disparaissent au détour des vers : «*les Kobolds*» (vers 2), «*un buisson*» (vers 7), «*des maisons*» (vers 10), «*des horizons*» (vers 11), «*des gares*» (vers 14) ; les couleurs qui s'allument et s'éteignent tour à tour : «*l'herbe noire*» (vers 1), les «*forges rouges*» (vers 12), «*l'herbe noire*» (vers 25) ; les bruits qui jaillissent tout près et qui s'éloignent : «*le vent profond pleure*» (vers 3-4), «*l'avoine siffle*» (vers 6), «*des gares tonnent*» (vers 14), «*cris des métaux !*» (vers 24) ; les odeurs qui s'emmêlent et se succèdent sans qu'on puisse les définir : «*Quoi donc se sent ?*» (vers 5), «*On sent donc quoi ?*» (vers 13), «*parfums sinistres*» (vers 17), «*sueur humaine*» (vers 23). Tout contribue à créer l'effet d'un kaléidoscope, comme si c'était le paysage qui défilait devant le spectateur immobile, et non le contraire.

Le tétrasyllabe hache les strophes. C'est le même mètre que dans « La lune blanche » (*La Bonne chanson*, VI) mais il n'y a rien de rêveur ici et si le «*vent pleure*», c'est pour créer une atmosphère surnaturelle, peuplée de bruits et de formes inquiétantes. Le rythme cinglant produit un effet de surprise sans cesse renouvelé, aussi bien au niveau de la rime :

«*Le vent profond / Pleure*» (rejet)
«*Un buisson gifle / L'œil au passant*» (enjambement)
«*Quels horizons / De forges rouges !*» (enjambement)
«*Quoi bruissait / Comme des sistres ?*» (enjambement)

qu'au niveau de la strophe, qui se décompose sous l'effet d'une ponctuation violente — exclamations et interrogations :

STROPHE I (rythme identique à celui des strophes III et VII)

« Dans l'herbe noire
Les Kobolds vont.
Le vent profond
Pleure, on veut croire. »

STROPHE II (rythme identique à celui de la strophe V)

« Quoi donc se sent?
L'avoine siffle.
Un buisson gifle
L'œil au passant. »

STROPHE IV (rythme identique à celui de la strophe VI)

« On sent donc quoi?
Des gares tonnent,
Les yeux s'étonnent,
Où Charleroi? »

ou encore à l'intérieur même du vers, où une syllabe unique se détache très souvent :

« *Quoi* donc se sent? » (vers 5)

« On sent donc *quoi*? » (vers 13)

« *Où* Charleroi? » (vers 16)

« *Quoi* bruissait » (vers 19)

« *Oh!* votre haleine » (vers 22)

Rythme décousu, presque haletant, mais qu'encadre une structure rigoureuse : rimes embrassées (a b b a), alternance féminines/masculines dans un mouvement de va-et-vient perpétuel (f m m f / m f f m), reprise de la première strophe à la fin du poème, à la façon d'un refrain.

ÉLÉMENTS POUR UN COMMENTAIRE COMPOSÉ

I. UNE NUIT SANS LUNE

Univers sombre, mystérieux, « Charleroi » se distingue de l'autre paysage belge, « Walcourt », dont il reprend le mètre, par ses teintes contrastées, et son atmosphère angoissante. En nous plongeant dans les ténèbres, le premier vers « *Dans l'herbe noire* », nous plonge également dans un monde surnaturel, peuplé d'ombres. Les « *Kobolds* » qui rôdent au vers 2 nous entraînent à leur suite dans un monde de légendes, creusé de souterrains, où dorment des trésors jalousement gardés.

Univers fabuleux, à mi-chemin entre le rêve et la réalité : telle est la caractéristique de « Charleroi ». Sur des impressions abruptes, nées d'une réalité vécue, se greffent des sensations parallèles, surgies de l'imagination du promeneur. Le noir de l'herbe est celui de la nuit et de la patine du charbon. Le monde souterrain que hantent les Kobolds est aussi celui des puits de mine. Le vent qui pleure évoque les sanglots du peuple qui vit sous terre (« *profond* »).

Chaque strophe se lit donc à deux niveaux : un niveau purement visuel, qui reflète une sensation à l'état brut, et une vision intérieure, qui est en fait la traduction personnelle qu'en donne le poète. Toute la subtilité de « Charleroi » consiste à juxtaposer ces deux visions — l'une objective, l'autre subjective — pour qu'elles ne fassent plus qu'une.

Ce double jeu est rendu possible par la complicité d'une absente : la lune. Fidèle compagne de la poésie verlainienne, elle s'efface ici pour permettre toutes les interprétations, toutes les fantaisies. De son absence naît la sensation pure et l'interprétation. Bruits, odeurs, toucher, seront tout au long du poème les seuls repères du promeneur aveugle. Nous sommes très loin des *guinguettes claires* et accueillantes de « Walcourt » et de ses *gais chemins*.

Progression à tâtons dans un paysage plongé dans l'obscurité : de tous les poèmes de Verlaine, « Charleroi » est sans doute celui qui est le plus propice à la technique de la *méprise* (« Art poétique », vers 6).

Sensations brutales, surgies d'un environnement invisible : l'indécis se joint constamment au précis par le biais de la juxtaposition. Ce refus de toute transition se caractérise tantôt par des strophes où les verbes abondent :

« Quoi donc se *sent* ?
L'avoine *siffle*.
Un buisson *gifle*
L'œil au passant.

> On *sent* donc quoi ?
> Des gares *tonnent*.
> Les yeux *s'étonnent*,
> Où Charleroi ? »

tantôt par des strophes entièrement nominales, où le verbe est absent et où les noms s'allient pour former des rapprochements inattendus :

> « Plutôt des bouges
> Que des maisons.
> Quels horizons
> De forges rouges !
>
> Sites brutaux !
> Oh ! votre haleine,
> Sueur humaine,
> Cris des métaux ! »

Technique de la surimpression, où chaque sensation empiète sur la suivante, où la réalité est sans prolongement, remplacée presque instantanément par une autre qui s'efface à son tour. Ce système de relais est assuré par la répétition, qui crée un phénomène d'écho à la fois obsédant et inquiétant : « *Quoi donc se sent ?* » (vers 5) ; « *On sent donc quoi ?* » (vers 13) ; « *Parfums sinistres !* » (vers 17) ; « *Oh ! votre haleine* » (vers 22) ; « *L'œil au passant* » (vers 8) ; « *Les yeux s'étonnent* » (vers 15) ; « *Où Charleroi ?* » (vers 16).

II. L'ART DE LA FUGUE

Poésie de la pluralité, des impressions qui entrent en collision, « Charleroi » est aussi et surtout l'évocation d'une fugue à deux. Si les fugueurs ne sont pas nommés et si leur présence se réduit au regard qu'ils promènent sur le paysage (« *Les yeux s'étonnent* », vers 15) et aux sursauts que leur arrachent les bruits de la nuit (« *Qu'est-ce que c'est ?* » [vers 18] « *Quoi bruissait* » [vers 19] etc.), le poème est néanmoins très fortement marqué par l'empreinte de Rimbaud et par le contexte très particulier de l'escapade en Belgique.

La notion d'évasion, d'aventure, est indissociable des « Paysages belges » et de « Charleroi » en particulier. C'est la précarité même de leur situation, l'incertitude de l'avenir, qui confère au poème cette saveur de l'immédiat. A travers cette boulimie de sensations qui s'apparentent au vertige (cf. «*Je voillage vertigineusement*») se dessine un présent tantôt gai et insouciant, marqué par l'exclamation comme dans «Walcourt»,tantôt angoissé et incertain marqué par l'interrogation comme dans «Charleroi».

Griserie de l'Aventure qui se traduit par le refus du banal au profit de l'étrange, de l'insolite. La réalité, telle qu'elle transparaît au fil des strophes, est pourtant sans ambiguïté : des voyageurs égarés avancent dans la nuit au milieu d'un champ d'avoine. Ils s'empêtrent dans des buissons, et longent des habitations peu accueillantes. Les feux des usines, qui se détachent dans le lointain, leur amènent tout un cortège de bruits et d'odeurs qui les surprennent. Le fracas d'un train qui passe tout près mais qu'ils ne peuvent voir les fait sursauter. Une scène qui pourrait être banale, mais que le regard de Verlaine transpose en y insérant des éléments de suspense, d'angoisse et de surnaturel.

Le paysage de Charleroi, déformé par la nuit, devient alors un univers fantastique et la marche paisible des promeneurs prend des allures de descente aux enfers. L'environnement délibérément hostile agresse physiquement les promeneurs : «*L'avoine siffle*» de façon menaçante, «*un buisson gifle*» méchamment le passant, les habitations ont un aspect louche et inquiétant : «*Plutôt des bouges que des maisons*», les feux des usines deviennent d'étranges brasiers «*rouges*», les odeurs sont «*sinistres*», l'acier pousse des «*cris*».

Un univers maléfique dont l'homme est curieusement absent. Réduit à sa condition de «*passant*» (dont la préposition «*au*» souligne la présence éphémère : celui qui passe), il subit sans réagir les agressions multiples de la nuit. Ce sont «*les yeux*» qui s'étonnent, les odeurs qui «*se*» font sentir. L'action est tout entière du côté de la nuit et de ses manifestations imprévisibles (l'avoine «*siffle*», un buisson «*gifle*», des gares «*tonnent*», «*cris*» des métaux). Le narrateur, lui, disparaît derrière une avalanche de questions qui restent sans réponse.

Une vision démoniaque des environs de Charleroi, qui reflète non seulement l'état d'esprit du narrateur (inquiétude, incertitude, angoisse) mais aussi et surtout la personnalité de son compagnon de fugue : Rimbaud. Ainsi que le souligne J. Robichez dans son introduction aux *Romances sans paroles* :

> «C'est bien Rimbaud que suit Verlaine, lorsqu'il dénoue les liens de la syntaxe, substitue l'exclamation à la proposition structurée, laisse passer en désordre dans le champ de sa conscience impressions et sensations.»

Cette emprise de Rimbaud (Verlaine voulait lui dédier les *Romances sans paroles*) se traduit tout au long de «Charleroi» par des hardiesses de langage, proches de l'incorrection : *Quoi bruissait, Où Charleroi ?*. L'expression systématiquement contractée débouche sur un renouvellement des modes descriptifs. Il ne s'agit plus de peindre la chose, mais l'effet qu'elle produit :

> « Un buisson gifle
> L'œil au passant...
> Des gares tonnent...
> Les yeux s'étonnent
> Où Charleroi ?... »

L'exultation de la fugue et de l'aventure, ajoutée au sentiment grisant d'être «*hors d'atteinte*» créent le rythme si particulier de «Charleroi» : celui d'une fuite en avant, dans l'espace et dans la poésie.

III. LA SENSATION À L'ÉTAT BRUT

Poésie de la nuit, de l'inconnu et de l'errance, «Charleroi» est aussi — et par voie de conséquence — une poésie de la sensation et de la violence cachée.

Sensations concrètes, mais dont les effets se perdent parfois dans la nuit, à l'image des «*Kobolds*» qui «*vont*», à la première et à la dernière strophe, sans que soit précisée leur destination. Les impressions subjectives, qui relèvent de l'association :

« Le vent profond
Pleure, on veut croire. »

(vers 3-4)

« Plutôt des bouges
Que des maisons. »

(vers 9-10)

« Quels horizons
De forges rouges ! »

(vers 11-12)

« Quoi bruissait
Comme des sistres ? »

(vers 19-20)

alternent avec des impressions concrètes, directement perçues : «*L'avoine **siffle***» (vers 6), «*Un buisson **gifle***» (vers 7).

Cette alternance se retrouve au niveau de la détermination, par le jeu des articles : «***L'****avoine*» - «***Un*** *buisson*» - «***L'****œil*» (strophe II) ; «***Des*** *gares*» - «***Les*** *yeux*» (strophe IV).

Et par la profusion des questions, qui restent sans réponse : «*Quoi donc se sent ?*» (vers 5), «*On sent donc quoi ?*» (vers 13), «*Où Charleroi ?*» (vers 16), «*Qu'est-ce que c'est ?*» (vers 18), «*Quoi bruissait*» (vers 19).

Sensations réduites à leur plus simple expression, qui font irruption à l'intérieur du vers sans avoir recours à la détermination : «*Sites brutaux*» (vers 21), «*Sueur humaine*» (vers 23), «*Cris des métaux*» (vers 24) ou qui se diluent dans une pluralité inquiétante : «*Quels horizons*» (vers 11), «*Des gares*» (vers 14), «*Parfums sinistres*» (vers 17), «*Sites brutaux*» (vers 21).

Ce déferlement de sensations surgies d'un environnement étranger, donc hostile («*parfums **sinistres***») se traduit par l'agressivité des verbes : «*des gares **tonnent***», «*l'avoine **siffle***», «*un buisson **gifle***», et des sonorités : les *k* craquent (***K**obolds*), les *r* et les *g* grondent (*forges **rouges***), les *s* sifflent («***s**iffle*», «***s**ent*», «***s**'étonnent*», «***s**i**s**tre*»).

> « Parfums sinistres !
> Qu'est-*ce* que *c'*est
> Quoi bruissait
> Comme des sistres ? »

Les sonorités sombres et inquiétantes, en *o* et en *a* avec leur variante en *an, on, oua* dominent tout le poème.

Agressivité des sonorités qui claquent dans la nuit et dont l'écho est amplifié par l'emploi du tétramètre : chaque syllabe se détache avec violence. La brièveté des questions, raccourcies à l'extrême : «*Où Charleroi ?*» «*Quoi bruissait*», le déplacement constant de l'accent tonique, qui porte tantôt sur la première syllabe du vers : «***Quoi** donc se sent ?*», «***Quoi** bruissait ?*», «***Où** Charleroi ?*», «***Oh !** votre haleine*», tantôt sur la dernière : «*On sent donc **quoi** ?*», «*Un buisson **gifle***», «*Qu'est-ce que **c'est ?***» imposent leur rythme au poème et créent un effet de surprise permanente. Le narrateur — et le lecteur — n'ont pas le temps de s'habituer à un phénomène qu'il est déjà remplacé par un autre. Pour preuve : l'emploi de l'imparfait au vers 19 (le seul du poème) : «*Quoi bruiss**ait***», qui évoque le bruit *après* qu'il a eu lieu et *avant* qu'il ait pu être analysé.

Agressivité, violence, «Charleroi» pourrait se définir comme un poème du sursaut et de l'imprévisible, à l'image des questions posées en langue populaire qui, tout en traduisant la brutalité d'un monde deviné, l'ombre, font resurgir un langage instinctif et naïf : celui de la peur du noir.

ÉTUDE COMPARÉE

Il est intéressant de comparer le poème de Verlaine «Charleroi» avec la pièce de Rimbaud intitulée «Bruxelles». En effet, les deux poètes vivaient ensemble en Belgique et, au fil de leur chevauchée vagabonde, ils jalonnaient leurs étapes de poèmes, comme pour juxtaposer sur un itinéraire des impressions. Ils ont donc partagé au même moment, et dans des circonstances semblables, les mêmes paysages. L'objectif de cette étude est de déceler les influences, de rechercher les parentés, de mettre en évidence les différences dans leur manière d'être réceptifs, dans leurs impressions, dans leurs sentiments. Les couleurs utilisées par l'un et par l'autre ne correspondent-elles pas à des indicateurs qui permettent, au même titre que le choix des mots, de mesurer la différence entre deux états de sensibilité qui se retrouvent dans la notation des impressions plus ou moins fugitives, plus ou moins appuyées ? Ces constats vous aideront à conduire à bien — en y incorporant d'autres éléments — votre étude comparée.

Bruxelles

Boulevart du Régent, Juillet.

Plates-bandes d'amarantes jusqu'à
L'agréable palais de Jupiter.
— Je sais que c'est Toi, qui, dans ces lieux,
Mêles ton Bleu presque de Sahara !

Puis, comme rose et sapin du soleil
Et liane ont ici leurs jeux enclos,
Cage de la petite veuve !...
Quelles
Troupes d'oiseaux ! ô iaio, iaio !...

— Calmes maisons, anciennes passions !
Kiosque de la Folle par affection.
Après les fesses des rosiers, balcon
Ombreux et très-bas de la Juliette.

— La Juliette, ça rappelle l'Henriette,
Charmante station du chemin de fer
Au cœur d'un mont comme au fond d'un verger
Où mille diables bleus dansent dans l'air !

Banc vert où chante au paradis d'orage,
Sur la guitare, la blanche Irlandaise.
Puis de la salle à manger guyanaise
Bavardage des enfants et des cages.

Sagesse

1. « Les faux beaux jours ont lui. »
2. « Le ciel est par-dessus le toit. »

Fenêtre du duc qui fais que je pense
Au poison des escargots et du buis
Qui dort ici-bas au soleil. Et puis
  C'est trop beau ! trop ! Gardons notre silence.

— Boulevart sans mouvement ni commerce,
Muet, tout drame et toute comédie,
Réunion des scènes infinie,
Je te connais et t'admire en silence.

Est-elle almée ?... aux premières heures bleues
Se détruira-t-elle comme les fleurs feues...
Devant la splendide étendue où l'on sente
Souffler la ville énormément florissante !

C'est trop beau ! c'est trop beau ! mais c'est nécessaire
— Pour la Pêcheuse et la chanson du Corsaire,
Et aussi puisque les derniers masques crurent
Encore aux fêtes de nuit sur la mer pure !

Juillet 1872.

UN POÈME DE VERLAINE SUR LE MÊME THÈME

« Walcourt », situé à environ vingt-cinq kilomètres de Charleroi, est le premier poème de la section intitulée « Paysages belges » alors que « Charleroi » est le deuxième. Ce texte, plus descriptif que celui qui fait l'objet de notre étude, représente une sorte de tableau peint en touches délicates. Il se rapproche peut-être davantage, dans son articulation, du « Bruxelles » de Rimbaud.

WALCOURT

Briques et tuiles,
Ô les charmants
Petits asiles
Pour les amants !

Houblons et vignes,
Feuilles et fleurs,
Tentes insignes
Des francs buveurs !

Guinguettes claires,
Bières, clameurs,
Servantes chères
À tous fumeurs !

Gares prochaines,
Gais chemins grands...
Quelles aubaines,
Bons juifs-errants !

Juillet 72.

La réalité éditoriale

- La première édition de *Sagesse* est datée de 1881, même si, dans la réalité, le recueil est sorti au début du mois de décembre 1880 sous le label de la Société générale de Librairie catholique, ancienne maison Victor Palmé. Là encore, il s'agit d'un compte d'auteur (tirage : 500 exemplaires environ).

- 1889 : deuxième édition, chez Vanier (1 100 exemplaires) avec deux poèmes nouveaux : « *Toutes les amours de la terre* » et « *Sainte Thérèse veut* ». Par contre, cette édition ne contient pas la pièce « Tournez, tournez, bons chevaux de bois ».

- 1893 : troisième édition, chez Vanier.

Genèse et destinée de *Sagesse*

Quand paraît *Sagesse* (1881), Verlaine n'a rien publié depuis 1874. Plus que pour aucun autre de ses recueils, l'édition de cette œuvre se trouve étroitement liée à sa vie. Rappelons que le 16 janvier 1875, il sort de prison (Mons en Belgique). Il se trouvait incarcéré depuis le 10 juillet 1873 pour avoir tiré deux coups de revolver sur Rimbaud. Or, en août 1874, Verlaine se convertit et se met à écrire des pièces d'inspiration religieuse. En prison, il prépare un recueil de vers qui s'intitule *Cellulairement*. A sa sortie, suivie de son expulsion de Belgique, il fait parvenir, en plusieurs livraisons, ses textes à son ami Ernest Delahaye (1853-1930), lequel était un ami de Rimbaud. Ces envois s'échelonnent entre la fin du mois de mai 1875 et le 26 octobre 1875 Au départ, Verlaine envisage de se faire imprimer à Charleville. Mais bientôt il renonce à la publication de ce recueil. Il va désarticuler cet ensemble et incorporer les textes dans différents autres recueils : sept dans *Sagesse*, treize dans *Jadis et Naguère*, huit dans *Parallèlement*, un dans *Dédicaces*, deux dans *Invectives* et un qui ne sera pas repris.

En fait, la composition de *Sagesse* comprend des textes écrits entre 1873 et 1880 et classés sans respecter l'ordre chronologique.

Même s'il s'agit d'un recueil sans unité absolue, ou avec une apparente harmonie, *Sagesse* se caractérise avant tout par l'affirmation d'une foi retrouvée et une inspiration religieuse. Mais Verlaine, poète de la confidence et interprète sincère de la vérité intérieure qui l'envahit, n'est pas un homme soucieux de bien faire cadrer l'authenticité de ses sentiments avec un comportement digne de rassurer la critique et ce en dépit de la « Préface » de la première édition.

PRÉFACE

DE LA PREMIÈRE ÉDITION

L'auteur de ce livre n'a pas toujours pensé comme aujourd'hui. Il a longtemps erré dans la corruption contemporaine, y prenant sa part de faute et d'ignorance. Des chagrins très mérités l'ont depuis averti, et Dieu lui a fait la grâce de comprendre l'avertissement. Il s'est prosterné devant l'Autel longtemps méconnu, il adore la Toute-Bonté et invoque la Toute-Puissance, fils soumis de l'Église, le dernier en mérites, mais plein de bonne volonté.

Le sentiment de sa faiblesse et le souvenir de ses chutes l'ont guidé dans l'élaboration de cet ouvrage qui est son premier acte de foi public depuis un long silence littéraire : on n'y trouvera rien, il l'espère, de contraire à cette charité que l'auteur, désormais chrétien, doit aux pécheurs dont il a jadis et presque naguère pratiqué les haïssables mœurs.

Deux ou trois pièces toutefois rompent le silence qu'il s'est en conscience imposé à cet égard, mais on observera qu'elles portent sur des actes publics, sur des événements dès lors trop généralement providentiels pour qu'on ne puisse voir dans leur énergie qu'un témoignage nécessaire, qu'une *confession* sollicitée par l'idée du devoir religieux et d'une espérance française.

L'auteur a publié très jeune, c'est-à-dire il y a une dizaine et une douzaine d'années, des vers sceptiques et tristement légers. Il ose compter qu'en ceux-ci nulle dissonance n'ira choquer la délicatesse d'une oreille catholique : ce serait sa plus chère gloire comme c'est son espoir le plus fier.

Paris, 30 juillet 1880.

En effet, quand paraît *Sagesse*, Verlaine est repris par une tendance très marquée pour l'ivrognerie et par une vie assez dissolue. De plus, en 1880, pour mettre le point final a son recueil, il s'installe dans une ferme qu'il vient d'acheter à Juinville, près de Réthel. Il y vit en compagnie de Lucien Létinois (1861-1883), l'un de ses élèves. La critique n'est pas disposée à prendre en compte sans réticences l'admirable et bouleversante confession du poète. Elle juge le poète sur le comportement de l'homme et en cela elle se trompe. Elle aurait souhaité trouver un Verlaine du renouveau après sa conversion, mais du renouveau sur le plan de son mode de vie. En fait, le Verlaine d'après 1874 a bien accompli une renaissance mais qui se joue à un autre niveau que sur le plan du quotidien. Voilà la raison pour laquelle *Sagesse* hérita d'un épais silence au moment de sa sortie.

1

« LES FAUX BEAUX JOURS ONT LUI »

Les faux beaux jours ont lui tout le jour, ma pauvre âme,
Et les voici vibrer aux cuivres du couchant.
Ferme les yeux, pauvre âme, et rentre sur-le-champ :
Une tentation des pires. Fuis l'Infâme.

Ils ont lui tout le jour en longs grêlons de flamme,
Battant toute vendange aux collines, couchant
Toute moisson de la vallée, et ravageant
Le ciel tout bleu, le ciel chanteur qui te réclame.

Ô pâlis, et va-t'en, lente et joignant les mains.
Si ces hiers allaient manger nos beaux demains ?
Si la vieille folie était encore en route ?

Ces souvenirs, va-t-il falloir les retuer ?
Un assaut furieux, le suprême sans doute !
Ô, va prier contre l'orage, va prier.

CONDITIONS DE PUBLICATION

Ce poème, comme les autres de ce recueil, n'a fait l'objet d'aucune prépublication. Du vivant de Verlaine, il a donc été publié dans les différentes éditions de *Sagesse.*

VARIANTES

Vers 4 : infâme (sans majuscule).

Vers 14 : sur le manuscrit figure la mention marginale « Césure à changer ».

LE THÈME

Comme bon nombre de poèmes de *Sagesse*, « *Les faux beaux jours* » traduit une incertitude : celle d'une conscience écartelée entre le souvenir vivace du passé, et l'aspiration à la paix. Il s'agit donc d'un poème de la « *tentation* » (vers 4) qui s'exprime à travers une métaphore : « *l'orage* » (vers 14), et qui prend la forme d'un dialogue du poète avec son âme.

Cette « *tentation des pires* » (vers 4), par opposition à la sécurité des « *beaux demains* » (vers 10), est l'une des constantes de *Sagesse.* Liée au souvenir, elle réapparaît au fil du recueil avec la soudaineté fulgurante d'une vision :

> **« Beauté des femmes, leur faiblesse, et ces mains pâles »**
>
> *Sagesse* I, V (vers 1)

> **« Voix de l'Orgueil : un cri puissant comme d'un cor.**
> **Des étoiles de sang sur des cuirasses d'or »**
>
> *Sagesse* I, XIX (vers 1-2)

> **« Nuit-câline aux frais traversins »**
>
> *Sagesse* III, VIII (vers 11)

> **« Mais j'ai fait un pacte**
> **Qui va m'enlaçant**
> **À la faute noire »**
>
> *Sagesse* III, II (vers 123-125)

Ambiguïté du remords qui s'apparente au regret, le «*pire*» à l'attrait du fruit défendu et se signale par des couleurs éclatantes, beaucoup plus séduisantes que les teintes monochromes de la conversion («*le ciel tout bleu*», vers 8). «*Les faux beaux jours...*» (vers 1) reflète cette ambiguïté tout en laissant entrevoir le trébuchement d'une conscience tentée par le bien mais irrésistiblement attirée par ses vieux démons «*la vieille folie*»; (vers 11).

MOUVEMENT DU TEXTE

Le poème se présente sous la forme d'un sonnet régulier: quatorze vers répartis en deux quatrains à rimes embrassées, sur deux rimes, et un agencement de type ccd ede de type traditionnel.

Régularité de la forme à laquelle s'ajoute la régularité du mètre employé: l'alexandrin, consacré dans ce type de poème par Du Bellay dans ses *Regrets*. «*Les faux beaux jours*» manifeste donc un retour à une versification classique, à l'image du poète qui souhaite rentrer dans le rang et intégrer une normalité.

Le poème se développe à travers une succession de mouvements tantôt lents tantôt rapides, qui trahissent l'effroi d'une âme prête à succomber. La permanence de la tentation: «*tout le jour*» (vers 1 et 5), «*en longs grêlons*» (vers 5), s'oppose aux convulsions de l'âme du poète, marquées par des actions rapides et désordonnées: «*rentre sur-le-champ*» (vers 3), «*Fuis l'Infâme*» (vers 4), «*et va-t'en*» (vers 9), «*va prier*» (vers 14).

Ce mouvement contraire : avancée menaçante des souvenirs d'une part, recul du poète de l'autre, se traduit par un emploi répété de la conjonction de coordination «*et*» — tentative dérisoire pour introduire un semblant de stabilité dans un univers qui vacille — ainsi que par un phénomène d'écho dû aux répétitions, qui traduit la progression inexorable du passé : «*Les faux beaux jours ont lui tout le jour*» (vers 1) // «*Ils ont lui tout le jour*» (vers 5) «*Le ciel tout bleu, le ciel chanteur*» (vers 8), et l'angoisse du poète qui s'accroche à ses résolutions : «*ma pauvre âme*» (vers 1) // «*pauvre âme*» (vers 3) «*Ô va prier... va prier*» (vers 14).

Le recours à un poème à forme fixe, la métaphore de l'orage qui se décline jusqu'au dernier vers, les reprises, le poids des articulations : tout montre que «*Les faux beaux jours*» est un poème réfléchi, écrit non sur une impulsion, mais à partir d'une impulsion. Les sentiments sont organisés, le pathétisme orchestré.

I. LES HIERS

La tentation du passé, l'angoisse d'une rechute éventuelle, s'expriment dès le premier vers : «*Les faux beaux jours ont lui tout le jour, ma pauvre âme,*». Tentation d'une beauté trompeuse («*les **faux** beaux jours*») qui se manifeste à travers une métaphore : celle de la lumière. Une tentation d'autant plus redoutable qu'elle s'impose au regard du poète «*Ferme les yeux*» (vers 3) en se superposant à une autre *lumière* : celle de l'espoir et de la conversion :

> « ... ravageant
> Le ciel tout bleu, le ciel chanteur qui te réclame »
>
> (Vers 7-8)

Perversion de la lumière, qui s'accompagne de l'éclat factice mais séduisant du verbe *luire*. Un verbe que l'on retrouve à plusieurs reprises dans *Sagesse*, associé à une idée de bonheur inaccessible :

> « Sur la route en poussière où tous les pieds ont lui »
>
> *Sagesse* I, VI (vers 6)
>
> « L'espoir luit comme un brin de paille dans l'étable »
>
> *Sagesse* III, III (vers 1)
>
> « Les coqs des clochers des villages
> Luisent crûment sur les nuages. »
>
> *Sagesse* III, XI (vers 7-8)

> « L'or des pailles s'effondre au vol siffleur des faux
> Dont l'éclair plonge, et va luire, et se réverbère. »

Sagesse III, XX (vers 5-6)

Une tentation qui revêt la couleur rouge : «*aux cuivres du couchant*» (vers 2), «*en longs grêlons de flamme*» (vers 5) — une couleur d'autant plus fascinante qu'elle est souvent porteuse d'obsession et de rêve chez Verlaine — et qui déferle dans la conscience du poète de la même façon qu'elle déferle à l'intérieur du deuxième quatrain par le biais de l'enjambement :

> « ... Couchant
> Toute moisson de la vallée, et ravageant
> Le ciel tout bleu... »

(Vers 6-8)

Présence envahissante qui s'insinue également dans son subconscient à travers des sonorités obsédantes :

> « *Les* f*aux* b*eaux* *jours* ont lui tout le jour... »

(vers 1)

> « Et les voi*ci* vib*r*er aux cu*ivr*es du couchant »

(vers 2)

> « I*l*s *on*t *l*ui t*ou*t *l*e j*ou*r en *long*s grê*lon*s de f*l*amme »

(vers 5)

Présence destructrice, enfin, qui prend la forme d'un cataclysme balayant tout sur son passage : «*battant*», «*couchant*» (vers 6) «*ravageant*» (vers 7) et dont la puissance n'a pas de limites : «***tout** le jour*» (vers 1 et 5), «***toute** vendange*» (vers 6), «***toute** moisson*» (vers 7) «*le ciel **tout** bleu*» (vers 8).

II. LA BREBIS ÉGARÉE

Le poème tout entier repose sur une double métaphore : celle de l'orage des passions et de l'agneau qui fuit la tempête. Une métaphore biblique qui se développe au fil des vers, à travers une série de manifestations météorologiques :

— L'éclair : « *Et les voici vibrer aux cuivres du couchant* » (vers 2)

— La foudre : « *en longs grêlons de flamme* » (vers 5)

— La tempête : « *Un assaut furieux, le suprême, sans doute !* » (vers 13)

Et qui n'est pas sans rappeler les plaies d'Égypte (Exode, 7-12), en particulier la septième :

> « L'Éternel envoya le tonnerre et la grêle, et le feu du ciel tombait sur la terre [...] Il tomba de la grêle et du feu mêlé à la grêle [...] La grêle frappa, dans tout le pays d'Égypte, tout ce qui se trouvait dans les champs, depuis les hommes jusqu'aux animaux. La grêle tomba aussi sur toutes les herbes des champs et brisa tous les arbres de la campagne. »

Métaphore biblique qui prend appui sur des mots symboliques : la *vendange* et la *moisson* représentent le vin et le blé de l'Eucharistie (cf. « *C'est la fête du blé* » Sagesse III, XX, vers 1) ; « *le ciel tout bleu* » incarne l'aspiration à la Foi et à la Paix, la vallée évoque les verts pâturages.

Au milieu de cet univers balayé par le souffle corrompu du passé, l'image de l'agneau pourchassé par l'orage apparaît donc comme une allégorie du pécheur en proie à la tentation. La note figurant sur le manuscrit de Kessler est à cet égard sans ambiguïté : « *Paris 8bre 1875. Sur le bord d'une rechute* ». Cette angoisse d'une rechute possible se solde par une réaction désespérée : la fuite et l'oubli.

La fuite est en effet un élément moteur dans ce poème où les verbes de mouvement abondent : « *Fuis* » (vers 4) « *va-t'en* » (vers 9), « *va* » (vers 14). A la progression inexorable des souvenirs « *Si la vieille folie était encore en route ?* » (vers 11) répond le repli précipité « *sur-le-champ* » (vers 3) d'une conscience désarmée : « *ma **pauvre** âme* » (vers 1).

Ce désarroi d'une âme qui se sent traquée s'exprime à travers le rythme heurté du vers, haché par la ponctuation : « *Ferme les yeux, pauvre âme, et rentre sur-le-champ :* »

(vers 3) « *Ô pâlis, et va-t'en, lente et joignant les mains* » (vers 9) « *Ô va prier contre l'orage, va prier* » (vers 14).

Et par des phrases entièrement nominales, qui traduisent la violence des pensées, dans toute leur fulgurante brièveté :

> « **Une tentation des pires. Fuis l'Infâme.** » (vers 4)
> « **Un assaut furieux, le suprême, sans doute !** » (vers 12)

et qui s'opposent à la longue évocation du deuxième quatrain.

Tentative désespérée pour chasser « *ces souvenirs* » qu'il va « *falloir retuer* », l'oubli apparaît très vite comme une solution tout aussi caduque que la fuite. Le « *Ferme les yeux* » du vers 3 — qui s'apparente à un réflexe puéril destiné à exorciser une peur — est aussi le bandeau que l'on met sur les yeux d'un animal pour lui cacher le danger. Ce refus de regarder la réalité en face, cette fuite en lui-même se solde inévitablement par un échec, la pensée relayant la vision pure. D'où une série de questions que l'absence de repères visuels rend plus angoissantes encore :

> « **Si ces hiers allaient manger nos beaux demains ?** »
> (vers 10)
> « **Si la vieille folie était encore en route ?** »
> (vers 11)
> « **Ces souvenirs va-t-il falloir les retuer ?** »
> (vers 12)

Angoisse qui débouche sur une autre forme d'oubli, la tentation spirituelle cherchant à se substituer à la « *tentation des pires* » : « *va prier* » (vers 14). Recours ultime à la prière, qui apparaît une fois encore comme le seul refuge possible pour « *le vaincu qu'on assiège* » (Sagesse I, II vers 25).

III. LES BEAUX DEMAINS

Le poème tout entier repose sur l'opposition passé / avenir. A la lumière sans ambiguïté des demains : «*Le ciel tout bleu*», s'oppose celle, apocalyptique et convulsée, des hiers : «*aux cuivres du couchant*», «*en longs grêlons de flamme*». Opposition fragilisée par le parallélisme des deux constructions : «*les* ***faux beaux*** *jours*» // «*les* ***beaux*** *demains*», et par l'interpénétration du passé dans le présent :

> « Les faux beaux jours *ont lui tout le jour...* »
> « *Et les voici* vibrer... »

Confusion entre un passé non révolu qui empiète sur le présent et un présent marqué par l'incertitude (Si la vieille folie était encore en route?) qui n'est pas encore ancré dans l'avenir («*Ces souvenirs, va-t-il falloir les retuer ?*». Le poème se présente comme un cauchemar éternellement recommencé : «*encore*» (vers 11), «*re*tuer» (vers 12).

La présence dévorante du passé «*Si ces hiers allaient* ***manger*** *nos beaux demains*» (vers 10), qui ne suspend son offensive qu'au dernier vers, laisse planer une menace sur les «*beaux demains*». Une menace d'autant plus intense que ces beaux demains n'existent que dans l'esprit du poète et qu'ils n'ont aucune réalité tangible, la prière n'étant qu'une étape transitoire pour accéder à un futur indéterminé.

Le doute exprimé par le vers 13 : «*Un assaut furieux, le suprême, sans doute !*» exprime en toutes lettres ce que le poème se contentait de suggérer : à savoir que l'échec est au bout du chemin. Dès lors, l'angoisse contenue dans les premiers vers prend toute sa valeur et le recours à la prière n'apparaît plus comme une solution, mais comme un refuge illusoire. La banalité des expressions qui traduisent la Foi : «*le ciel chanteur qui te réclame*» (vers 8) et la naïveté des gestes associés à la prière : «*Ô pâlis, et va-t'en, lente et joignant les mains*» (vers 9) donnent à penser que Verlaine attend de la Foi un salut immédiat, bien plus qu'une éternité *post-mortem*, et annoncent l'échec d'une conversion qui ne stimule plus la créativité du poète, mais la fige.

Les faux beaux jours ont un attrait que n'auront jamais les beaux demains, en raison même de leur beauté vénéneuse. Le passé redouté et haï reste la seule source de poésie, ainsi qu'il l'avouera avec impuissance dans *Sagesse* I, III (vers 41-44) :

« N'as-tu pas, en fouillant les recoins de ton âme,
Un beau vice à tirer comme un sabre au soleil,
Quelque vice joyeux, effronté, qui s'enflamme
Et vibre et darde rouge au front du ciel vermeil ? »

2

« LE CIEL EST PAR-DESSUS LE TOIT »

Le ciel est, par-dessus le toit,
Si bleu, si calme !
Un arbre, par-dessus le toit,
Berce sa palme.

La cloche, dans le ciel qu'on voit,
Doucement tinte.
Un oiseau sur l'arbre qu'on voit
Chante sa plainte.

Mon Dieu, mon Dieu, la vie est là,
Simple et tranquille.
Cette paisible rumeur-là
Vient de la ville.

— Qu'as-tu fait, ô toi que voilà
Pleurant sans cesse,
Dis, qu'as-tu fait, toi que voilà,
De ta jeunesse ?

CONDITIONS DE PUBLICATION

Ce poème n'a fait l'objet d'aucune prépublication. Il est la sixième pièce de la partie III de *Sagesse*. Rappelons simplement les éditions parues du vivant de Verlaine dans lesquelles figure toujours ce poème :

— 1881 : Société générale de Librairie catholique, à Paris, et l'Ancienne maison Gomaere, à Bruxelles.

— 1889, chez Léon Vanier.

— 1893, chez Léon Vanier.

VARIANTES

Vers 2 : « *si calme* » a remplacé « *si **beau*** » qui figurait sur le manuscrit.

Dans l'édition originale, il n'y a pas de virgules au vers 9.

ADAPTATION

Ce poème a été mis en musique par Gabriel Fauré.

PREMIER REGARD

Ce qui surprend, à la première lecture, c'est la grande économie de moyens utilisée par Verlaine pour écrire ce poème.

Dans cette pièce, la musique est prioritaire, tant par le choix des mots que par les répétitions de la rime. En effet, on remarque d'emblée que l'auteur reprend la rime du premier vers de chaque quatrain au troisième vers. Cette répétition de la rime fait songer aux chansons populaires. On remarque également que, dans le premier quatrain, Verlaine fait état de sensations visuelles et, dans le deuxième quatrain, de sensations auditives.

Évocation d'un bonheur perdu, «*Le ciel est par-dessus le toit*» est un poème qui s'inscrit dans une double réalité : celle d'un présent immédiat rythmé par les petits riens du quotidien (le frémissement d'un arbre, le son d'une cloche, le chant d'un oiseau) et celle du poète lui-même, marquée par le remords de l'isolement.

Isolement physique et mental : «*Le ciel est par-dessus le toit*» est aussi un poème de l'enfermement. On ne peut pas aborder le texte sans rappeler qu'il fut composé alors que Verlaine était incarcéré à la prison des Petits-Carmes, en Belgique, pour avoir attenté à la vie de Rimbaud. De la même façon, on ne peut pas passer sous silence le récit qu'il fit de cette période de sa vie dans *Mes prisons* :

> «Par-dessus le mur de devant ma fenêtre (j'avais une fenêtre, une vraie ! munie, par exemple, de longs et rapprochés barreaux), au fond de la si triste cour où s'ébattait, si j'ose ainsi parler, mon mortel ennui, je voyais, c'était en août, se balancer la cime aux feuilles voluptueusement frémissantes de quelque haut peuplier d'un square ou d'un boulevard voisin. En même temps m'arrivaient des rumeurs lointaines, adoucies de fête (Bruxelles est la ville la plus bonhommement rieuse et rigoleuse que je sache)... »

Les notations concernant le décor — la fenêtre, l'arbre, les rumeurs lointaines de fête — sont autant d'indications qui permettent de mesurer le travail de dépouillement et de transposition poétique auquel s'est livré Verlaine, à partir d'une réalité vécue. Le reste — le mur de la prison, la cour, les barreaux de la fenêtre — n'est intéressant que dans la mesure où Verlaine n'y fait aucune allusion dans son poème. Tout ce qui se rapporte à l'univers carcéral est soigneusement passé sous silence, de sorte que le «*Le ciel est par-dessus le toit*» apparaît non seulement comme un poème de l'inaccessible mais aussi comme une poésie du non-dit.

MOUVEMENT DU TEXTE

Le poème se développe selon un dessin linéaire très simple : celui du regard de Verlaine. Une strophe pour évoquer le décor : le ciel, le toit, l'arbre. Une strophe pour évoquer les bruits associés à ce décor : la cloche, un oiseau. Une strophe pour marquer l'éloignement. Et une strophe pour en tirer les conclusions : le regard du poète sombre en lui-même. On retrouve donc un schéma typiquement verlainien, décomposé en trois temps : regard / écoute / méditation.

Ce principe directeur du regard qui observe, analyse puis se tourne vers lui-même est particulièrement marqué ici. Tout le poème est construit autour d'une succession de plans tantôt larges, tantôt rapprochés. Chaque plan est relié au suivant par un élément du décor, qui sert de référence visuelle :

— Le toit renvoie au ciel (vers 1) et à l'arbre (vers 3).
— Le ciel renvoie à la cloche (vers 5).
— L'arbre renvoie à l'oiseau (vers 7).

La double référence au «*toit*» (strophe I) et au verbe «voir» (strophe II) cristallise le regard sur un point précis. La troisième strophe, en revanche, traduit un recul marqué par l'adverbe «*là*» (vers 9 et 11) et par la préposition «*de*» (vers 12). A la vision pure se substituent des termes beaucoup plus abstraits : «*la vie*» (vers 9), «*la ville*», (vers 12) «*la rumeur*» (vers 11) qui relèvent de l'interprétation et débouchent tout naturellement sur la prise de conscience de la quatrième strophe, marquée par la proximité : «*toi que voilà*» (vers 13 et 15).

La trajectoire du regard qui part d'un point élevé («*le ciel*») pour descendre progressivement en lui-même («*toi*») s'accompagne d'une tension psychologique croissante : le déroulement serein et fluide des deux premières strophes (avec une prédominance du rythme 2/6) subit une légère accélération au début de la strophe III («*Mon Dieu, mon Dieu...*») avec un rythme 2/2/4, avant de sombrer dans une cadence heurtée et syncopée « *Dis, qu'as-tu fait, toi que voilà* » avec un rythme 1/3/4.

APPROCHE THÉMATIQUE

I. LA FENÊTRE

Le décor évoqué dans les deux premières strophes s'organise autour d'un schéma syntaxique simple : sujet / complément de lieu / verbe / complément d'objet, dont la reprise souligne le dénuement. Il ne s'agit pas à proprement parler d'une description — les termes employés sont trop vagues, trop symboliques pour cela — mais plutôt d'une sélection imposée par des obstacles : « *le toit* », « *l'arbre* ». Le regard du narrateur bute constamment sur ces obstacles, même s'il s'efforce de les contourner en levant les yeux ou en recourant à l'interprétation (« *Cette paisible rumeur-là / Vient de la ville.* »).

Cet horizon figé, dont on n'entrevoit que des pans étriqués (« *dans le ciel qu'on voit* »), pris entre les lignes verticales (l'arbre) ou horizontales (le toit), suppose un immobilisme forcé du narrateur, une vision étroite et limitée, inhabituelle chez Verlaine, qui embrasse généralement d'un seul coup les couleurs, les odeurs, les formes mouvantes et dont les impressions s'accompagnent presque toujours d'une dynamique liée au trajet :

> « **La lune plaquait ses teintes de zinc**
> **Par angles obtus**
> **..**
> **Moi, j'allais, rêvant du divin Platon...** »

Poèmes saturniens, « Croquis parisien »
(Vers 1-2 et 9)

> « **Tels ils *marchaient* dans les avoines folles,**
> **Et la nuit seule entendit leurs paroles.** »

Fêtes galantes, « Colloque sentimental »
(Vers 15-16)

« Le paysage dans le cadre des portières
Court furieusement [...] »

La Bonne chanson, VII (Vers 1-2)

« Comme les arbres des féeries
Des frênes, vagues frondaisons,
Échelonnent mille horizons
À ce Sahara de prairies,
Trèfle, luzerne et blancs gazons. »

Romances sans paroles « Malines »
(Vers 5-9)

Vision restrictive, donc, qui procède par plans successifs et qui s'accroche à des détails isolés (le toit et non les maisons, la palme et non les branches), eux-mêmes réduits à l'essentiel par leur singularité : *le* toit, *un* arbre, *sa* palme, *la* cloche, *un* oiseau, *sa* plainte. L'alternance des articles définis et indéfinis : *Le* ciel, *Un* arbre, *La* cloche, *Un* oiseau, *L'*arbre, reproduit le va-et-vient d'un regard qui passe du concret à l'abstrait (le ciel, la cloche, la rumeur), d'un plan éloigné à un plan rapproché (*un* arbre, *l'*arbre).

Ces fragments de décor, qui se réduisent à un triangle : le ciel, le toit, et l'arbre, reviennent constamment au fil des vers, ou se renvoient mutuellement l'un à l'autre, comme si le regard du narrateur n'avait pas d'autre point de repère. C'est ce triple écueil, toujours le même, qui crée une impression de confinement, de séparation entre deux mondes : celui du narrateur (marqué par le « *voilà* » des vers 13 et 15, au sens fort du terme = vois + là) et celui d'un ailleurs, (marqué par le « *là* » des vers 9 et 11, au sens de « là-bas »), et dont « *le toit* » serait la ligne frontière.

Le décor évoqué par Verlaine dans le poème est donc un paysage morcelé, relié à la réalité par des éléments immuables, suffisamment vagues pour avoir figure de symbole : le ciel, la cloche, l'arbre, et délibérément situé sur un plan vertical : « ***par-dessus** le toit* », « ***dans** le ciel* », « ***sur** l'arbre* ». Ce mouvement ascensionnel associé à un horizon limité dans l'espace et barré par une ligne frontière suggère implicitement que le narrateur se trouve dans un lieu isolé et resserré, entrouvert sur l'extérieur par une découpe étroite : celle d'une fenêtre.

Suggérer sans expliciter : tout l'art de Verlaine réside dans ce procédé. On mesurera la dimension poétique du texte en rappelant les premiers mots du récit déjà cité extrait de *Mes prisons* : « *Par-dessus le mur de devant ma fenêtre (j'avais une fenêtre, une vraie ! munie, par exemple, de longs et rapprochés barreaux)...* » Le toit s'est substitué au mur, et les barreaux — comme la fenêtre — se sont envolés. Il ne reste plus que l'impression pure : celle d'un univers tout proche, mais inaccessible.

II. LA PALME

Dans ce decor réduit à quelques découpes symboliques, la « *palme* » du vers 4 et le mouvement berceur qui s'y rattache font figure d'emblème.

Le rythme du poème est à l'image du balancement de l'arbre : serein et sans heurt. Le mètre choisi : l'octosyllabe, allié au vers de quatre syllabes, restitue la cadence familière de l'alexandrin, tout en privilégiant les retours à la rime, selon une technique chère à Verlaine (cf. « Chanson d'Automne », et « Sérénade » des *Poèmes saturniens*, « A Clymène », et « Colombine » des *Fêtes galantes*, *La Bonne chanson* V, « Ariette IX » et « Streets » de *Romances sans paroles*, Sagesse I, XIII, XIV, Sagesse III, VII...).

Le rythme 8/4 imprime une respiration particulière au poème, par un effet d'impulsion (8) et d'amorti (4). Un mouvement décroissant, donc amplifié tout au long des deux premières strophes par la place de l'accent tonique dans les octosyllabes : Le ciel, Un arbre, La cloche, Un oiseau, et par l'effet de sourdine inhérent au « e » muet des vers de quatre syllabes (rimes féminines) : calm(e), palm(e), tint(e), plaint(e).

Fluidité et douceur du rythme sur lequel se greffe la résonance feutrée des allitérations :

« Le ciel est, par-dessus le toit,
Si bleu, si calme !
Un arbre, par-dessus le toit,
Berce sa palme. »

Et l'écho assourdi des sonorités en « on », « an », « in » :

« La cloche dans le ciel qu'on voit,
Doucement tinte.
Un oiseau sur l'arbre qu'on voit
Chante sa plainte. »

Un réseau sonore savamment dosé, qui restitue les impressions suggérées par le paysage : paix et sérénité d'une part, éloignement et « *rumeur* » de l'autre.

Ces suggestions auditives sont relayées par un lexique conçu à l'image du vers 10 : « *simple et tranquille* ». Les trois premières strophes, en effet, sont construites autour d'une même idée : celle d'un univers empreint de douceur et d'harmonie. Le poème décline cette notion à l'infini : « *calme* » (vers 2), « *berce* » (vers 4), « *simple et tranquille* » (vers 11) — à noter : l'emploi de la conjonction de coordination « *et* », la seule de tout le poème, qui confère au vers une harmonie toute particulière — paisible (vers 11). L'adverbe « *doucement* », qui remplit à lui seul la presque totalité du vers 6 feutre le son de la cloche, de la même façon que le chant de l'oiseau (vers 8) est feutré par la « *plainte* ».

Harmonie des mots qui se renvoient les uns aux autres, immobilisme du temps figé dans un présent voué à un éternel recommencement et que rythment à l'infini le balancement de l'arbre et le son de la cloche, « *Le ciel est par-dessus le toit* » est aussi un poème du dépouillement et de la pureté des lignes.

En effet, le ciel « *si bleu, si calme* », renvoie à un univers limpide, transparent, étrangement lumineux dans un paysage verlainien où les ciels sont toujours — ou presque — noyés dans la clarté trouble de la lune ou du couchant. Si le grand jour est rare dans la poésie verlainienne, il traduit généralement une angoisse liée à une menace latente, un bonheur fugitif condamné à disparaître. C'est la même lumière que dans « Spleen » (vers 5-6) (*Romances sans paroles*) :

> « Le ciel était trop bleu, trop tendre,
> La mer trop verte et l'air trop doux. »

Menace imprécise, donc, mais que temporisent :

— la présence symbolique de l'arbre, dont les racines s'enfoncent profondément dans le sol et dont la cime s'élance vers la sérénité ;

— le message de paix délivré par le tintement de la cloche (cf. dans une tonalité tout à fait différente la dernière strophe de « L'angélus du matin », *Jadis et naguère*) et par l'image de la palme ;

— la silhouette amie de l'oiseau, compagnon fidèle des poésies de Verlaine (cf. les *Poèmes saturniens* : « Nevermore », « Le rossignol », « Promenade sentimentale » ; *Les Fêtes galantes* : « Clair de lune », « Mandoline » ; *Romances sans paroles* : « Ariette IX »).

Dépouillement extrême, choix du détail qui prend des allures de symbole : « Le ciel est par-dessus le toit » est une vision après-coup d'une réalité vécue. La transmutation poétique fait abstraction de l'aspect concret des choses pour n'en conserver que la silhouette et la portée suggestive : le « haut peuplier » du récit de *Mes prisons* devient un arbre, et « sa cime » une « *palme* ».

III. LES LARMES

Le malaise qui se cachait dans les deux premières strophes derrière le ciel si bleu, si calme (= trop bleu, trop calme), la plainte de l'oiseau et l'immobilisme anormal du paysage, trouve son éclosion dans les deux dernières strophes à travers trois thèmes étroitement liés : l'exclusion, le remords et les larmes.

Le sentiment d'exclusion était déjà présent dans le début du poème, mais de façon suggestive : la découpe étroite du décor, limitée à un pan de ciel, laissait supposer que le poète se trouvait dans un lieu fermé, isolé. Dans la troisième strophe, l'exclusion devient tout à fait explicite par l'emploi de l'adverbe de lieu « *là* » dont la répétition (vers 9 et 11) désigne avec insistance un ailleurs à la fois proche et inaccessible. Un ailleurs d'autant plus proche qu'il porte un nom : « *la ville* » (vers 12) et qu'il a une existence sonore : la « *rumeur* ».

Cette proximité presque tangible qui transparaissait dans les deux premières strophes à travers les sonorités assourdies de la cloche et de la plainte de l'oiseau, s'amplifie ici par un réseau d'oppositions renvoyant à deux réalités distinctes : celle d'un « là-bas » et celle d'un « ici ». Le « là-bas » se définit concrètement par des termes positifs : « *la vie* », « *calme* », « *simple* » et « *tranquille* », « *paisible* », et renvoie implicitement à un « ici » négatif, non formulé mais présent. « *La vie* » qui suit son cours de l'autre côté du toit n'a de réalité que par rapport à l'univers morbide et cloisonné du poète prisonnier, de même que sa douceur sereine n'a de valeur que par rapport au tumulte et au désespoir qui l'habitent.

Ce désespoir, marqué par le remords et le regret, se traduit par un changement de ton. La fluidité des premières strophes cède la place à un rythme heurté, emphatique :

> « **Mon Dieu, mon Dieu, la vie est là** » (vers 9)
> « **Dis, qu'as-tu fait, toi que voilà,** » (vers 15)

et à un pathétique lié au tutoiement dramatique, et à l'emploi du vocatif :

> « **Qu'as-tu fait, ô toi que voilà** » (vers 13)

Méditation désespérée sur un bonheur perdu à travers l'opposition passé / présent (« *Qu'as-tu fait* / toi que *voilà* ») qui prend la forme d'un dialogue avec lui-même : Verlaine se prend directement à parti : « *toi* » (alors qu'il s'était réfugié jusqu'ici derrière la neutralité du « on ») et se juge sans complaisance : l'emploi de l'impératif « *Dis* » marque la distance méprisante du regard qu'il porte sur lui-même.

Regard lucide d'un homme conscient de sa faiblesse, « *Le ciel est par-dessus le toit* » est aussi la confession sans indulgence d'une âme qui se connaît trop bien : les larmes du vers 14, qui remplissent tout le vers, excluant toute idée de révolte et d'action au profit d'une passivité complaisante, s'inscrivent dans une thématique verlainienne que l'on retrouve, par exemple, dans « Chanson d'Automne » (vers 10-12) :

« Je me souviens
Des jours anciens
Et je pleure ; »

Verlaine sera le premier à railler de tels épanchements, notamment dans Sagesse I, III :

« Ou si d'avoir pleuré t'a détrempé le cœur ? » (vers 30)

« ... avec l'aggravation d'être
Une sorte à présent d'idyllique engourdi
Qui surveille le ciel bête par la fenêtre... » (vers 33-35)

Poésie de l'isolement, du remords et de l'aspiration à la liberté, « *Le ciel est par-dessus le toit* » est avant tout une poésie du dépouillement et de la pudeur. Les sentiments s'expriment à travers la pureté des lignes et des sonorités dont ils ne conservent que des impressions. Poème de la suggestion, du non-dit, il reste ouvert sur une question, la même que s'était déjà posée Musset avant lui dans « Nuit d'août » :

« Qu'as-tu fait de ta vie et de ta liberté ?
Qu'as-tu fait, mon amant, des jours de ta jeunesse ? »

VERS UNE ÉTUDE COMPARÉE

Nous allons procéder ici à une étude comparée avec le poème IV de la section intitulée « A la Santé » de *Alcools* de Guillaume Apollinaire. Il ne s'agit pas de comparer les deux textes mot à mot ou vers à vers. Il convient de dégager les dominantes communes aux deux poèmes et de mettre en évidence les points de convergences et les points de divergences. Apollinaire a écrit le poème qui suit alors qu'il était à la prison de la Santé à Paris.

IV

Que je m'ennuie entre ces murs tout nus
Et peints de couleurs pâles
Une mouche sur le papier à pas menus
Parcourt mes lignes inégales

Que deviendrai-je ô Dieu qui connais ma douleur
Toi qui me l'as donnée
Prends en pitié mes yeux sans larmes ma pâleur
Le bruit de ma chaise enchaînée

Et tous ces pauvres cœurs battant dans la prison
L'Amour qui m'accompagne
Prends en pitié surtout ma débile raison
Et ce désespoir qui la gagne

AUTRES TEXTES SUR LE MÊME THÈME

Le milieu carcéral ne fait pas exclusivement référence à la prison. Il y a également l'hôpital psychiatrique… Le texte qui figure ci-dessous est du poète Germain Nouveau (1851-1920). Il était parti à Londres avec Rimbaud (1874) et devait se lier d'amitié avec Verlaine converti (1875).

En mai 1891, alors qu'il enseignait au lycée Janson-de-Sailly, Germain Nouveau s'était déchaussé avant de réciter des prières et de faire une croix sur le sol avec sa langue. Il fut conduit à Sainte-Anne, puis interné à Bicêtre d'où il écrivit son poème « Aux Saints ».

AUX SAINTS

Si tous les matins de nos fêtes,
Nous chantions tous avec amour
Sur les harpes des saints prophètes
Nos prières qui sont parfaites,
Je ne serais pas dans la cour.

Si nous récitions nos prières
Dans le crépuscule du soir
Avec des lèvres régulières,
Avant d'allumer les lumières,
Je ne serais pas au chauffoir.

Si, les yeux remplis de beaux songes,
Nous demandions, quand vient le jour,
Au ciel qui voit tous nos mensonges
L'humble foi du pêcheur d'éponges,
Je ne serais pas dans la cour.

Et quand la lampe s'est éteinte,
Si nous sentions sur nos lits noirs
La caresse d'une aile sainte,
Attendant que l'Angélus tinte,
Je ne serais pas au dortoir.

Si l'homme s'oubliait lui-même
Pour ses frères, comme un retour
Des bienfaits du Seigneur qui l'aime,
Qui le marque de son Saint-Chrême,
Je ne serais pas dans la cour ;

Et si nous, les fous de Bicêtre,
Nous avions fait notre devoir,
Le devoir dicté par son prêtre,
Nous serions au parloir peut-être,
Ce ne serait pas ce parloir.

Sans le diable qui nous malmène,
Nul, avec les yeux de son corps,
N'aurait vu ma figure humaine
Dans la cour où je me promène
Et dans le dortoir où je dors.

(*Bicêtre, 1891*)
(*Valentines et autres vers*)

Nous retournons avec Apollinaire dans la section de *Alcools* intitulée « A la Santé ». Il s'agit des pièces III et VI qui, avec la IV déjà citée pour les besoins dc notre étude comparée, sont assez représentatives du thème traité.

III

Dans une fosse comme un ours
Chaque matin je me promène
Tournons tournons tournons toujours
Le ciel est bleu comme une chaîne
Dans une fosse comme un ours
Chaque matin je me promène

Dans la cellule d'à côté
On y fait couler la fontaine
Avec les clefs qu'il fait tinter
Que le geôlier aille et revienne
Dans la cellule d'à côté
On y fait couler la fontaine

VI

J'écoute les bruits de la ville
Et prisonnier sans horizon
Je ne vois rien qu'un ciel hostile
Et les murs nus de ma prison

Le jour s'en va voici que brûle
Une lampe dans la prison
Nous sommes seuls dans ma cellule
Belle clarté Chère raison

Septembre 1911

ÉCRIRE À L'OMBRE

En liaison avec ce thème de l'écrivain en prison, nous signalons l'existence d'une revue de qualité dont les textes sont fournis par des détenus. Il s'agit de la revue *Liralombre*, revue trimestrielle éditée par l'association LIRE, C'EST VIVRE, 4, rue Saint-Saëns, 75015 Paris.

Jadis et Naguère

1. Art poétique.

La réalité éditoriale

Des quarante-sept pièces qui composent ce recueil, nombre d'entre elles connurent une prépublication dans divers périodiques : *La Gazette rimée, Le Hanneton, La Revue des lettres et des arts, La Nouvelle Némésis, Le Parnasse contemporain, La Renaissance littéraire et artistique, La Nouvelle Rive gauche, Paris-Moderne, La Revue critique, La Libre Revue, Lutèce.*

Cette énumération permet de constater au passage l'importance qu'ont eue ces revues dans la vie littéraire de l'époque.

La première édition est faite chez Vanier en 1884 (500 exemplaires). Vanier réédite l'ouvrage en 1891. Le tirage est alors de 1 100 exemplaires.

Le climat de *Jadis et Naguère*

Pour bien comprendre le climat de *Jadis et Naguère*, il faut connaître le désarroi dans lequel se trouve Verlaine quand il donne à Vanier ce recueil très disparate, composé de textes écrits il y a plusieurs années — certains d'entre eux remontent à quinze ans — et d'autres beaucoup plus récents. C'est la hâte qui préside à ce choix. Tout se passe comme si le poète s'achemine vers un déclin qu'il sent proche. Toutefois, la part du rêve demeure très présente. Désemparé par la mort de son ami Lucien Létinois (7 avril 1883), renié par les parnassiens, il vit une bien triste période de transhumance, de grande pauvreté, d'ivrognerie et de débauche.

Dans ce recueil, c'est un poète de l'urgence qui s'exprime. Il ne faut donc pas rechercher une continuité, une cohérence, un chant aux tonalités suivies et bien orchestrées. Verlaine semble pressé de donner à partager ses passions mortes, à commencer par Rimbaud, son *« radieux péché »*. *Jadis et Naguère* est porteur de poignants accents de nostalgie, mais constitue avant tout une courageuse confidence. Les deux premiers quatrains de son « Prologue » à *Jadis* donnent bien le ton :

« En route, mauvaise troupe !
Partez, mes enfants perdus !
Ces loisirs vous étaient dus :
La Chimère tend sa croupe.

Partez, grimpés sur son dos,
Comme essaime un vol de rêves
D'un malade dans les brèves
Fleurs vagues de ses rideaux. »

1

ART POÉTIQUE

ART POÉTIQUE

À Charles Morice.

De la musique avant toute chose,
Et pour cela préfère l'Impair
Plus vague et plus soluble dans l'air,
Sans rien en lui qui pèse ou qui pose.

Il faut aussi que tu n'ailles point
Choisir tes mots sans quelque méprise :
Rien de plus cher que la chanson grise
Où l'Indécis au Précis se joint.

C'est des beaux yeux derrière des voiles,
C'est le grand jour tremblant de midi,
C'est, par un ciel d'automne attiédi,
Le bleu fouillis des claires étoiles !

Car nous voulons la Nuance encor,
Pas la Couleur, rien que la nuance !
Oh ! la nuance seule fiance
Le rêve au rêve et la flûte au cor !

Fuis du plus loin la Pointe assassine,
L'Esprit cruel et le Rire impur,
Qui font pleurer les yeux de l'Azur,
Et tout cet ail de basse cuisine !

Prends l'éloquence et tords-lui son cou !
Tu feras bien, en train d'énergie,
De rendre un peu la Rime assagie.
Si l'on n'y veille, elle ira jusqu'où ?

Ô qui dira les torts de la Rime ?
Quel enfant sourd ou quel nègre fou
Nous a forgé ce bijou d'un sou
Qui sonne creux et faux sous la lime ?

De la musique encore et toujours !
Que ton vers soit la chose envolée
Qu'on sent qui fuit d'une âme en allée
Vers d'autres cieux à d'autres amours.

Que ton vers soit la bonne aventure
Éparse au vent crispé du matin
Qui va fleurant la menthe et le thym...
Et tout le reste est littérature.

* * *

CONDITIONS DE PUBLICATION

« Art poétique » a été publié la première fois dans *Paris Moderne* le 10 novembre 1882. Ce poème est la treizième pièce — le prologue compris — de *Jadis et Naguère*.

VARIANTES

— Vers 1 : *« De la* ***Musique****... »* (*Paris Moderne*, 1882).

— Vers 3 : *« Plus* ***souple****... »*. Sur le manuscrit *« vague »* surcharge *« souple »*.

— Vers 4 : *« Sans rien en lui qui pèse* ***et*** *qui pose. » (Cellulairement)* lettre au poète Léon Valade (1841-1884), *Paris Moderne*.

— Vers 14 : *«* ***Plus*** *la couleur... » (Cellulairement).*

— Vers 25 : *«* ***Oh*** *! qui dira... »*

— Vers 28 : *« Qui sonne* ***faux et creux****... »* (*Cellulairement*, lettre à Léon Valade).

— Vers 32 : *«* ***Sous*** *d'autres cieux... »* (lettre à Léon Valade).

LES VERS DE *CELLULAIREMENT*

Cellulairement est le titre d'un recueil de Verlaine qui devait être imprimé à Charleville en 1875. On retrouve des poèmes entiers ou des vers avec quelques variantes dans *Sagesse* et dans *Jadis et Naguère*.

LA DÉDICACE

Verlaine dédie son « Art poétique » au poète et critique Charles Morice (1861-1919). Cette dédicace ne figure pas dans la prépublication de 1882. C'est même à cette occasion que Charles Morice, sous le pseudonyme de Karl Mohr, publie, le 10 novembre 1882, un article très sévère, dans *La Nouvelle Rive Gauche*, sur Verlaine qu'il accuse d'hermétisme et de trop grand mépris à l'égard de la rime. Cet article contribua à la renommée de Verlaine. Quant à Charles Morice, il deviendra, un mois plus tard, un fervent admirateur du poète qu'il avait éreinté.

LES « ARTS POÉTIQUES »

Au fil des âges, depuis l'Antiquité, les poètes de différents pays, de différents creusets culturels, ont ressenti le besoin de s'exprimer sur l'essence et la forme de la poésie. Ils ont énoncé leurs propres théories poétiques, leurs règles, leur esthétique. Parfois leurs propos sont contradictoires, parfois ils tiennent lieu de conseils et leur art poétique ressemble plutôt à une manière, pour le poète, de se comporter dans la vie. Ainsi, Jules Laforgue (1860-1887), avec l'ironie qui le caractérise, commence par ces vers sa pièce intitulée « Simple agonie » :

> « Allons, dernier des poètes,
> Toujours enfermé tu te rendras malade !
> Vois, il fait beau temps, tout le monde est dehors,
> Va donc acheter deux sous d'hellébore,
> Ça te fera une petite promenade. »

Parfois, ce que l'on a coutume d'appeler « Art poétique » se confond avec des propos majeurs, ou considérés comme tels, tenus par des poètes, mais aussi par des écrivains ou des philosophes. Parfois, c'est la confession pure et simple qui s'inscrit dans la famille des arts poétiques. La lettre qu'adresse Arthur Rimbaud (1854-1891) à son professeur Georges Izambard, le 13 mai 1871, est très significative à cet effet. Nous en livrons ici un extrait :

> « Maintenant, je m'encrapule le plus possible. Pourquoi ? je veux être poëte, et je travaille à me rendre *voyant* : vous ne comprendrez pas du tout, et je ne saurais presque vous expliquer. Il s'agit d'arriver à l'inconnu par le dérèglement de *tous les sens*. Les souffrances sont énormes, mais il faut être fort, être né poëte, et je me suis reconnu poëte. Ce n'est pas du tout ma faute. C'est faux de dire : Je pense. On devrait dire : On me pense. Pardon du jeu de mots.
>
> JE est un autre. Tant pis pour le bois qui se trouve violon, et nargue aux inconscients, qui ergotent sur ce qu'ils ignorent tout à fait ! »

Plus ou moins déguisés, plus ou moins explicites, les arts poétiques abondent. Dans *Préface à un livre futur*, Lautréamont (1846-1870) déclare *« La poésie doit être faite par tous. Non par un. »* Dans ses *Amours jaunes*, Tristan Corbière (1845-1875), qui ne s'est jamais attardé à consigner des théories sur ce que doit ou ne doit pas être la poésie, a lancé ce vers :

« Poète, en dépit de ses vers »

qui peut être considéré comme un art poétique à son propre usage.

A côté de tous les arts poétiques de son temps, celui de Verlaine semble être le plus représentatif. Avec la modernité en plus, il réintègre la tradition dont Boileau (1636-1711) représente l'un des grands jalons. Mais contrairement à son prédécesseur, l'un des phares du classicisme français, Verlaine n'entend pas dicter des lois universelles. La vérité poétique dont il parle est avant tout la sienne. Il faut la considérer comme une confidence. Publié en 1882, « Art poétique » a été composé en avril 1874, alors que Verlaine était incarcéré à la prison de Mons. Il figurait à l'origine dans le recueil intitulé *Cellulairement*, ainsi que plusieurs poèmes qui furent ensuite redistribués dans *Sagesse (« Le ciel est par-dessus le toit »)*, *Parallèlement* (« Réversibilités »), *Jadis et Naguère* (« Kaléidoscope », « Vendanges », « Sonnet boiteux »)...

Le décalage entre la date de publication et la date de composition indique que le titre doit être pris avec certaines précautions. Il ne s'agit pas, comme on pourrait le croire, d'un manifeste poétique à la Boileau, traçant les grandes lignes d'un art poétique dans sa forme achevée, ni d'une profession de foi destinée aux générations futures, mais d'un « état des lieux » de la poésie de Verlaine en 1874, une réflexion sur son art *au moment où il en parle*. L'aspect parodique du titre — par référence à l'« Art poétique » de Boileau et à « L'Art » de Théophile Gautier — et les éléments de dérision qui émaillent le texte confèrent au poème (par-delà sa valeur didactique) une saveur toute spéciale, faite d'insolence, d'harmonie et de dissonance. Le précepte énoncé au vers 30 : *« Que ton vers soit la chose envolée... »* apparaît dès lors comme le maître mot d'un « Art poétique » qui ne s'inscrit dans une réalité ponctuelle que pour en souligner la portée éphémère.

PREMIER REGARD

L'« Art poétique » se compose de neuf quatrains de neuf syllabes par vers (ennéasyllabes). La structure est assez simple et s'organise autour d'une alternance de préceptes et d'interdits :

• **Les préceptes :**
« l'Impair » (strophe I), la *« méprise »* (strophes II et III), la *« Nuance »* (strophe IV), le *« vers »* (strophes VIII et IX).

• **Les interdits :**
la poésie satirique *(« la Pointe assassine »)* (strophe V), oratoire *« l'éloquence »* (strophe VI), la souveraineté de la *« Rime »* (strophes VI et VII).

Une alternance rythmée par deux modes d'expression distincts mais complémentaires, qui servent de fil conducteur :

— une trame logique, d'une part, nettement soulignée par les articulations syntaxiques :
« Et pour cela » (vers 2) ; *« Il faut aussi »* (vers 5) ; *« Car nous voulons »* (vers 13) ; *« Que... » « Que... »* (vers 30-33) ; *« Et tout le reste »* (vers 36) ;

— une ligne mélodique, d'autre part, amorcée dès le premier vers : *« De la musique avant toute chose »* qui emprunte à la chanson tout un système de répétitions et d'échos qui s'apparentent au refrain :

- *« De la musique »* (vers 1) ; *« De la musique »* (vers 29) ;
- *« C'est... »* ; *« C'est... »* ; *« C'est... »* (vers 9-10-11) ;
- *« la Nuance »* (vers 13) ; *« la nuance ! »* (vers 14) ; *« la nuance »* (vers 15) ;
- *« la Rime »* (vers 23) ; *« la Rime ! »* (vers 25) ;
- *« Que ton vers »* (vers 30) ; *« Que ton vers »* (vers 33).

Didactisme de la structure, musicalité des mots : *« Art poétique »* apparaît comme la recherche d'un équilibre entre la forme et le fond, entre la technique et la libre inspiration. La tonalité affective des vers, soutenue par la virulence de certaines expressions *« Prends l'éloquence et tords-lui son cou ! »* (vers 21) et par la violence de la ponctuation (exclamations et interrogations) interdisent de n'y voir qu'un mode d'emploi ou une simple réglementation de la poésie. « Art poétique » est avant tout un poème-chant qui s'inscrit dans la continuité logique d'une œuvre poétique.

TROIS AXES MAJEURS

I. « Art poétique » : ou la synthèse d'une expérience

Fruit d'une longue élaboration, *Art poétique* n'est pas la formule codifiée d'une poésie à venir, destinée à la postérité, mais la synthèse versifiée d'une poésie passée — dépassée ? Regard posé *a posteriori* sur une œuvre déjà écrite, reflet d'un présent en mutation, « Art poétique » se singularise par une triple exigence :

— *« De la musique avant toute chose. »*
— *« Et pour cela préfère l'Impair. »*
— *« Car nous voulons la Nuance encor. »*

Trois bases de réflexion, dont on trouve la trace tout au long de l'œuvre de Verlaine, et ce, jusqu'en 1874, date de la composition de « Art poétique ». Nous insisterons sur le second point dont les deux autres dépendent.

• *« Et pour cela préfère l'Impair »*

Caractéristique essentielle de la poésie verlainienne, le mètre impair est présent dès les *Poèmes saturniens*. On le trouve tantôt en isométrie dans des poèmes rythmés en vers de cinq syllabes (« Marine », « Soleils couchants ») et de sept syllabes (« La chanson des ingénues »), tantôt en hétérométrie (alternance de mètres pairs et impairs), comme dans « Cauchemar » (rythme 7/4), « Croquis parisien » (10/5) « Chanson d'Automne » (4/3).

On le trouve également dans les *Fêtes galantes* : « Colombine » (5/2), « Mandoline » (7), « En sourdine » (7), mais c'est surtout dans les *Romances sans paroles*, le plus musical des recueils, qu'il tend à se généraliser : l'« Ariette I », « Bruxelles I » sont en heptamètres. L'« Ariette VIII », « Bruxelles II », « A poor young shepherd » sont en vers de 5 syllabes, l'« Ariette IX » fait alterner l'alexandrin avec l'heptamètre, l'« Ariette II » et « Chevaux de bois » sont en ennéasyllabes — comme « Art poétique ».

Ce choix de l'impair, Verlaine le justifie dans sa critique des *Poèmes saturniens*, parue dans *La Revue d'aujourd'hui*, le 15 mars 1890 :

> « J'ai réservé pour les occasions harmoniques ou mélodiques ou analogues ou pour telles ratiocinations compliquées des rythmes inusités, impairs pour la plupart, où la fantaisie fût mieux à l'aise, n'osant employer le mètre sacro-saint [l'alexandrin] qu'aux limpides spéculations, qu'aux énonciations claires, qu'à l'exposition rationnelle des objets, invectives ou paysages. »

Recherche harmonique, mélodique, expression de la fantaisie, l'impair chez Verlaine exprime deux grandes tendances qui varient en fonction de la longueur du mètre employé :

— les vers courts, rimés en cinq ou sept syllabes, génèrent une cassure qui, en brisant la continuité du vers, imprime un effet de sautillement, reflet changeant d'un univers fantasmagorique d'où surgissent des créatures de rêve. Tel le poème « Colombine » des *Fêtes galantes* construit sur un rythme 5/2 :

> « Arlequin aussi,
> Cet aigrefin si
> Fantasque
> Aux costumes fous,
> Ses yeux luisant sous
> Son masque, »

— les vers longs, rimés en neuf, onze, voire treize syllabes, qui tournent autour de la césure et la déplacent sans cesse de façon à produire un effet d'insécurité, de flou. « Le Sonnet boiteux », dans *Jadis et Naguère*, en est l'exemple parfait :

> « Londres fume et crie. Ô quelle ville de la Bible !
> Le gaz flambe et nage et les enseignes sont vermeilles.
> Et les maisons dans leur ratatinement terrible
> Épouvantent comme un sénat de petites vieilles. »

Rythme bancal, dont l'instabilité se répercute de vers en vers. Musique faussée, comme celle « des orgues qui moudront des gigues dans les soirs » de « Kaléidoscope » *(Jadis et Naguère)*, où les vers de 9 et 11 syllabes sont sans doute ceux qui affleurent le plus cette imperfection voulue, à cause de cette petite syllabe qui manque pour qu'ils deviennent de purs décasyllabes ou de purs alexandrins. Ronde infernale qui puise son rythme dans la musique des mots et vacille de vers en vers :

> « Tournez, tournez, bons chevaux de bois,
> Tournez cent tours, tournez mille tours,
> Tournez souvent et tournez toujours,
> Tournez, tournez au son des hautbois. »
>
> (*Romances sans paroles*, « Bruxelles-Chevaux de bois »)

Le vers de 9 syllabes est d'autant plus exemplaire qu'il est rare en poésie. On le trouve dans la poésie lyrique de l'ancien français, mais rarement en isométrie. Malherbe l'emploie, scandé 3/3/3. Verlaine, lui, le coupe le plus souvent en 4/5 :

> 4 | 5
> « De la musique | avant toute chose
>
> 4 | 5
> Et pour cela | préfère l'Impair,
>
> 4 | 5
> Plus vague et plus | soluble dans l'air,
>
> 4 | 5
> Sans rien en lui | qui pèse ou qui pose. »

Cette musique spécifique à l'impair, B. de Cornulier l'analyse de la façon suivante dans sa *Théorie de la littérature*, chapitre V (Paris, Picard, 1981) :

> « Le vers où rien ne pèse ou ne pose, le vers soluble et vague, c'est le vers dont le nombre syllabique — sa mesure — est psychologiquement incertain (...) même chez ceux qui sentent avec évidence le schéma 4-5 malgré les enjambements (dans l'« Art poétique » de Verlaine), il n'est pas impossible que la proximité quantitative des nombres 4 et 5 contribue à un certain *brouillage* de la perception numérique, la rende moins aisée. »

Brouillage, porosité du mètre employé, c'est la base même de la technique de la *méprise*, telle que la revendique Verlaine à la strophe II de l'« Art poétique ».

> « Il faut aussi que tu n'ailles point
> Choisir tes mots sans quelque méprise »

La méprise, ou la suprématie de la Nuance sur la Couleur, de la sensation sur la description, s'inscrit dans la droite ligne du symbolisme, tel que le définira Mallarmé : *« Nommer un objet, c'est supprimer les trois quarts de la jouissance du poème qui est faite du bonheur de deviner peu à peu ; le suggérer, voilà le rêve. »* Le poète imprime sur les choses qui l'entourent une vision qui lui est propre. Ses rapports avec la nature fluctuent en fonction de son état d'esprit du moment.

> « Ce n'est pas elle qui lui apporte un sentiment de mélancolie, mais lui qui rend la nature mélancolique, en lui prêtant sa propre vie, son corps, sa démarche, ses larmes — ou sa joie. »
>
> (Robert Sabatier, *La poésie du XIXe siècle*, Albin Michel, 1977.)

Fusion qui s'opère dans des teintes troubles, blafardes, fantomatiques, où le rêve se confond avec la réalité :

> « Comme des nuées
> Flottent gris les chênes
> Des forêts prochaines
> Parmi les buées. »
>
> (*Romances sans paroles*, « Ariettes oubliées, VIII »)

et où le poète devient lui-même paysage par un jeu de miroir :

« Combien, ô voyageur, ce paysage blême
Te mira blême toi-même »

(*Romances sans paroles*, « Ariettes oubliées, IX »)

« Il pleure dans mon cœur
Comme il pleut sur la ville. »

(*Romances sans paroles*, « Ariettes oubliées, III »)

Dans les *Confessions*, Verlaine avouera que dès sa plus jeune enfance, il était attiré par le *« contour subtil »* des choses plutôt que par leur réalité, par leur teinte estompée, plutôt que par leur couleur :

« J'étais sans cesse en chasse de formes, de couleurs, d'ombres. Le jour me fascinait et, bien que je fusse poltron, dans l'obscurité, la nuit m'attirait, une curiosité m'y poussait, j'y cherchais je ne sais quoi, du blanc, du gris, des nuances peut-être. »

Cette appréhension tout intuitive des sensations, où les sentiments ne sont pas définis mais projetés sur les choses, permet toutes les distorsions du langage, et ouvre la porte à l'impropriété volontaire du mot :

« Dans l'interminable
Ennui de la plaine
La neige incertaine
Luit comme du sable. »

(*Romances sans paroles*, « Ariettes oubliées, VIII)

Le poète devient ainsi le porte-parole privilégié de deux mondes parallèles, celui du vécu, et celui des apparences. Poète-voyant, dont le regard se dédouble :

« Et mon âme et mon cœur en délires
Ne sont plus qu'une espèce d'œil double »

(*Romances sans paroles*, « Ariettes oubliées, II »)

et qui estompe le contour aigu des choses pour n'en conserver que le miroitement diffus :

« Dans un demi-jour de lampes
Qui vient brouiller toute chose. »

(*Romances sans paroles*, « Bruxelles-simples fresques »)

Peintre de l'impression, de l'éphémère, Verlaine est aussi constamment à l'affût de *« lueurs musiciennes »*. Ce sont elles qui confèrent à sa poésie une tonalité toute particulière. Musique douce, un peu naïve, qui puise son rythme dans les bals et les comptines populaires et qui a la saveur triste de l'enfance perdue.

> « De la musique avant toute chose »
> « Rien de plus cher que la chanson grise »
> « De la musique encore et toujours »

L'« Art poétique » se réfère par trois fois à la musique. Exigence fondamentale, qui accompagne toute la poésie de Verlaine, jusque dans ses prières les plus sombres. Le titre même des recueils : *La Bonne chanson*, *Romances sans paroles*, « Ariettes oubliées », et celui de certains poèmes : « Chanson d'Automne », « La chanson des ingénues », « Écoutez la chanson bien douce », « En sourdine », « Guitare », « Mandoline », « Sérénade »... sont autant de partitions sur lesquelles les mots font figure de notes.

Les sonorités jouent un grand rôle dans la poésie de Verlaine. Fluidité des consonnes, écho obsédant des voyelles :

> « Les sanglots longs
> Des violons
> De l'automne »

(*Poèmes saturniens*, « Chanson d'Automne »)

> « J'ai peur d'un baiser
> Comme d'une abeille.
> Je souffre et je veille
> Sans me reposer
> J'ai peur d'un baiser ! »

(*Romances sans paroles*, « A Poor Young Shepherd »)

Pouvoir évocateur des mots et de leur musicalité, qui transcrit un état d'âme sans que le poète ait besoin de recourir à l'explication ou à l'image.

> « De toutes les douleurs douces
> Je compose mes magies ! »

dira Verlaine dans *Jadis et Naguère* (« Images d'un sou »). Porteur de mélancolie, reflet d'un mal de vivre, le mot transforme la douleur en musique et la musique en douleur :

> « Écoutez la chanson bien douce
> Qui ne pleure que pour vous plaire. »

(*Sagesse I*, XVI)

Le rythme de la chanson, avec ses refrains naïfs, ses redites et son vocabulaires simple, génère une musique douce amère qui accompagne la tristesse :

« Ô triste, triste était mon âme
À cause, à cause d'une femme. »

(*Romances sans paroles*, « Ariettes oubliées, VII »)

« Un grand sommeil noir
Tombe sur ma vie :
Dormez, tout espoir,
Dormez, toute envie ! »

(*Sagesse III*, V)

La chanson devient aussi un moyen de tourner le malheur en dérision, de l'exorciser : « Dansons la gigue ! » (*Romances sans paroles*, Streets I ») devient le mot d'ordre d'une conscience qui se noie.

« De la musique encore et toujours » même quand le malheur frappe, et surtout quand il frappe. La ritournelle du manège qui tourne inlassablement au son des mots prend alors des allures de ronde infernale :

« Ah, dans ces tristes décors
Les Déjàs sont les Encors ! »

« Ah, dans ces mornes séjours
Les Jamais sont les Toujours ! »

« Ah, dans ces piteux retraits
Les Toujours sont les Jamais ! »

« Ah, dans ces deuils sans rachats
Les Encors sont les Déjàs ! »

(*Parallèlement*, « Réversibilités »)

de même que les chansons enfantines renvoient à une réalité grimaçante :

« Sa gaîté, comme sa chandelle, hélas ! est morte,
Et son spectre aujourd'hui nous hante, mince et clair. »

(*Jadis et Naguère*, « Pierrot »)

II. L'Art poétique : théorie et pratique

L'« Art poétique » ne se contente pas d'énoncer un certain nombre de préceptes : il les met en musique et les illustre concrètement par le biais du rythme, des sonorités, du lexique et de la rime.

1. UN POÈME DIDACTIQUE

Le texte se présente comme un manifeste en faveur d'une certaine poésie et de ce fait énumère un certain nombre de règles. Ces règles s'énoncent sur le ton du commandement et font alterner préceptes et interdits par le biais de l'*impératif* ou d'autres formes s'en rapprochant : *« De la musique avant toute chose »* (vers 1), *« préfère l'Impair »* (vers 2), *« Il faut aussi »* (vers 5), *« nous voulons »* (vers 13), *« Fuis du plus loin »* (vers 17), *« Prends l'éloquence et tords-lui son cou ! »* (vers 21), *« Tu feras bien »* (vers 22), *« Ô qui dira... »* (vers 25), *« De la musique encore et toujours ! »* (vers 29), *« Que ton vers soit... »* (vers 30 et 33).

Autant d'exigences qui sont renforcées par :

— Le recours à la majuscule, qui isole le mot à l'intérieur du vers tout en le personnifiant : *« l'Impair »* (vers 2), *« l'Indécis au Précis »* (vers 8), *« la Nuance »* (vers 13), *« la Couleur »* (vers 14), *« la Pointe »* (vers 17), *« l'Esprit »*, *« le Rire »* (vers 18), *« l'Azur »* (vers 19), *« la Rime »* (vers 23, 25). Une personnification qui tend vers l'abstraction par le biais du singulier et qui prend valeur de symbole en désignant tantôt un idéal à atteindre (l'Impair, la Nuance, l'Azur...), tantôt un défaut à éviter (le Rire impur, l'Esprit cruel).

— Le tutoiement : « Il faut aussi que *tu* n'ailles point » (vers 5), « *Tu* feras bien, en train d'énergie » (vers 22), « Que *ton* vers... » (vers 30-33) ; il peut s'agir d'une allusion au tutoiement souvent employé dans les anciens traités enseignant une technique ou simplement du tutoiement souvent employé dans le milieu artiste.

— Des formules péremptoires, excluant toute concession : *« avant toute chose »* (vers 1), *« Sans rien en lui »* (vers 4), *« Rien de plus cher »* (vers 7), *« rien que la nuance »* (vers 14), *« la nuance seule »* (vers 15), *« Fuis du plus loin »* (vers 17), *« encore et toujours »* (vers 29).

Exclusion qui évacue tout ce qui ne correspond pas à une certaine idée de la poésie, et qui fait basculer *« le reste »* (vers 36) dans un concept indéterminé que Verlaine appelle ironiquement *« littérature »*.

— Le recours à la caricature par le truchement de l'hyperbole (figure de style qui consiste à mettre en relief une idée au moyen d'une expression qui la dépasse) : « Pointe *assassine* » (vers 17), « Esprit *cruel* », « Rire *impur* » (vers 18), « enfant *sourd* », « nègre *fou* » (vers 26).

— Le rythme binaire, à valeur didactique, qui scande clairement la pensée sous l'effet de la double coordination et/ou : « Plus vague *et* plus soluble » (vers 3), « qui pèse *ou* qui pose » (vers 4), « Le rêve au rêve *et* la flûte au cor » (vers 16), « L'Esprit cruel *et* le Rire impur » (vers 18), « Prends l'éloquence *et* tords-lui... » (vers 21), « Quel enfant sourd *ou* quel nègre fou » (vers 26), « creux *et* faux » (vers 28), « la menthe *et* le thym » (vers 35).

— L'exemple : la strophe III tout entière explique en l'illustrant la technique de la méprise, en recourant à une triple anaphore : *« C'est... »* (vers 9-10-11).

2. UNE ŒUVRE POLÉMIQUE

Si l'« Art poétique » est une leçon de poésie qui vise à faire partager le fruit d'une expérience, c'est aussi un texte polémique qui, à travers les strophes V, VI et VII, condamne une certaine forme de poésie.

Verlaine attaque tour à tour la poésie spirituelle du XVIIIe siècle :

> « Fuis du plus loin la Pointe assassine,
> L'Esprit cruel et le Rire impur. »
>
> (vers 17-18)

La « Pointe assassine » désignant ici les tours ironiques de la poésie satirique, en particulier les épigrammes de Boileau et de Voltaire. Il désigne plus spécialement les poèmes de salon, entièrement rédigés en fonction de l'effet produit par les derniers mots (cette conclusion spirituelle s'appelle la « chute » ou la « pointe »). Dans sa dédicace liminaire des *Poèmes saturniens*, Verlaine évoquait déjà la cruauté de la raillerie et la méfiance que lui inspirait le rire :

> « On a beaucoup raillé, sans penser que souvent
> Le rire est ridicule autant que décevant... »
>
> (vers 5-6)

Cette attaque portée contre une certaine forme d'esprit jugée trop facile et trop rationnelle, et par là-même aux antipodes de la vraie poésie *(« Fuis du plus loin »)*, s'exprime à travers le pastiche en recourant à des archaïsmes qui imitent le style précieux d'une certaine poésie du XVIIe et du XVIIIe siècle : *« assassine »*, *« cruel »*.

Verlaine s'en prend également à l'aspect grandiloquent et déclamatoire de la poésie romantique du XIXe siècle :

> « Prends l'éloquence et tords-lui son cou ! »
>
> (vers 21)

Une exclamation empruntée au langage populaire (« *son* cou » et non « le cou »), afin de tourner en dérision les effusions lyriques d'un Lamartine ou d'un Musset, mais aussi le recours à un registre de style soutenu à l'excès et confinant à l'emphase. C'est la même critique que l'on trouvait déjà dans l'*Épilogue* des *Poèmes saturniens* :

> « À nous qu'on ne voit point les soirs aller par groupes
> Harmonieux au bord des *lacs* et nous pâmant »
>
> (vers 55-56)

En dépit de ces attaques, l'« Art poétique » est avant tout une critique de la poésie parnassienne, condamnée à travers l'un de ses principaux représentants : Théophile Gautier. Dans « L'Art » *(Émaux et camées)*, Gautier prenait pour modèle les arts plastiques. Verlaine, lui, assimile dès le premier vers la poésie à la musique : *« De la musique avant toute chose... »* Alors que Gautier privilégiait la couleur et le contraste :

> « Peintre, fuis l'aquarelle
> Et fixe la couleur
> Trop frêle
> Au front de l'émailleur »

Verlaine préconise l'inverse, c'est-à-dire la « Nuance » :

> « Car nous voulons la Nuance encor,
> Pas la Couleur, rien que la nuance ! »
>
> (vers 13-14)

ainsi qu'une poésie en demi-teintes, capable de susciter toutes sortes de confusions :

> « Rien de plus cher que la chanson grise
> Où l'Indécis au Précis se joint. »
>
> (vers 7-8)

Alors que Gautier recherchait le trait précis, la découpe nette des contours :

> « Sculpte, lime, cisèle
> Que ton rêve flottant
> Se scelle
> Dans le bloc résistant. »

Verlaine choisit de les estomper en privilégiant le flou, l'opacité :

> « C'est des beaux yeux *derrière des voiles*,
> C'est le grand jour *tremblant* de midi. »
>
> (vers 9-10)

Gautier affectionnait les matières dures, solides :

> « Oui, l'œuvre sort plus belle
> D'une forme au travail
> Rebelle,
> Vers, marbre, onyx, émail... »

alors que Verlaine revendique l'impalpable, l'évanescent :

> « Et pour cela préfère l'Impair
> Plus vague et plus soluble dans l'air. »

(vers 2-3)

> « Que ton vers soit la chose envolée... »

(vers 30)

Verlaine attaque également un autre représentant du Parnasse, Banville, qui tout comme Gautier, avait le culte de la rime : *« Elle est tout le vers parce que dans un vers on n'entend que le mot qui est à la rime. »*

Verlaine prend le contre-pied de cette affirmation en dénonçant la souveraineté de la rime :

> « Tu feras bien, en train d'énergie,
> De rendre un peu la Rime assagie,
> Si l'on n'y veille, elle ira jusqu'où ? »

(vers 22-24)

ainsi que son caractère facile et artificiel :

> « Qui sonne creux et faux sous la lime ? »

(vers 28)

Si la technique est indissociable de la poésie, elle reste aux yeux de Verlaine un instrument de travail et non un but en soi.

3. UN EXERCICE DE STYLE

L'« Art poétique » n'est pas seulement un manifeste, c'est avant tout un poème dans lequel Verlaine met en œuvre les principes qu'il énonce, et qu'il scande en vers de neuf syllabes, fidèle à l'exigence mentionnée au vers 2 : *« Et pour cela préfère l'Impair... »*

- **L'impair :**

La qualité essentielle de l'impair, aux yeux de Verlaine, est sa souplesse. Souplesse d'un rythme qui refuse de plier au balancement régulier du mètre pair *(« Sans rien en lui qui pèse ou qui pose »)* et qui par la place incertaine de la césure crée une impression d'insécurité, d'inachèvement. Le caractère aérien de l'impair *« Plus vague et plus soluble dans l'air »* génère un effet de surprise sans cesse renouvelé, qui identifie le vers à *« la chose envolée »* évoquée au vers 30 :

L'« Art poétique » se scande en 4/5 :

« De la musique avant toute chose »

« Pas la Couleur, rien que la nuance ! »

« Vers d'autres cieux à d'autres amours. »

Mais aussi en 3/6 :

« Que ton vers soit la chose envolée »

en 2/4/3 :

« Plus vague et plus soluble dans l'air »

en 1/3/5 :

« Oh ! la nuance seule fiance »

« Ô qui dira les torts de la Rime ! »

Équilibre instable du vers qui s'apparente à un faux pas perpétuel, et qui crée un effet de brouillage, propice à l'envolée du mot. Une envolée favorisée par le recours à l'enjambement (vers 15-16 ; vers 30-31-32 ; vers 33-34-35) et par des verbes de mouvement : *« qui fuit d'une âme en allée »* (vers 31) *« Qui va fleurant... »* (vers 35).

Envolée du mot qui déborde d'un vers sur l'autre, brouillage du rythme, autant de procédés qui déchirent le cadre de la versification classique et qui diluent la rime, ce *« bijou d'un sou »* dont il dénonce les servitudes à la septième strophe : *« Ô qui dira les torts de la Rime ? »* dans un cri qui ne relève pas de l'interrogation mais de l'exaspération.

• **La rime :**

Si Verlaine n'innove pas réellement dans ce domaine, s'il conserve pieusement la rime tout en la décriant, il dénonce toutefois son caractère artificiel quand elle correspond à un excès de recherche au vers 28 : *« Qui sonne creux et faux sous la lime »* et s'en sert pour tourner en dérision une certaine conception de la poésie qui place la rime au-dessus de tout. C'est ainsi qu'il fait rimer *« Rime »* avec *« lime »* (vers 25/28), *« Azur »* avec *« impur »* (vers 18/19), *« Pointe assassine »* avec *« basse cuisine »* (vers 17/20) et qu'il pousse l'impertinence jusqu'à faire rimer *« cou »* avec *« jusqu'où »* (vers 21/24) au moment même où il conseille de l'assagir.

Cette dénonciation de la rime et de ses servitudes se double d'un travail de sape, caractéristique de la poésie verlainienne : l'affaiblissement de son effet d'écho trop répétitif et trop systématique par :

— le jeu des assonances et des allitérations qui répartissent des échos phoniques dans le vers :

« **Plus vague et plus soluble dans l'air** » (vers 3)
« **Sans rien en lui qui pèse ou qui pose** » (vers 4)
« **... par un ciel d'automne attiédi** » (vers 11)
« **Le bleu fouillis des claires étoiles** » (vers 12)
« **Oh ! la nuance seule fiance** » (vers 15)
« **Quel enfant sourd ou quel nègre fou** » (vers 26)
« **Nous a forgé ce bijou d'un sou** » (vers 27)

— la reprise des mêmes mots ou des mêmes constructions qui impriment au vers leur propre système d'écho :

« ***Le rêve au rêve* et la flûte au cor** » (vers 16)
« **Vers *d'autres* cieux à *d'autres* amours** » (vers 32)

Cette répartition des sonorités sur tout le vers s'inscrit dans une recherche mélodique, exigence revendiquée dès le premier vers du poème : *« De la musique avant toute chose »* et reprise par deux fois au vers 7 : *« Rien de plus cher que la chanson grise »* et au vers 29 : *« De la musique encore et toujours ! »*

Si les rythmes et les sonorités sont indissociables de la poésie de Verlaine, le choix des mots est tout aussi fondamental et relève d'une recherche non moins précise. La

> « ... chanson grise
> Où l'Imprécis au Précis se joint »

établit une tonalité neutre, sans lueur, qui feutre à la fois la musicalité de la chanson et les teintes trop vives qui pourraient s'y rattacher. La couleur grise — un adjectif cher à Verlaine — suggère un état d'âme mal défini (ni tout à fait blanc, ni tout à fait noir) et l'inscrit dans une tonalité délibérément floue, propice à la confusion : *« Pas la Couleur, rien que la nuance ! »* (vers 14). Technique de la suggestion, impressionnisme du mot qui éclaire la poésie par petites touches successives, mariage de l'éphémère et de l'indéfini, à l'image des vers 7/8 qui font rimer *« méprise »* avec *« grise »*.

• **La méprise :**

> « Il faut aussi que tu n'ailles point
> Choisir tes mots sans quelque méprise... »

Élément indissociable de la poésie symboliste, l'art de la méprise vise à créer une confusion dans le langage, à mêler étroitement le dit et le non-dit de façon à doubler le sens des mots d'une valeur subjective, propre à la sensibilité du poète. Cette technique de la méprise, ou de la suggestion, est présente tout au long de l'« Art poétique » :

> « Oh ! la nuance seule *fiance*
> Le rêve au rêve et la flûte au cor ! »
>
> (vers 15/16)

En substituant au verbe « unir » le verbe *« fiance »*, Verlaine transpose une règle sur le mode poétique en la faisant basculer à la fois dans une ligne mélodique (nuance/fiance) et dans un registre amoureux chargé de promesse et de douceur. Ce recours à l'à-peu-près éclaire l'idée exprimée par le biais de l'image tout en parant le mot d'une sensualité supplémentaire. Même technique de l'impropriété au vers 34, où Verlaine évoque la bonne aventure « Éparse au vent *crispé* du matin ». Ce n'est pas le vent qui est crispé, mais le poète qui est saisi par le froid du petit matin. Cet effet d'hypallage (procédé qui consiste à attribuer à un mot ou à une notion des qualités appartenant à un autre mot, à une autre notion) traduit un échange, un transfert entre le monde réel et celui des apparences selon un système de correspondances baudelairiennes. Le poète *devient* une partie de la nature, il se fond en elle. Vision du monde tout intuitive qui estompe les limites du réel en se référant à un mode de connaissance personnel : *« **par** un ciel d'automne »* (vers 11), *« Qu'on **sent** qui fuit »* (vers 31), *« **Vers d'autres** cieux **à d'autres** amours »* (vers 32), *« **Éparse au** vent »* (vers 34).

Ce brouillage des sensations qui procède par l'association des contraires, Verlaine l'illustre dans une série d'images conçue comme une définition :

> « C'est des beaux yeux derrière des voiles
> C'est le grand jour tremblant de midi,
> C'est, par un ciel d'automne attiédi,
> Le bleu fouillis des claires étoiles ! »

(vers 9-12)

La construction de « C'est » avec un pluriel, sans être incorrecte grammaticalement, crée un effet de flou selon une technique de l'approximation qui rappelle l'« Ariette I » de *Romances sans paroles* :

> « C'est l'extase langoureuse,
> C'est la fatigue amoureuse,
> C'est tous les frissons des bois
> Parmi l'étreinte des brises,
> C'est, vers les ramures grises,
> Le chœur des petites voix. »

(vers 1-6)

Une définition par l'exemple où le Précis se joint à l'Imprécis puisque l'éclat des *« beaux yeux »* est atténué par des voiles : *« **derrière** des voiles »*, celui du *« grand jour »* est brouillé par un effet de tremblement *(« tremblant »)* de même que l'automne est *« attiédi »* et que la clarté des étoiles est entrevue à travers un fourmillement *(« fouillis »)* sur lequel déteint la couleur du ciel *(« bleu fouillis »)*.

Brouillage des formes et des couleurs, dont ne subsistent

que les contours et la sonorité des mots : il s'agit bien comme le préconisera Mallarmé de *« laisser l'initiative aux mots »*. Cette association du précis et du vague, de l'aigu (*« flûte »*, vers 16) et du grave (*« cor »* vers 16) incarne la double aspiration de la poésie de Verlaine : rêverie qui s'élance vers un idéal symbolisé par *« l'Azur »*, et acuité des sensations saisies au vol. Sensations visuelles (strophe III), sensations auditives (la flûte au cor), sensations tactiles (au vent *crispé* du matin), sensations olfactives *(la menthe et le thym)*.

III. Art poétique ou méprise ?

Texte polémique, didactique, représentatif à la fois du symbolisme et de la poésie de Verlaine, l'« Art poétique » ne serait-il en fin de compte qu'une méprise mise en chanson ? L'argument le plus décisif vient de Verlaine lui-même, qui, dans sa *Critique des Poèmes saturniens* datée du 15 mars 1890, soit seize ans après la rédaction de l'« Art poétique », eut soin d'indiquer que son poème ne devait en aucun cas être considéré comme un traité théorique :

> **« ... car n'allez pas prendre au pied de la lettre l'« Art poétique » de *Jadis et Naguère*, qui n'est qu'une chanson, après tout, JE N'AURAI PAS FAIT DE THÉORIE ! »**

De fait, ce qui frappe le plus l'« Art poétique », c'est l'imprécision des conseils prodigués. Imprécision tant sur le plan des référents : *« De la musique avant toute* ***chose*** *»* (vers 1), *« Que ton vers soit la* ***chose*** *envolée »* (vers 30), que sur celui des verbes, qui font appel à un vocabulaire purement affectif — et non théorique : *« Et pour cela* ***préfère*** *l'Impair »* (vers 2), *« Rien de plus* ***cher*** *que la chanson grise »* (vers 7). Imprécision des consignes, enfin, qui recommandent l'emploi de l'Impair parce qu'il est *« plus vague »*, et celui de la méprise. Autant de conseils inapplicables d'une façon mécanique parce qu'ils se réfèrent à un état d'âme particulier, à une musique intérieure qui n'appartiennent qu'à Verlaine.

On ne s'étonnera plus dès lors de la tournure négative de certains préceptes : *« Il faut aussi que tu* ***n'ailles point*** *»* (vers 5), *«* ***sans quelque*** *méprise »* (vers 6) et de la retenue de certaines formules : *« Tu feras bien »* (vers 22), *« un peu... assagie »* (vers 23), *« Qu'on sent qui fuit »* (vers 31). Atténuation qui vise à éviter tout dogmatisme de façon à laisser libre cours à l'interprétation.

L'ironie, enfin, qui joue des mots en mêlant la poésie au trivial : *« cet ail de basse cuisine »* (vers 20) et qui fait rimer tout aussi bien *« Azur »* avec *« impur »*, *« cou »* avec *« jusqu'où »* que *« toujours »* avec *« amours »* replace le poème dans le cadre d'une chanson populaire, où assonances et répétitions font office de refrain, que viennent scander des tournures naïves, empruntées au langage familier, qui sonnent entre elles à la façon d'un bijou d'un sou : *« Prends l'éloquence et tords-lui* ***son*** *cou »* (vers 21), *«* ***en train*** *d'énergie »* (vers 22), *« elle ira jusqu'où »* (vers 24), *«* ***Nous*** *a forgé ce bijou d'un sou »* (vers 27), *« Qu'on sent qui fuit »* (vers 31).

On aurait donc tort de voir dans l'« Art poétique » une sorte de modèle prêt à l'emploi que Verlaine aurait systématiquement appliqué à toute sa production poétique. Il s'agit en fait d'une réflexion personnelle forgée à partir d'une conception poétique personnelle et qui n'engage que lui. Conçu *a posteriori*, l'« Art poétique » de Verlaine n'est pas un testament mais le reflet d'un moment particulier de sa vie. Un reflet d'autant plus éphémère que Verlaine renoncera à cette esthétique peu après l'avoir formulée.

En fait, il n'y a pas un Art poétique de Verlaine, mais il y en a quatre, sinon cinq.

— Celui du Verlaine des premiers poèmes (1860-1864), qui dans l'*Épilogue* des *Poèmes saturniens* fait siennes les théories parnassiennes en évoquant la nécessité de travailler le vers à force d'« Obstination » et de « Volonté », en définissant le poète comme un sculpteur et en prônant une poésie impassible :

> « A nous qui ciselons les mots comme des coupes
> Et qui faisons des vers émus très froidement »
> (...) « Ce qu'il nous faut à nous c'est l'étude sans trêve,
> C'est l'effort inouï, le combat non pareil,
> C'est la nuit, l'âpre nuit du travail, d'où se lève
> Lentement, lentement, l'Œuvre, ainsi qu'un soleil ! »

— Le Verlaine de l'« Art poétique » (1874) qui cultive la rêverie, le flou et l'intuition.

— Le Verlaine, poète décadent (1875-1885) ou prétendu tel, qui, à la suite d'un malentendu suscité par son poème « Langueur » *(Jadis et Naguère)*, va devenir en quelque sorte le chef de file spirituel du « décadisme ». C'est au cours de cette période que Verlaine écrira sa critique des *Poèmes saturniens* et qu'il avouera avoir renoncé à la « méprise » :

> « Mes idées en philosophie et en art se sont certainement modifiées, s'accentuant dans le sens du concret, jusque dans la rêverie éventuelle. J'ai dit :
>
> *Rien de plus cher que la chanson grise*
> *Où l'Indécis au Précis se joint.*
>
> (...) En quoi j'ai changé partiellement. La sincérité, et à ses fins, l'impression du moment suivie à la lettre, sont ma règle préférée aujourd'hui. Je dis préférée, car rien d'absolu : tout vraiment est, doit être nuance. »

— Le Verlaine proche de l'école romane (vers 1890) qui tourne le dos au pouvoir de suggestion du rythme et des sonorités pour s'investir dans un militantisme patriote :

> « L'amour de la Patrie est le premier amour
> Et le dernier amour après l'amour de Dieu. »
>
> (*Bonheur*, XXX)

— Et le Verlaine du dernier art poétique, formulé dans *Bonheur*, en 1891 :

> « L'art, mes enfants, c'est d'être absolument soi-même. »

Derrière cet aphorisme, Verlaine renonce à la fois à la poésie ciselée des parnassiens, aux coups de clairon de l'école romane et à tout ce qu'il y a de flou et d'indécis dans sa propre poétique. *« Je fais ces vers comme l'on marche devant soi » (Invectives)*. « L'Art poétique had hoc » devient son nouveau mot d'ordre. Le « mystère » poétique a cédé la place à un souci de clarté et de transparence.

CONCLUSION

Si l'on replace l'« Art poétique » dans l'œuvre et la vie de Verlaine, force est donc de constater qu'il ne s'agit pas d'un traité poétique mais plutôt d'un bilan provisoire, d'un regard sur une esthétique en évolution constante. Les idées exprimées n'ont de portée réelle que par rapport à leur auteur et ne peuvent donc s'apparenter à une théorie : le texte est trop marqué par la personnalité de Verlaine, par un style qui lui est propre pour cela. En d'autres termes, il n'est pas assez *impassible* pour faire figure d'Art poétique au sens strict du terme.

La double référence à l'air et à l'eau *(« Plus vague et plus soluble dans l'air »)*, en privilégiant une poésie qui se modèle sur un matériau inconsistant, évanescent, inscrit l'« Art poétique » dans une poésie de l'éphémère, à l'opposé de tout dogmatisme. De sorte que la leçon à tirer de ce texte — si leçon il y a — est peut-être celle d'un testament inconscient : celui d'un esprit qui ressent intuitivement le besoin de fixer son empreinte sur la poésie avant qu'elle ne lui échappe. La chanson grise est aussi celle du prisonnier de Mons qui contemple désespérément le *« ciel par-dessus le toit »* depuis sa cellule, et qui par le biais de la poésie s'évade *« vers d'autres cieux »*, là où la liberté a le parfum de la menthe et du thym.

ÉTUDE COMPARÉE

On comparera l'« Art poétique » de Verlaine avec « L'Art » de Théophile Gautier, poème qui clôt le recueil *Émaux et Camée* (1858). L'intérêt de ce travail n'est pas de comparer les strophes entre elles, pas plus d'ailleurs que la métrique, les rimes ou la structure des deux pièces. Nous nous efforcerons de comparer les théories de Verlaine avec celles de Gautier. Où se situent les points de divergence ? Quels sont les points de convergence ?

Il faut savoir que Gautier, qui prône l'Art pour l'Art et considère la beauté formelle comme l'idéal poétique à atteindre, représente le courant parnassien. Quant à Verlaine, qui s'inscrit dans la mouvance du symbolisme dont il devient l'un des porte-flambeaux, il s'oppose à la poésie parnassienne avec une certaine vigueur comme nous l'avons montré.

Alors que Gautier fait une référence permanente aux arts plastiques, Verlaine privilégie la musique qu'il fait passer *« avant toute chose »* et recommande la *« Nuance »*, *« Pas la couleur, rien que la nuance ! »* Ci-dessous, « L'Art » de Théophile Gautier.

L'Art

Oui, l'œuvre sort plus belle
D'une forme au travail
        Rebelle,
Vers, marbre, onyx, émail.

Point de contraintes fausses !
Mais que pour marcher droit
        Tu chausses,
Muse, un cothurne étroit.

Fi du rythme commode,
Comme un soulier trop grand,
        Du mode
Que tout pied quitte et prend !

Statuaire, repousse
L'argile qui pétrit
        Le pouce,
Quand flotte ailleurs l'esprit ;

Lutte avec le carrare,
Avec le paros dur
        Et rare,
Gardiens du contour pur ;

Emprunte à Syracuse
Son bronze où fermement
S'accuse
Le trait fier et charmant ;

D'une main délicate
Poursuis dans un filon
D'agate
Le profil d'Apollon.

Peintre, fuis l'aquarelle
Et fixe la couleur
Trop frêle
Au four de l'émailleur.

Fais les Sirènes bleues,
Tordant de cent façons
Leurs queues,
Les monstres des blasons ;

Dans son nimbe trilobe
La Vierge et son Jésus,
Le globe
Avec la croix dessus.

Tout passe. — L'art robuste
Seul a l'éternité ;
Le buste
Survit à la cité.

Et la médaille austère
Que trouve un laboureur
Sous terre
Révèle un empereur.

Les dieux eux-mêmes meurent.
Mais les vers souverains
Demeurent
Plus forts que les airains.

Sculpte, lime, cisèle ;
Que ton rêve flottant
Se scelle
Dans le bloc résistant !

TEXTES SUR LE MÊME THÈME

Nous l'avons déjà précisé, et nous le savons, quand on aborde le thème de l'art poétique ou celui, mitoyen, de la conception de la poésie, nous nous trouvons face à un vaste choix d'auteurs. Sur ce thème, on lira avec intérêt le livre de Pierre Lepère, *Création poétique et poésie* (Pierre Bordas et fils, Collection *Littérature vivante*). Pour illustrer ce constat, nous avons pris le parti de citer deux textes d'auteurs étrangers qui, sur ce sujet, se sont exprimés au cours de la première moitié du XIXe siècle. Pour le premier, il s'agit du poète anglais Keats (1795-1821), pour le second du poète hongrois Petöfi (1823-1849).

Les amoureux de la Poésie ne désirent-ils pas avoir une petite région où ils peuvent errer et choisir à leur gré, et où les images sont si nombreuses qu'on les oublie et qu'on les trouve toutes neuves à la seconde lecture, prêtes à nourrir les flâneries de toute une semaine d'été ?

Ne préfèrent-ils pas cela à ce qu'ils peuvent lire d'un bout à l'autre avant qu'on ait le temps de dire ouf ? ou en une matinée de travail tout au plus ? D'ailleurs, un long poème est un test de l'Invention, que je considère comme l'Étoile Polaire de la Poésie, de même que la Fantaisie est sa voilure et l'Imagination son gouvernail.

Keats (*A Bailey*, 8 octobre 1817.)

La Poésie

Ô sainte poésie, comme l'on te dégrade !
Et comme ils te piétinent, les sots,
Lorsqu'ils prétendent t'ennoblir.
Écoute-les clamer, tous ces prêtres sans foi,
Que tu ressembles à une salle seigneuriale
Pompeusement ornée, où seuls seraient admis
Les porteurs de souliers vernis.
Ah ! taisez-vous les faux prophètes,
Taisez-vous, lèvres de mensonge !
La poésie, non, ce n'est pas un salon
Où viendrait bavarder le beau monde,
L'ivraie de la société.
La poésie, c'est plus, une demeure ouverte
Aux heureux comme aux malheureux,
À tous ceux qui veulent prier,
La sainte église en somme où chacun peut venir,
Même celui qui va pieds nus.

Petöfi (Août 1847.)

TROISIÈME PARTIE

CHOIX DE POÈMES

Dans les pages qui précèdent, nous avons, en étudiant des poèmes pris dans différents recueils de Verlaine, retracé la courbe de sa vie et son œuvre. Nous procédons de même pour cette anthologie qui, de recueil en recueil, va des *Poèmes saturniens* à *Parallèlement*. Elle doit permettre une première imprégnation après laquelle il ne restera plus qu'à « aller plus loin » en lisant la totalité de l'œuvre et en suivant les conseils de notre dernière page.

POÈMES SATURNIENS

Résignation

Tout enfant, j'allais rêvant Ko-Hinnor,
Somptuosité persane et papale,
Héliogabale et Sardanapale !

Mon désir créait sous des toits en or,
Parmi les parfums, au son des musiques,
Des harems sans fin, paradis physiques !

Aujourd'hui, plus calme et non moins ardent,
Mais sachant la vie et qu'il faut qu'on plie,
J'ai dû refréner ma belle folie,
Sans me résigner par trop cependant.

Soit ! le grandiose échappe à ma dent,
Mais, fi de l'aimable et fi de la lie !
Et je hais toujours la femme jolie,
La rime assonante et l'ami prudent.

Nevermore

Souvenir, souvenir, que me veux-tu ? L'automne
Faisait voler la grive à travers l'air atone,
Et le soleil dardait un rayon monotone
Sur le bois jaunissant où la bise détone.

Nous étions seul à seule et marchions en rêvant,
Elle et moi, les cheveux et la pensée au vent.
Soudain, tournant vers moi son regard émouvant :
« Quel fut ton plus beau jour ? » fit sa voix d'or vivant,

Sa voix douce et sonore, au frais timbre angélique.
Un sourire discret lui donna la réplique,
Et je baisai sa main blanche, dévotement.

— Ah ! les premières fleurs, qu'elles sont parfumées !
Et qu'il bruit avec un murmure charmant
Le premier *oui* qui sort de lèvres bien-aimées !

Vœu

Ah ! les oaristys ! les premières maîtresses !
L'or des cheveux, l'azur des yeux, la fleur des chairs,
Et puis, parmi l'odeur des corps jeunes et chers,
La spontanéité craintive des caresses !

Sont-elles assez loin toutes ces allégresses
Et toutes ces candeurs ! Hélas ! toutes devers
Le printemps des regrets ont fui les noirs hivers
De mes ennuis, de mes dégoûts, de mes détresses !

Si que me voilà seul à présent, morne et seul,
Morne et désespéré, plus glacé qu'un aïeul,
Et tel qu'un orphelin pauvre sans sœur aînée.

Ô la femme à l'amour câlin et réchauffant,
Douce, pensive et brune, et jamais étonnée,
Et qui parfois vous baise au front, comme un enfant !

Effet de nuit

La nuit. La pluie. Un ciel blafard que déchiquette
De flèches et de tours à jour la silhouette
D'une ville gothique éteinte au lointain gris.
La plaine. Un gibet plein de pendus rabougris
Secoués par le bec avide des corneilles
Et dansant dans l'air noir des gigues nonpareilles,
Tandis que leurs pieds sont la pâture des loups.
Quelques buissons d'épine épars, et quelques houx
Dressant l'horreur de leur feuillage à droite, à gauche,
Sur le fuligineux fouillis d'un fond d'ébauche.
Et puis, autour de trois livides prisonniers
Qui vont pieds nus, un gros de hauts pertuisaniers
En marche, et leurs fers droits, comme des fers de herse,
Luisent à contre-sens des lances de l'averse.

Femme et chatte

Elle jouait avec sa chatte,
Et c'était merveille de voir
La main blanche et la blanche patte
S'ébattre dans l'ombre du soir.

Elle cachait — la scélérate ! —
Sous ses mitaines de fil noir
Ses meurtriers ongles d'agate,
Coupant et clairs comme un rasoir.

L'autre aussi faisait la sucrée
Et rentrait sa griffe acérée,
Mais le diable n'y perdait rien…

Et dans le boudoir où, sonore,
Tintait son rire aérien,
Brillaient quatre points de phosphore.

FÊTES GALANTES

Pantomime

Pierrot, qui n'a rien d'un Clitandre,
Vide un flacon sans plus attendre,
Et, pratique, entame un pâté.

Cassandre, au fond de l'avenue,
Verse une larme méconnue
Sur son neveu déshérité.

Ce faquin d'Arlequin combine
L'enlèvement de Colombine
Et pirouette quatre fois.

Colombine rêve, surprise
De sentir un cœur dans la brise
Et d'entendre en son cœur des voix.

Sur l'herbe

L'abbé divague. — Et toi, marquis,
Tu mets de travers ta perruque.
— Ce vieux vin de Chypre est exquis
Moins, Camargo, que votre nuque.

— Ma flamme… — Do, mi, sol, la, si.
L'abbé, ta noirceur se dévoile !
— Que je meure, Mesdames, si
Je ne vous décroche une étoile !

— Je voudrais être petit chien !
— Embrassons nos bergères l'une
Après l'autre. — Messieurs, eh bien ?
— Do, mi, sol. — Hé ! bonsoir, la Lune !

L'Allée

Fardée et peinte comme au temps des bergeries,
Frêle parmi les nœuds énormes de rubans,
Elle passe, sous les ramures assombries,
Dans l'allée où verdit la mousse des vieux bancs,
Avec mille façons et mille afféteries
Qu'on garde d'ordinaire aux perruches chéries.
Sa longue robe à queue est bleue, et l'éventail
Qu'elle froisse en ses doigts fluets aux larges bagues
S'égaie en des sujets érotiques, si vagues
Qu'elle sourit, tout en rêvant, à maint détail.
— Blonde en somme. Le nez mignon avec la bouche
Incarnadine, grasse et divine d'orgueil
Inconscient. — D'ailleurs, plus fine que la mouche
Qui ravive l'éclat un peu niais de l'œil.

Fantoches

Scaramouche et Pulcinella
Qu'un mauvais dessein rassembla
Gesticulent, noirs sur la lune.

Cependant l'excellent docteur
Bolonais cueille avec lenteur
Des simples parmi l'herbe brune.

Lors sa fille, piquant minois,
Sous la charmille, en tapinois,
Se glisse, demi-nue, en quête

De son beau pirate espagnol,
Dont un langoureux rossignol
Clame la détresse à tue-tête.

Le faune

Un vieux faune de terre cuite
Rit au centre des boulingrins,
Présageant sans doute une suite
Mauvaise à ces instants sereins

Qui m'ont conduit et t'ont conduite,
— Mélancoliques pèlerins, —
Jusqu'à cette heure dont la fuite
Tournoie au son des tambourins.

À Clymène

Mystiques barcarolles,
Romances sans paroles,
Chère, puisque tes yeux,
 Couleur des cieux,

Puisque ta voix, étrange
Vision qui dérange
Et trouble l'horizon
 De ma raison,

Puisque l'arôme insigne
De ta pâleur de cygne,
Et puisque la candeur
 De ton odeur,

Ah ! puisque tout ton être,
Musique qui pénètre,
Nimbes d'anges défunts,
 Tons et parfums,

A, sur d'almes cadences,
En ses correspondances
Induit mon cœur subtil,
 Ainsi soit-il !

COLOMBINE

Léandre le sot,
Pierrot qui d'un saut
    De puce
Franchit le buisson,
Cassandre sous son
    Capuce,

Arlequin aussi,
Cet aigrefin si
    Fantasque
Aux costumes fous,
Ses yeux luisant sous
    Son masque,

— Do, mi, sol, mi fa, —
Tout ce monde va,
    Rit, chante
Et danse devant
Une belle enfant
    Méchante

Dont les yeux pervers
Comme les yeux verts
    Des chattes
Gardent ses appas
Et disent : « À bas
    Les pattes ! »

— Eux ils vont toujours !
Fatidique cours
    Des astres,
Oh ! dis-moi vers quels
Mornes ou cruels
    Désastres

L'implacable enfant,
Preste et relevant
    Ses jupes,
La rose au chapeau,
Conduit son troupeau
    De dupes ?

L'AMOUR PAR TERRE

Le vent de l'autre nuit a jeté bas l'Amour
Qui, dans le coin le plus mystérieux du parc,
Souriait en bandant malignement son arc,
Et dont l'aspect nous fit tant songer tout un jour !

Le vent de l'autre nuit l'a jeté bas ! Le marbre
Au souffle du matin tournoie, épars. C'est triste
De voir le piédestal, où le nom de l'artiste
Se lit péniblement parmi l'ombre d'un arbre,

Oh ! c'est triste de voir debout le piédestal
Tout seul ! Et des pensers mélancoliques vont
Et viennent dans mon rêve où le chagrin profond
Évoque un avenir solitaire et fatal.

Oh ! c'est triste ! — Et toi-même, est-ce pas ? es touchée
D'un si dolent tableau, bien que ton œil frivole
S'amuse au papillon de pourpre et d'or qui vole
Au-dessus des débris dont l'allée est jonchée.

LA BONNE CHANSON

III

En robe grise et verte avec des ruches,
Un jour de juin que j'étais soucieux,
Elle apparut souriante à mes yeux
Qui l'admiraient sans redouter d'embûches ;

Elle alla, vint, revint, s'assit, parla,
Légère et grave, ironique, attendrie :
Et je sentais en mon âme assombrie
Comme un joyeux reflet de tout cela ;

Sa voix, étant de la musique fine,
Accompagnait délicieusement
L'esprit sans fiel de son babil charmant
Où la gaîté d'un cœur bon se devine.

Aussi soudain fus-je, après le semblant
D'une révolte aussitôt étouffée,
Au plein pouvoir de la petite Fée
Que depuis lors je supplie en tremblant.

VII

Le paysage dans le cadre des portières
Court furieusement, et des plaines entières
Avec de l'eau, des blés, des arbres et du ciel
Vont s'engouffrant parmi le tourbillon cruel
Où tombent les poteaux minces du télégraphe
Dont les fils ont l'allure étrange d'un paraphe.

Une odeur de charbon qui brûle et d'eau qui bout,
Tout le bruit que feraient mille chaînes au bout
Desquelles hurleraient mille géants qu'on fouette ;
Et tout à coup des cris prolongés de chouette.
— Que me fait tout cela, puisque j'ai dans les yeux
La blanche vision qui fait mon cœur joyeux,
Puisque la douce voix pour moi murmure encore,
Puisque le Nom si beau, si noble et si sonore
Se mêle, pur pivot de tout ce tournoiement,
Au rhythme du wagon brutal, suavement.

XIII

Hier, on parlait de choses et d'autres,
Et mes yeux allaient recherchant les vôtres ;

Et votre regard recherchait le mien
Tandis que courait toujours l'entretien.

Sous le sens banal des phrases pesées
Mon amour errait après vos pensées ;

Et quand vous parliez, à dessein distrait,
Je prêtais l'oreille à votre secret :

Car la voix, ainsi que les yeux de Celle
Qui vous fait joyeux et triste, décèle,

Malgré tout effort morose et rieur,
Et met au plein jour l'être intérieur.

Or, hier je suis parti plein d'ivresse :
Est-ce un espoir vain que mon cœur caresse,

Un vain espoir, faux et doux compagnon ?
Oh ! non ! n'est-ce pas ? n'est-ce pas que non ?

ROMANCES SANS PAROLES

I

Le vent dans la plaine
Suspend son haleine.
(FAVART.)

C'est l'extase langoureuse,
C'est la fatigue amoureuse,
C'est tous les frissons des bois
Parmi l'étreinte des brises,
C'est, vers les ramures grises,
Le chœur des petites voix.

Ô le frêle et frais murmure !
Cela gazouille et susurre,
Cela ressemble au cri doux
Que l'herbe agitée expire...
Tu dirais, sous l'eau qui vire,
Le roulis sourd des cailloux.

Cette âme qui se lamente
En cette plainte dormante
C'est la nôtre, n'est-ce pas ?
La mienne, dis, et la tienne,
Dont s'exhale l'humble antienne
Par ce tiède soir, tout bas ?

II

Je devine, à travers un murmure,
Le contour subtil des voix anciennes
Et dans les lueurs musiciennes,
Amour pâle, une aurore future !

Et mon âme et mon cœur en délires
Ne sont plus qu'une espèce d'œil double
Où tremblote à travers un jour trouble
L'ariette, hélas ! de toutes lyres !

Ô mourir de cette mort seulette
Que s'en vont, — cher amour qui t'épeures, —
Balançant jeunes et vieilles heures !
Ô mourir de cette escarpolette !

VII

Ô triste, triste était mon âme
À cause, à cause d'une femme.

Je ne me suis pas consolé
Bien que mon cœur s'en soit allé,

Bien que mon cœur, bien que mon âme
Eussent fui loin de cette femme.

Je ne me suis pas consolé,
Bien que mon cœur s'en soit allé.

Et mon cœur, mon cœur trop sensible
Dit à mon âme : Est-il possible,

Est-il possible, — le fût-il, —
Ce fier exil, ce triste exil ?

Mon âme dit à mon cœur : Sais-je
Moi-même que nous veut ce piège

D'être présents bien qu'exilés,
Encore que loin en allés ?

Green

Voici des fruits, des fleurs, des feuilles et des branches
Et puis voici mon cœur qui ne bat que pour vous.
Ne le déchirez pas avec vos deux mains blanches
Et qu'à vos yeux si beaux l'humble présent soit doux.

J'arrive tout couvert encore de rosée
Que le vent du matin vient glacer à mon front.
Souffrez que ma fatigue à vos pieds reposée
Rêve des chers instants qui la délasseront.

Sur votre jeune sein laissez rouler ma tête
Toute sonore encor de vos derniers baisers ;
Laissez-la s'apaiser de la bonne tempête,
Et que je dorme un peu puisque vous reposez.

Spleen

Les roses étaient toutes rouges
Et les lierres étaient tout noirs.

Chère, pour peu que tu te bouges,
Renaissent tous mes désespoirs.

Le ciel était trop bleu, trop tendre,
La mer trop verte et l'air trop doux.

Je crains toujours, — ce qu'est d'attendre ! —
Quelque fuite atroce de vous.

Du houx à la feuille vernie
Et du luisant buis je suis las,

Et de la campagne infinie
Et de tout, fors de vous, hélas !

Streets

I

Dansons la gigue !

J'aimais surtout ses jolis yeux,
Plus clairs que l'étoile des cieux,
J'aimais ses yeux malicieux.

Dansons la gigue !

Elle avait des façons vraiment
De désoler un pauvre amant,
Que c'en était vraiment charmant !

Dansons la gigue !

Mais je trouve encore meilleur
Le baiser de sa bouche en fleur
Depuis qu'elle est morte à mon cœur.

Dansons la gigue !

Je me souviens, je me souviens
Des heures et des entretiens,
Et c'est le meilleur de mes biens.

Dansons la gigue !

Soho

II

Ô la rivière dans la rue !
Fantastiquement apparue
Derrière un mur haut de cinq pieds,
Elle roule sans un murmure
Son onde opaque et pourtant pure
Par les faubourgs pacifiés.

La chaussée est très large, en sorte
Que l'eau jaune comme une morte
Dévale ample et sans nuls espoirs
De rien refléter que la brume,
Même alors que l'aurore allume
Les cottages jaunes et noirs.

Paddington.

Child wife

Vous n'avez rien compris à ma simplicité,
Rien, ô ma pauvre enfant !
Et c'est avec un front éventé, dépité,
Que vous fuyez devant.

Vos yeux qui ne devaient refléter que douceur,
Pauvre cher bleu miroir,
Ont pris un ton de fiel, ô lamentable sœur,
Qui nous fait mal à voir.

Et vous gesticulez avec vos petits bras
Comme un héros méchant,
En poussant d'aigres cris poitrinaires, hélas !
Vous qui n'étiez que chant !

Car vous avez eu peur de l'orage et du cœur
Qui grondait et sifflait,
Et vous bêlâtes vers votre mère — ô douleur ! —
Comme un triste agnelet.

Et vous n'aurez pas su la lumière et l'honneur
D'un amour brave et fort,
Joyeux dans le malheur, grave dans le bonheur,
Jeune jusqu'à la mort !

Londres, 2 avril 1873.

A POOR YOUNG SHEPHERD

J'ai peur d'un baiser
Comme d'une abeille.
Je souffre et je veille
Sans me reposer :
J'ai peur d'un baiser !

Pourtant j'aime Kate
Et ses yeux jolis.
Elle est délicate,
Aux longs traits pâlis.
Oh ! que j'aime Kate !

C'est Saint-Valentin !
Je dois et je n'ose
Lui dire au matin…
La terrible chose
Que Saint-Valentin !

Elle m'est promise,
Fort heureusement !
Mais quelle entreprise
Que d'être un amant
Près d'une promise !

J'ai peur d'un baiser
Comme d'une abeille.
Je souffre et je veille
Sans me reposer :
J'ai peur d'un baiser !

Beams

Elle voulut aller sur les flots de la mer,
Et comme un vent bénin soufflait une embellie,
Nous nous prêtâmes tous à sa belle folie,
Et nous voilà marchant par le chemin amer.

Le soleil luisait haut dans le ciel calme et lisse,
Et dans ses cheveux blonds c'étaient des rayons d'or,
Si bien que nous suivions son pas plus calme encor
Que le déroulement des vagues, ô délice !

Des oiseaux blancs volaient alentour mollement
Et des voiles au loin s'inclinaient toutes blanches.
Parfois de grands varechs filaient en longues branches,
Nos pieds glissaient d'un pur et large mouvement.

Elle se retourna, doucement inquiète
De ne nous croire pas pleinement rassurés,
Mais nous voyant joyeux d'être ses préférés,
Elle reprit sa route et portait haut la tête.

Douvres-Ostende, à bord de la « Comtesse-de-Flandre »,
4 avril 1873.

SAGESSE

I

III

Qu'en dis-tu, voyageur, des pays et des gares ?
Du moins as-tu cueilli l'ennui, puisqu'il est mûr,
Toi que voilà fumant de maussades cigares,
Noir, projetant une ombre absurde sur le mur ?

Tes yeux sont aussi morts depuis les aventures,
Ta grimace est la même et ton deuil est pareil :
Telle la lune vue à travers des mâtures,
Telle la vieille mer sous le jeune soleil,

Tel l'ancien cimetière aux tombes toujours neuves
Mais voyons, et dis-nous les récits devinés,
Ces désillusions pleurant le long des fleuves,
Ces dégoûts comme autant de fades nouveau-nés,

Ces femmes ! Dis les gaz, et l'horreur identique
Du mal toujours, du laid partout sur tes chemins,
Et dis l'Amour et dis encor la Politique
Avec du sang déshonoré d'encre à leurs mains.

Et puis surtout ne va pas t'oublier toi-même,
Traînassant ta faiblesse et ta simplicité
Partout où l'on bataille et partout où l'on aime,
D'une façon si triste et folle, en vérité !

A-t-on assez puni cette lourde innocence ?
Qu'en dis-tu ? L'homme est dur, mais la femme ? Et tes pleurs,
Qui les a bus ? Et quelle âme qui les recense
Console ce qu'on peut appeler tes malheurs ?

Ah, les autres, ah toi ! Crédule à qui te flatte,
Toi qui rêvais (c'était trop excessif, aussi)
Je ne sais quelle mort légère et délicate !
Ah toi, l'espèce d'ange avec ce vœu transi !

Mais maintenant les plans, les buts ? Es-tu de force,
Ou si d'avoir pleuré t'a détrempé le cœur ?
L'arbre est tendre s'il faut juger d'après l'écorce,
Et tes aspects ne sont pas ceux d'un grand vainqueur.

Si gauche encore ! avec l'aggravation d'être
Une sorte à présent d'idyllique engourdi
Qui surveille le ciel bête par la fenêtre
Ouverte aux yeux matois du démon de midi.

Si le même dans cette extrême décadence !
Enfin ! — Mais à ta place un être avec du sens,
Payant les violons, voudrait mener la danse,
Au risque d'alarmer quelque peu les passants.

N'as-tu pas, en fouillant les recoins de ton âme,
Un beau vice à tirer comme un sabre au soleil,
Quelque vice joyeux, effronté, qui s'enflamme
Et vibre, et darde rouge au front du ciel vermeil ?

Un ou plusieurs ? Si oui, tant mieux ! Et pars bien vite
En guerre, et bats d'estoc et de taille, sans choix
Surtout, et mets ce masque indolent où s'abrite
La haine inassouvie et repue à la fois…

Il faut n'être pas dupe en ce farceur de monde
Où le bonheur n'a rien d'exquis et d'alléchant
S'il n'y frétille un peu de pervers et d'immonde,
Et pour n'être pas dupe il faut être méchant.

— Sagesse humaine, ah, j'ai les yeux sur d'autres choses,
Et parmi ce passé dont ta voix décrivait
L'ennui, pour des conseils encore plus moroses,
Je ne me souviens plus que du mal que j'ai fait.

Dans tous les mouvements bizarres de ma vie,
De mes « malheurs », selon le moment et le lieu,
Des autres et de moi, de la route suivie,
Je n'ai rien retenu que la grâce de Dieu.

Si je me sens puni, c'est que je le dois être,
Ni l'homme ni la femme ici ne sont pour rien.
Mais j'ai le ferme espoir d'un jour pouvoir connaître
Le pardon et la paix promis à tout Chrétien.

Bien, de n'être pas dupe en ce monde d'une heure,
Mais pour ne l'être pas durant l'éternité,
Ce qu'il faut à tout prix qui règne et qui demeure,
Ce n'est pas la méchanceté, c'est la bonté.

V

Beauté des femmes, leur faiblesse, et ces mains pâles
Qui font souvent le bien et peuvent tout le mal,
Et ces yeux, où plus rien ne reste d'animal
Que juste assez pour dire : « assez » aux fureurs mâles !

Et toujours, maternelle endormeuse des râles,
Même quand elle ment, cette voix ! Matinal
Appel, ou chant bien doux à vêpre, ou frais signal,
Ou beau sanglot qui va mourir au pli des châles !...

Hommes durs ! Vie atroce et laide d'ici-bas !
Ah ! que du moins, loin des baisers et des combats,
Quelque chose demeure un peu sur la montagne,

Quelque chose du cœur enfantin et subtil,
Bonté, respect ! Car, qu'est-ce qui nous accompagne,
Et vraiment, quand la mort viendra, que reste-t-il ?

VI

Ô vous, comme un qui boite au loin, Chagrins et Joies,
Toi, cœur saignant d'hier qui flambes aujourd'hui,
C'est vrai pourtant que c'est fini, que tout a fui
De nos sens, aussi bien les ombres que les proies.

Vieux bonheurs, vieux malheurs, comme une file d'oies
Sur la route en poussière où tous les pieds ont lui,
Bon voyage ! Et le Rire, et, plus vieille que lui,
Toi, Tristesse, noyée au vieux noir que tu broies !

Et le reste ! — Un doux vide, un grand renoncement,
Quelqu'un en nous qui sent la paix immensément,
Une candeur d'une fraîcheur délicieuse...

Et voyez ! notre cœur qui saignait sous l'orgueil,
Il flambe dans l'amour, et s'en va faire accueil
À la vie, en faveur d'une mort précieuse !

XVI

Écoutez la chanson bien douce
Qui ne pleure que pour vous plaire
Elle est discrète, elle est légère :
Un frisson d'eau sur de la mousse !

La voix vous fut connue (et chère ?),
Mais à présent elle est voilée
Comme une veuve désolée,
Pourtant comme elle est encore fière,

Et dans les longs plis de son voile
Qui palpite aux brises d'automne,
Cache et montre au cœur qui s'étonne
La vérité comme une étoile.

Elle dit, la voix reconnue,
Que la bonté c'est notre vie,
Que de la haine et de l'envie
Rien ne reste, la mort venue.

Elle parle aussi de la gloire
D'être simple sans plus attendre,
Et de noces d'or et du tendre
Bonheur d'une paix sans victoire.

Accueillez la voix qui persiste
Dans son naïf épithalame.
Allez, rien n'est meilleur à l'âme
Que de faire une âme moins triste !

Elle est *en peine* et *de passage*,
L'âme qui souffre sans colère,
Et comme sa morale est claire !...
Écoutez la chanson bien sage.

XVIII

Et j'ai revu l'enfant unique : il m'a semblé
Que s'ouvrait dans mon cœur la dernière blessure,
Celle dont la douleur plus exquise m'assure
D'une mort désirable en un jour consolé.

La bonne flèche aiguë et sa fraîcheur qui dure !
En ces instants choisis elles ont éveillé
Les rêves un peu lourds du scrupule ennuyé,
Et tout mon sang chrétien chanta la Chanson pure.

J'entends encor, je vois encor ! Loi du devoir
Si douce ! Enfin, je sais ce qu'est entendre et voir,
J'entends, je vois toujours ! Voix des bonnes pensées !

Innocence, avenir ! Sage et silencieux,
Que je vais vous aimer, vous un instant pressées,
Belles petites mains qui fermerez nos yeux !

XXII

Pourquoi triste, ô mon âme,
Triste jusqu'à la mort,
Quand l'effort te réclame,
Quand le suprême effort
Est là qui te réclame ?

Ah ! tes mains que tu tords
Au lieu d'être à la tâche,
Tes lèvres que tu mords
Et leur silence lâche,
Et tes yeux qui sont morts

N'as-tu pas l'espérance
De la fidélité,
Et, pour plus d'assurance
Dans la sécurité,
N'as-tu pas la souffrance ?

Mais chasse le sommeil
Et ce rêve qui pleure.
Grand jour et plein soleil !
Vois, il est plus que l'heure :
Le ciel bruit, vermeil,

Et la lumière crue
Découpant d'un trait noir
Toute chose apparue
Te montre le Devoir
Et sa forme bourrue.

Marche à lui vivement,
Tu verras disparaître
Tout aspect inclément
De sa manière d'être,
Avec l'éloignement.

C'est le dépositaire
Qui te garde un trésor
D'amour et de mystère,
Plus précieux que l'or,
Plus sûr que rien sur terre.

Les biens qu'on ne voit pas,
Toute joie inouïe,
Votre paix, saints combats,
L'extase épanouie
Et l'oubli d'ici-bas,

Et l'oubli d'ici-bas !

II

I

Ô mon Dieu, vous m'avez blessé d'amour
Et la blessure est encore vibrante,
Ô mon Dieu, vous m'avez blessé d'amour.

Ô mon Dieu, votre crainte m'a frappé
Et la brûlure est encor là qui tonne,
Ô mon Dieu, votre crainte m'a frappé.

Ô mon Dieu, j'ai connu que tout est vil
Et votre gloire en moi s'est installée,
Ô mon Dieu, j'ai connu que tout est vil.

Noyez mon âme aux flots de votre Vin,
Fondez ma vie au Pain de votre table,
Noyez mon âme aux flots de votre Vin.

Voici mon sang que je n'ai pas versé,
Voici ma chair indigne de souffrance,
Voici mon sang que je n'ai pas versé.

Voici mon front qui n'a pu que rougir,
Pour l'escabeau de vos pieds adorables,
Voici mon front qui n'a pu que rougir.

Voici mes mains qui n'ont pas travaillé,
Pour les charbons ardents et l'encens rare,
Voici mes mains qui n'ont pas travaillé.

Voici mon cœur qui n'a battu qu'en vain,
Pour palpiter aux ronces du Calvaire,
Voici mon cœur qui n'a battu qu'en vain.

Voici mes pieds, frivoles voyageurs,
Pour accourir au cri de votre grâce,
Voici mes pieds, frivoles voyageurs.

Voici ma voix, bruit maussade et menteur,
Pour les reproches de la Pénitence,
Voici ma voix, bruit maussade et menteur.

Voici mes yeux, luminaires d'erreur,
Pour être éteints aux pleurs de la prière,
Voici mes yeux, luminaires d'erreur.

Hélas ! Vous, Dieu d'offrande et de pardon,
Quel est le puits de mon ingratitude,
Hélas ! Vous, Dieu d'offrande et de pardon,

Dieu de terreur et Dieu de sainteté,
Hélas ! ce noir abîme de mon crime,
Dieu de terreur et Dieu de sainteté,

Vous, Dieu de paix, de joie et de bonheur,
Toutes mes peurs, toutes mes ignorances,
Vous, Dieu de paix, de joie et de bonheur,

Vous connaissez tout cela, tout cela,
Et que je suis plus pauvre que personne,
Vous connaissez tout cela, tout cela,

Mais ce que j'ai, mon Dieu, je vous le donne.

IV

Gaspard Hauser chante :

Je suis venu, calme orphelin,
Riche de mes seuls yeux tranquilles,
Vers les hommes des grandes villes :
Ils ne m'ont pas trouvé malin.

À vingt ans un trouble nouveau,
Sous le nom d'amoureuses flammes,
M'a fait trouver belles les femmes :
Elles ne m'ont pas trouvé beau.

Bien que sans patrie et sans roi
Et très brave ne l'étant guère,
J'ai voulu mourir à la guerre :
La mort n'a pas voulu de moi.

Suis-je né trop tôt ou trop tard ?
Qu'est-ce que je fais en ce monde ?
Ô vous tous, ma peine est profonde :
Priez pour le pauvre Gaspard !

JADIS ET NAGUÈRE

Sonnet boiteux

À Ernest Delahaye.

Ah ! vraiment c'est triste, ah ! vraiment ça finit trop mal.
Il n'est pas permis d'être à ce point infortuné.
Ah ! vraiment c'est trop la mort du naïf animal
Qui voit tout son sang couler sous son regard fané.

Londres fume et crie. Ô quelle ville de la Bible !
Le gaz flambe et nage et les enseignes sont vermeilles.
Et les maisons dans leur ratatinement terrible
Épouvantent comme un sénat de petites vieilles.

Tout l'affreux passé saute, piaule, miaule et glapit
Dans le brouillard rose et jaune et sale des Sohos
Avec des *indeeds* et des *all rights* et des *haôs*.

Non vraiment c'est trop un martyre sans espérance,
Non vraiment cela finit trop mal, vraiment c'est triste :
Ô le feu du ciel sur cette ville de la Bible !

LE CLOWN

À Laurent Tailhade.

Bobèche, adieu ! bonsoir, Paillasse ! arrière, Gille !
Place, bouffons vieillis, au parfait plaisantin,
Place ! très grave, très discret et très hautain,
Voici venir le maître à tous, le clown agile.

Plus souple qu'Arlequin et plus brave qu'Achille,
C'est bien lui, dans sa blanche armure de satin ;
Vides et clairs ainsi que des miroirs sans tain,
Ses yeux ne vivent pas dans son masque d'argile.

Ils luisent bleus parmi le fard et les onguents,
Cependant que la tête et le buste, élégants,
Se balancent sur l'arc paradoxal des jambes.

Puis il sourit. Autour le peuple bête et laid,
La canaille puante et *sainte* des Iambes,
Acclame l'histrion sinistre qui la hait.

LE PITRE

Le tréteau qu'un orchestre emphatique secoue
Grince sous les grands pieds du maigre baladin
Qui harangue non sans finesse et sans dédain
Les badauds piétinant devant lui dans la boue.

Le plâtre de son front et le fard de sa joue
Font merveille. Il pérore et se tait tout soudain,
Reçoit des coups de pieds au derrière, badin,
Baisse au cou sa commère énorme, et fait la roue.

Ses boniments, de cœur et d'âme approuvons-les.
Son court pourpoint de toile à fleurs et ses mollets
Tournants jusqu'à l'abus valent que l'on s'arrête.

Mais ce qu'il sied à tous d'admirer, c'est surtout
Cette perruque d'où se dresse sur la tête,
Preste, une queue avec un papillon au bout.

AMOUR

LUCIEN LÉTINOIS

I

Mon fils est mort. J'adore, ô mon Dieu, votre loi.
Je vous offre les pleurs d'un cœur presque parjure ;
Vous châtiez bien fort et parferez la foi
Qu'alanguissait l'amour pour une créature.

Vous châtiez bien fort. Mon fils est mort, hélas !
Vous me l'aviez donné, voici que votre droite
Me le reprend à l'heure où mes pauvres pieds las
Réclamaient ce cher guide en cette route étroite.

Vous me l'aviez donné, vous me le reprenez :
Gloire à vous ! J'oubliais beaucoup trop votre gloire
Dans la langueur d'aimer mieux les trésors donnés
Que le Munificent de toute cette histoire.

Vous me l'aviez donné, je vous le rends très pur,
Tout pétri de vertu, d'amour et de simplesse.
C'est pourquoi, pardonnez, Terrible, à celui sur
Le cœur de qui, Dieu fort, sévit cette faiblesse.

Et laissez-moi pleurer et faites-moi bénir
L'élu dont vous voudrez certes que la prière
Rapproche un peu l'instant si bon de revenir
À lui dans Vous, Jésus, après ma mort dernière.

IV

Ma cousine Élisa, presque une sœur aînée,
Mieux qu'une sœur, ô toi, voici donc ramenée
La saison de malheur où tu me quittas pour
Ce toujours, — ce jamais ! Le voici de retour
Le jour affreux qui m'a sevré de l'aile douce
Où m'abriter contre tel chagrin de Tom Pouce,
Tel bobo. Certes oui, pauvre maman était
Bien, trop ! bonne, et mon cœur à la voir palpitait,
Tressautait, et riait, et pleurait de l'entendre.
Mais toi, je t'aimais autrement, non pas plus tendre,
Plus familier, voilà. Car la Mère est toujours
Au fond redoutée un petit et respectée
Absolument, tandis qu'à jamais regrettée,
Tu m'apparais, chère ombre, ainsi qu'en ton vivant,
Blonde et rose au profil pourtant grave et rêvant,
Avec de beaux yeux bleus où s'instruisait mon âme
De tout petit garçon, et plus tard, où la flamme
De ma forte amitié chaste d'adolescent,
Puis d'homme, mettait un reflet incandescent.
Et tu me fus d'abord guide, puis camarade,
Puis ami, non amie (une nuance fade).

Et tu dors maintenant après m'avoir béni.
Mais je sens bien qu'en moi quelque chose est fini.

XIII

Le petit coin, le petit nid
  Que j'ai trouvés,
Les grands espoirs que j'ai couvés,
  Dieu les bénit.
Les heures des fautes passées
  Sont effacées
Au pur cadran de mes pensées.

L'innocence m'entoure et toi,
  Simplicité,
Mon cœur par Jésus visité
  Manque de quoi ?
Ma pauvreté, ma solitude,
  Pain dur, lit rude,
Quel soin jaloux ! l'exquise étude !

L'âme aimante au cœur fait exprès,
  Ce dévouement,
Viennent donner un dénouement
  Calme et si frais
À la détresse de ma vie
  Inassouvie
D'avoir satisfait toute envie !

Seigneur, ô merci. N'est-ce pas
  La bonne mort ?
Aimez mon patient effort
  Et nos combats.
Les miens et moi, le ciel nous voie
  Par l'humble voie
Entrer, Seigneur, dans Votre joie.

BATIGNOLLES

Un grand bloc de grès ; quatre noms : mon père
Et ma mère et moi, puis mon fils bien tard
Dans l'étroite paix du plat cimetière
Blanc et noir et vert, au long du rempart.

Cinq tables de grès ; le tombeau nu, fruste,
En un carré long, haut d'un mètre et plus,
Qu'une chaîne entoure et décore juste,
Au bas du faubourg qui ne bruit plus.

C'est de là que la trompette de l'ange
Fera se dresser nos corps ranimés
Pour la vie enfin qui jamais ne change,
Ô vous, père et mère et fils bien-aimés.

PARALLÈLEMENT

AUTRE

La cour se fleurit de souci
  Comme le front
  De tous ceux-ci
  Qui vont en rond
En flageolant sur leur fémur
  Débilité
  Le long du mur
  Fou de clarté.

Tournez, Samsons sans Dalila,
  Sans Philistin,
  Tournez bien la
  Meule au destin.
Vaincu risible de la loi,
  Mouds tour à tour
  Ton cœur, ta foi
  Et ton amour !

Ils vont ! et leurs pauvres souliers
  Font un bruit sec,
  Humiliés,
  La pipe au bec.
Pas un mot ou bien le cachot
  Pas un soupir.
  Il fait si chaud
  Qu'on croit mourir.

J'en suis de ce cirque effaré,
  Soumis d'ailleurs

Et préparé
À tous malheurs.
Et pourquoi si j'ai contristé
Ton vœu têtu,
Société,
Me choierais-tu ?

Allons, frères, bons vieux voleurs,
Doux vagabonds,
Filous en fleurs,
Mes chers, mes bons,
Fumons philosophiquement,
Promenons-nous
Paisiblement :
Rien faire est doux.

BIBLIOGRAPHIE

INITIATION

Tous les recueils évoqués dans cet ouvrage se trouvent dans les différentes collections de poche. Il faut lire ces textes et compléter par un ouvrage d'ensemble comme le *Verlaine par lui-même* de Bornecque au Seuil dans la collection « Écrivains de toujours », ou le *Paul Verlaine* de Jean Richer, chez Seghers, collection « Poètes d'aujourd'hui ».

APPROFONDISSEMENT

Œuvres poétiques complètes, édition d'Y.-G. Le Dantec révisée par Jacques Borel, Gallimard, Pléiade.

Œuvres en prose complètes, édition de Jacques Borel, Gallimard, Pléiade.

Œuvres poétiques complètes, Verlaine. Textes établi avec chronologie, introductions, notes choix de variantes et bibliographie par Jacques Robichez ; Garnier.

Paul Verlaine, œuvres poétiques complètes. Édition présentée et établie par Yves-Alain Favre ; Robert Laffont, Collection *Bouquins*.

G. Zayed, *La Formation littéraire de Verlaine*, Droz-Minard.

J.-P. Richard, chapitre sur Verlaine dans *Poésie et profondeur*, Seuil.

Voir aussi les livres de Bornecque sur les *Poèmes saturniens* et sur les *Fêtes galantes* chez Nizet et chez le même éditeur l'ouvrage de L. Morice sur *Sagesse*.

Claude Cuénot, *Le style de Paul Verlaine,* CDU.

DU MÊME AUTEUR
(extrait)

Tester et enrichir sa mémoire, Marabout (MS 128), 1992.
Tester et enrichir sa culture générale, Marabout (MS 126), 1992.
Au Père-Lachaise (Prix de l'humour noir), Fayard, 1973.
De la part de Barbara (Prix du Quai des Orfèvres), Fayard, 1980.
Ascenseur de nuit, Fayard, 1981.
Langage et Modernité chez Tristan Corbière, Nizet, 1974.
Tristan Corbière, thématique de l'inspiration, L'Age d'Homme, 1985.
Paris incroyable, Hachette, 1986.
Le Sergent Bertrand, un nécrophile heureux, Albin Michel, 1991.
Nos frères les rats, Fayard, 1977.

L'auteur

Michel Dansel est avant tout un écrivain amoureux de la face cachée des choses. Auteur de plusieurs ouvrages sur Paris, il a également publié quelques romans d'action qui ont pour cadre divers quartiers de la capitale. Pour lui, un monde dépourvu de poésie et d'humour est un monde irrecevable. Il a soutenu une thèse sur Tristan Corbière et a consacré à ce poète de la sensibilité moderne différentes études. Comme le constate le dictionnaire Larousse des littératures, Michel Dansel *« poursuit un même itinéraire poétique, de ses recueils lyriques à ses récits policiers en passant par l'exploration des fantasmes les plus souterrains »*. Ainsi, par exemple, a-t-il publié un livre sur l'histoire du rat à travers les civilisations, ou encore un ouvrage sur le nécrophile Bertrand.

IMPRESSION : BUSSIÈRE S.A., SAINT-AMAND (CHER). — N° 568
D. L. MARS 1993/0099/81

ISBN 2-501-01778-1

Imprimé en France